TERREUR AFRICAINE

Le Dinosaure : le Zaïre de Mobutu, *Fayard, 1992.*
Rwanda : histoire d'un génocide, *Fayard, 1994.*

Colette Braeckman

TERREUR
AFRICAINE

Burundi, Rwanda, Zaïre :
les racines de la violence

Fayard

Les cartes ont été réalisées par Carpress, Bruxelles.

ISBN : 978-2-213-59703-4

Mes plus vifs remerciements vont à tous ceux qui, en Afrique et en Europe, m'ont informée, conseillée, critiquée, relue, corrigée, soutenue et supportée. Ils s'adressent en particulier à Luc de Heusch, André Linard, Boole Ekumbaki, Joseph Ntamahungiro, Kankonde Luteke et surtout Hughes Dupriez.

OUGANDA

ZAÏRE

Kabale

Kagera

PARC AKAGERA

Goma

Ruhengeri

Byumba

Gisenyi

RWANDA

Lac
Kivu

Kibye

KIGALI

Gitarama

Kibungo

TANZANIE

Nyanza

Bukavu Cyangugu

Butare

Kirundo

Kayanza

Myinga

Ruzizi

Ngozi

Bubanza

Muramvya

Ruvuvu

Uvira

BUJUMBURA

Gitega

Route importante

0   km   50

ZAÏRE

BURUNDI

Lac Tanganyika

Bururi

AFRIQUE

TANZANIE

Kigoma

AVANT-PROPOS

Génocide, exodes, massacres... Diplomatie préventive, échecs des Nations unies, conférences, tribunal international... Que se passe-t-il donc dans cette Afrique centrale si longtemps ignorée du monde ?

Partout, la passion : là-bas, où la mort frappe à la moindre rumeur ; en Europe, où vont et viennent librement les criminels et leurs complices, où la justice trébuche.

Bien sûr, l'Afrique centrale n'est pas la seule région du monde à être confrontée à l'aveuglement identitaire, à ces violences que l'on dit ethniques. Ailleurs encore en Afrique, certains États-nations implosent sous ses effets ravageurs. Mais nulle part ailleurs la situation n'est aussi critique.

Rwanda du génocide qui tâtonne avant de revenir à la vie, Burundi de toutes les violences où chacun tue en se faisant passer pour l'autre, où l'État vacille sous les assauts de ceux qui veulent le sauver, Zaïre où le grand manipulateur terré dans son bunker a installé sur le devant de la scène ses grands commis, ses affidés, ses tueurs, en attendant que la violence impose son retour au premier plan. Trois pays déchirés, trois pays en gestation où l'ordre ancien craque de toutes parts tandis que les pirates, les trafiquants mènent d'ultimes batailles. Face à ces drames, que fait l'Europe ?

Héritage familial qui se superpose aux autres appartenances et un jour les éclipse, l'ethnicité, dans ces trois pays encore plus qu'ailleurs, est devenue un levier du pouvoir. Mais qui donc a classé, marqué ces peuples comme s'il s'agissait de fleurs ou de papillons, qui les a relégués dans cette étroite spécificité et enfermés dans des rôles d'esclaves, de maîtres, de notables, de dissidents, sinon le colonisateur et son administration, secondés par l'Église et ensuite par tous ces étrangers qui, croyant bien faire, désireux de comprendre, ont usé des mêmes étiquettes ? Comment, au fil des années, les gens de ces pays n'auraient-ils pas fini par prendre à leur compte ce regard que l'on portait sur eux, utilisé à leur tour le levier de l'ethnie ? Ces trois pays d'Afrique centrale n'avaient-ils pas sous les yeux l'exemple de la métropole elle-même, de plus en plus absorbée par son propre combat identitaire jusqu'à se scinder et à brouiller définitivement l'image du *noko*, de l'oncle tant sollicité ?

Quoiqu'elle s'en défende, la Belgique a longtemps projeté sur le Rwanda et sur le Burundi ses propres passions : tout au long du face-à-face entre Hutus et Tutsis, elle s'est obstinée à lire des fragments de sa propre histoire. Au Zaïre, où la Belgique coloniale avait si minutieusement classé les peuples, trente années d'indépendance avaient réussi à susciter un sentiment d'identité nationale. Mais voilà qu'aujourd'hui le pouvoir mobutiste à bout de souffle joue sur la crainte du chaos, et manipule à son tour les réflexes identitaires.

Décolonisation, manipulations de l'ethnicité, révisionnisme, projections de passions nées ailleurs et qui se greffent sur les terreaux fragiles, concurrence entre les ethnicités européennes, celles des Anglo-Saxons et celles des francophones : les peuples d'Afrique centrale se trouvent piégés dans des enjeux qui les dépassent mais qui, pour le moins, méritent réflexion.

1

L'Afrique des Belges

Comment le colonisateur belge, croyant bien faire, a exporté ses références ethniques en Afrique centrale, jusqu'à retrouver au Rwanda et au Burundi l'écho de ses propres combats politiques...

C'était un soir de saison des pluies à Walungu, une petite bourgade du Kivu. Nous y étions arrivés tard le soir, bien après l'heure prévue. Depuis longtemps, le Dr Mertens nous attendait. Déjà il avait remis au lendemain la visite de l'hôpital, de « son » hôpital, miraculeusement maintenu en l'état depuis son ouverture dans les années trente. Il avait différé la modeste satisfaction de nous voir admirer l'impeccable alignement des lits couverts de draps blancs mille fois reprisés, la salle d'opération aux murs d'un bleu-vert délavé, les instruments vétustes, certes, mais parfaitement entretenus, la pharmacie dotée de ces médicaments de base qui faisaient cruellement défaut partout ailleurs dans le pays. Il s'apprêtait à nous décrire les efforts déployés depuis un demi-siècle pour maintenir en état cet hôpital qui avait été créé par la CNKi, la Compagnie nationale du Kivu, une société privée que du temps de Léopold II on aurait appelée une compagnie à charte. A l'origine, elle avait été financée par le Fonds du bien-être indigène, avant d'être reprise par la coopération belge.

Ce soir-là, le Dr Mertens n'aurait pas le temps d'évoquer l'histoire de son hôpital, car nous avions complètement bousculé l'organisation de sa soirée. Mon ami et moi étions en effet accompagnés d'Ildephonse, un étudiant de l'Institut supérieur pédagogique de Bukavu qui se destinait à l'agronomie et qui nous servait de guide dans ces collines du Kivu où, notable en puissance, issu d'une famille respectée, il était connu de tous.

En pénétrant dans la parcelle, nous nous étions attendus à voir surgir le vieux docteur, cheveux au vent, en sandales, comme à son ordinaire en Belgique. Mais ce fut un très vieux Noir qui se précipita. Nous ne remarquâmes pas immédiatement l'expression sévère de son visage, car nous étions fascinés par sa tenue. Il portait ce qu'on appelait au Congo belge un *capitula*, ce long short coupé aux genoux, d'un blanc immaculé, presque rejoint par de hautes chaussettes de coton ajouré. Seule une étroite bande de peau fripée séparait le pantalon et les bas. La chemise à manches courtes d'Augustin était blanche elle aussi, un peu usée au col mais impeccable. Alors qu'il nous précédait vers la maison, nous vîmes s'avancer notre hôte, étrangement semblable à son domestique, comme si ce dernier avait été sa réplique en négatif : même *capitula*, même chemisette, même visage sévère. Le teint du maître de céans était pâle, ses cheveux argentés, mais, hormis cela, les deux hommes avaient un air de famille étonnant.

Dans le salon du docteur, où un autre médecin de l'hôpital nous attendait déjà, quatre sièges étaient avancés. Quatre sièges, alors qu'avec Ildephonse nous étions cinq. Péremptoire, le docteur souffla à notre compagnon de rejoindre Augustin dans la cuisine. Nous nous récriâmes : le garçon nous accompagnait, il était notre guide, notre ami ! Une chaise fut alors glissée à la périphérie du cercle de famille et Ildephonse s'y installa, très à l'aise. Au fur et à mesure de la conversation, il devait, par saccades, faire avancer son siège pour le ramener au même niveau que les autres et effacer la subtile discrimination dont il avait été l'objet.

La soirée était loin d'être terminée. Lorsque vint le moment de passer à table, le drame se précisa. Déjà le manège du Dr Mertens aurait dû nous alerter. A plusieurs reprises, le vieux médecin s'était rendu dans la cuisine et s'était lancé dans de longues discussions avec Augustin. Il en était chaque fois revenu la mine soucieuse, taraudé par un problème apparemment insoluble. Augustin, immobile devant ses fourneaux, avait le visage fermé, une expression butée. Lorsque le docteur nous pria de passer à table, l'impossible équation se concrétisa.

Nappe blanche, couverts d'argent, verres à pied, la table était dressée dans les règles, avec un apparat que notre visite tardive, peu protocolaire, ne méritait certainement pas. Posée à côté de la serviette du maître de maison, la clochette avait la forme d'une petite tête de nègre en argent finement ouvragé. Mais notre hôte, qui nous priait de nous asseoir, restait, lui, obstinément debout. Il désigna nos places du doigt, tendit un siège à Ildephonse et expliqua que, astreint à un régime draconien, il éviterait mieux la tentation en restant debout. Ce qui ne l'empêcha pas de picorer éperdument dans les plats qu'il se chargeait d'apporter lui-même depuis la cuisine où Augustin régnait, le visage impassible.

Que s'était-il donc passé ? Ce n'est que des années plus tard, en Belgique, que le docteur consentit à expliquer ce que ce soir-là nous avions deviné : Augustin, le dévoué serviteur, avait refusé de servir le repas à Ildephonse, son jeune compatriote. Il était, disait-il, le boy des Blancs, et pas celui des Noirs. Lui, qui portait le *capitula* et les chaussettes du docteur, refusait absolument de déchoir en servant à table un autre Zaïrois, fût-il diplômé de l'Université. Et le docteur avait préféré se passer de repas, céder sa place, plutôt que de risquer une brouille avec son domestique. « Vous comprenez, devait-il expliquer par la suite, Augustin, durant ce demi-siècle, n'a connu que moi, et moi, alors que ma femme vivait depuis si longtemps en Europe, c'est avec lui que j'ai passé l'essentiel de mon temps. Allais-je me disputer avec lui pour des visiteurs d'un soir, risquer de briser une aussi longue cohabitation ? »

L'histoire du Dr Mertens, qui mourut à la tâche quelque temps plus tard, remonte à une dizaine d'années, et si j'aime la raconter, c'est parce qu'elle ne signifie apparemment rien. Car le Zaïre, en 1985, était déjà passé par toutes les phases de la décolonisation, l'indépendance remontant à un quart de siècle. Le vieux docteur et son domestique étaient des survivants d'une époque depuis longtemps révolue.

Bien entendu, cette histoire anachronique est moins dépourvue de sens qu'il n'y paraît : elle traduit certains aspects particuliers de la présence belge en Afrique centrale, marquée par la volonté de bien faire, le paternalisme, un certain aveuglement, mais aussi par un enfermement réciproque dont les intéressés, jusqu'à aujourd'hui peut-être, ont peine à se défaire. « Il n'a connu que moi », disait d'Augustin le Dr Mertens. Certes, mais lui aussi n'avait connu qu'Augustin, et les deux hommes étaient également soucieux de ne pas brouiller l'image qu'ils avaient l'un de l'autre.

Un siècle après l'arrivée des Européens en Afrique centrale, un siècle après que Léopold II se fut taillé à grand renfort de ruse et de violence un domaine privé plus vaste que l'Europe, pourquoi revenir sur cette histoire ? Pourquoi s'interroger encore et toujours sur cette éphémère présence belge sur la terre d'Afrique, ce bref passage à l'orée de la forêt, à l'heure où bien des villages ont retrouvé le calme d'autrefois, où, non loin du Walungu du Dr Mertens, les enfants ont oublié jusqu'à l'apparence du *Musungu*, le Blanc, qui appartient déjà à la légende ? A l'heure aussi où les descendants des colonisateurs d'hier ont presque oublié qu'un roi, un jour, leur légua un continent dont ils ne voulaient pas...

La question se pose, toujours lancinante, toujours aiguë, parce que les trois pays d'Afrique où passèrent les Belges, Zaïre, Rwanda, Burundi, sont aujourd'hui menacés par une violence sans précédent.

Somalie, Liberia, Sierra Leone, Soudan, Angola, et tant d'autres avec eux, nombreux sont les pays d'Afrique minés par la guerre civile, envahis par les réfugiés, les déplacés, après que l'État y a été sapé par la pauvreté, la corruption. Mais, au lendemain du génocide rwandais, force est cependant de constater le caractère particulier de la violence qui ravage l'ancienne Afrique « belge », force est de s'interroger aussi sur une éventuelle corrélation, aussi faible soit-elle, entre la nature de cette colonisation et les troubles qui ravagent les ex-colonies.

De même qu'Augustin, avec sa vieille peau ridée et son *capitula* immaculé, ressemblait au Dr Mertens, de même la violence qui sévit dans cette Afrique centrale que les Belges marquèrent de leur présence durant près d'un siècle ressemble aux éclats d'un miroir brisé, un miroir tendu depuis les tropiques à un peuple d'Europe lui aussi en train de se scinder au nom d'une « conscience ethnique » qui doit autant à la réinterprétation de l'histoire qu'à la réalité des faits. Bien entendu, ces remarques sont superficielles par rapport aux véritables ressorts de la violence africaine, du génocide rwandais en particulier. Cependant, ces questions ne doivent pas être écartées : si l'on considère que chaque individu est le produit de ses choix personnels, des événements survenus au cours de sa vie, mais aussi des influences subies durant sa prime jeunesse, ne peut-on avancer que, de la même manière, des peuples ont pu être marqués par la manière dont ils ont été colonisés, par les valeurs professées par ces étrangers qui se sont imposés à eux et qui ont, durant près d'un siècle, tenu un rôle dominant ? Et l'idée que nous voudrions avancer ici, c'est que les Belges, pas plus que les Français, les Britanniques ou les Portugais, ne peuvent éluder la réflexion sur les conséquences de leurs quatre-vingts années de présence en Afrique centrale.

Un empire pour un roi solitaire

C'est à reculons, contre son gré, que la Belgique est entraînée dans l'aventure coloniale. Pour ce jeune pays qui, à la fin du XIXe siècle, n'en finit pas de peaufiner ses nouvelles institutions, de poser les bases de la révolution industrielle, la conquête du Congo est avant tout une lubie du roi Léopold II. C'est le souverain, et lui seul, qui crée l'Association internationale du Congo en 1879, qui finance les premières expéditions de Stanley. Lorsque l'explorateur revient en Europe, le roi lui-même le reçoit, l'écoute et prend la décision de donner à la Belgique cette colonie quatre-vingts fois plus vaste qu'elle. A Bruxelles, le gouvernement doit donner son aval au moindre discours public d'un souverain bridé par la Constitution, et la Belgique elle-même, cet État-tampon, est étroitement surveillée par l'Angleterre et par la France. En Afrique, en revanche, Léopold II, malgré les traités internationaux et la pression de l'Anglais Cecil Rhodes, est pratiquement libre d'agir à sa guise : l'État indépendant du Congo sera sa propriété privée dès 1885. Le roi souhaite (officiellement) mettre fin à l'esclavage en Afrique centrale, barrer la route à l'islam, gagner à la civilisation de vastes régions jusqu'alors inexplorées. Mais l'humanitaire n'est déjà qu'un prétexte. Ce qui sous-tend vraiment la volonté du roi des Belges, c'est le désir d'ouvrir au commerce ce vaste Congo inconnu, d'en découvrir les richesses et de les exploiter pour rembourser les sommes empruntées et tirer de l'exploitation coloniale un bénéfice satisfaisant. Stanley ne se fait guère d'illusions, il relève même que le roi est d'une voracité effrayante. Il faudra que des campagnes d'opinion mobilisent la presse anglaise et américaine pour qu'en Belgique quelques dirigeants s'émeuvent des pratiques qui ont cours en Afrique centrale au nom du roi et, indirectement, au nom du pays qu'il dirige.

Le scandale de l'exploitation du caoutchouc — les indigènes soumis au travail forcé doivent rapporter des quantités toujours croissantes de latex —, des photos montrant des Noirs aux mains coupées (ce dont les Anglais s'émeuvent à bon compte) ne suscitent en Belgique qu'une indignation tardive et un intérêt relatif pour l'entreprise africaine du souverain.

Durant près d'un quart de siècle, Léopold II s'investit donc au Congo à titre purement personnel, et c'est en son nom propre qu'il participe à la conférence de Berlin ; la Belgique en tant qu'État n'est guère impliquée dans ce partage de l'Afrique. De même, si des Belges aident le roi dans son entreprise, dirigeant des expéditions, acceptant de devenir

chefs de poste, d'ouvrir des missions, d'entamer des pros-
pections géologiques, ils sont recrutés directement par l'État
indépendant du Congo, dont le roi des Belges est l'unique
propriétaire...

Le souverain, qui avait d'abord investi à perte, récupère
rapidement sa mise et réinvestit en Belgique une partie de
l'argent gagné[1] : par l'intermédiaire de la Fondation de la
Couronne, il construit, avec les bénéfices tirés du Congo, le
casino d'Ostende, la gare d'Anvers, les thermes de Spa, le
musée de Tervueren, les arcades du Cinquantenaire... Pour
le roi, le Congo est avant tout une entreprise capitaliste,
appelée à générer des bénéfices afin de rémunérer ceux qui
ont risqué leur argent dans l'« œuvre civilisatrice » et de
« mise en valeur » des nouveaux territoires. Cette entreprise
impérialiste à l'état pur effraye les hommes politiques
belges, qui ne partagent guère la conviction du roi — que
personne n'ose formuler ouvertement à l'époque — selon
laquelle toute colonie doit rapporter à la métropole.

Léopold II est d'ailleurs bien le seul à se féliciter des trans-
ferts de capitaux que permet l'exploitation du caoutchouc.
Pour le leader socialiste Émile Vandervelde, les arcades éri-
gées au monument du Cinquantenaire devraient plutôt s'appeler le monument des mains coupées... D'ailleurs, l'historien
Jean Stengers[2] relève qu'en 1908, quand le roi, en raison
notamment des campagnes internationales dirigées contre
l'État indépendant du Congo, décide de céder son territoire à
la Belgique, cette dernière renâcle : les hommes politiques
redoutent les frais qu'occasionnera ce présent royal démesuré.
Ils finiront pourtant par accepter, tant par fidélité au roi que
du fait qu'un lien existe déjà entre le Congo du souverain et
la Belgique. Léopold II ne s'est pas contenté d'exploiter le
pays sur le plan économique : lui qui a eu recours à un explorateur britannique, à des chefs de poste scandinaves, à des

1. Hilde Eymikel, *Congo belge. Portrait d'une société coloniale*, Louvain-la-Neuve, Duculot, 1984.
2. Jean Stengers, *Le Congo des Belges*, Louvain-la-Neuve, Duculot, 1989, p. 47.

aventuriers de toute origine, il a aussi veillé à ce que « son » Congo (dont il prévoyait de faire don à la Belgique) ait un caractère aussi national que possible à cette époque. C'est pour cela qu'il décourage l'implantation de colons d'autres nationalités, interdit le pays aux capitalistes venus d'autres puissances coloniales, met tout en œuvre pour faire barrage à l'influence des musulmans. Malgré les traités internationaux qui prévoient la libre circulation sur le fleuve et la liberté religieuse, il tentera jusqu'au bout d'empêcher les missionnaires protestants (qui s'estimeront victimes d'une discrimination), et même les catholiques, s'ils ne sont pas belges, d'accéder au territoire.

Cette politique d'exclusion est très mal ressentie par la France. Et lorsque la Belgique accepte le royal présent, la France considère qu'elle a été spoliée et fera accepter l'idée que, si la Belgique décidait un jour de se dessaisir de sa colonie, elle jouirait d'un *droit de préférence* pour en récupérer l'héritage. Droit de préférence qui sera rappelé en 1960, à la veille de l'indépendance du Congo, par Maurice Couve de Murville, alors ministre français des Affaires étrangères, et qui semble aujourd'hui encore inspirer la politique française en Afrique centrale, la France s'employant activement à substituer son influence à celle de la Belgique...

Un paternalisme éclairé

Lorsque la Belgique prend la relève, une colonisation plus classique se met en place : l'extraction des matières premières se fait moins féroce, la cueillette du caoutchouc touche d'ailleurs à sa fin et le transfert des ressources n'est plus une priorité. Les abus du système léopoldien disparaissent, la Fondation de la Couronne est dissoute. Cependant, la Belgique reprend à son compte la « mission civilisatrice » dont Léopold II s'était investi, et elle entend à son tour « mettre en valeur » l'immense territoire. La « métropole malgré elle » demeure prudente et sépare rigoureusement des

siennes les finances de la colonie. Un principe de base inspire la politique menée outre-mer, selon lequel le Congo ne
doit pas coûter un franc à la métropole. Autrement dit, les
dépenses d'infrastructures (le chemin de fer, les routes)
doivent en quelque sorte être autofinancées. Très vite, les
ressources de la colonie apparaissent suffisamment importantes pour rendre possible cet autofinancement.

Jusqu'en 1960, la colonie sera ainsi gérée par Bruxelles
selon les principes du paternalisme éclairé, qui marquera
profondément les populations congolaises. Ces dernières
trouveront en face d'elles ce que l'on appellera la trilogie
coloniale, composée des administrateurs territoriaux et des
fonctionnaires envoyés par la métropole, des missionnaires,
et des trusts qui exploiteront les ressources économiques du
pays (Unilever, Union minière, Forminière, etc.)[1].

Les deux pays voisins, le Rwanda et l'Urundi (selon
l'orthographe de l'époque), subissent eux aussi l'influence
belge dès la fin de la Première Guerre mondiale. Une fois
encore, la Belgique se voit échoir ici une responsabilité
qu'elle n'avait pas souhaitée : tout simplement, ayant mené
en Afrique des opérations militaires victorieuses contre les
Allemands et souffert de l'occupation et de la guerre, le pays
accepte le mandat de tutelle que la Société des Nations lui
confie sur les deux territoires de l'ancienne Afrique allemande, le Rwanda et l'Urundi, que l'Allemagne administrait
indirectement. A condition, répète-t-on à Bruxelles, que cela
ne coûte rien...

En 1908 lorsqu'elle reprend le Congo, en 1921 lorsqu'elle
se voit attribuer la tutelle sur le Rwanda et l'Urundi, la Belgique met en œuvre un projet politique identique. Elle entend
administrer ces territoires depuis Bruxelles, car il n'est pas
question alors de créer des colonies de peuplement. Elle veut
« mettre ces pays en valeur », dit-elle, en utilisant leurs ressources naturelles, en bénéficier autant que possible, apporter

---

1. Pierre Joye et Rosine Lewin, *Histoire des trusts au Congo,* Bruxelles, Labor,
1961.

aux populations le meilleur d'elle-même, sa civilisation —
et surtout sa religion. En outre, à l'instar de Léopold II, le
pays souhaite que ces terres d'outre-mer soient marquées par
son influence, qu'elles demeurent aussi profondément
« belges » que possible[1].

L'influence que la métropole veut exercer sur les Africains
qu'elle considère comme ses pupilles, des mineurs dont elle
aurait la charge d'assurer l'éducation, se marquera de plusieurs manières. Par la personnalité de ceux qui seront autorisés à gagner l'Afrique centrale, par les valeurs qu'ils y
transmettront, par les méthodes qui caractériseront la colonisation belge. On retrouvera aussi en Afrique centrale, au
Rwanda-Burundi plus encore qu'au Congo, l'écho, même
assourdi, des combats identitaires qui se livreront en métropole, où le peuple flamand tente de s'affirmer face à une
francophonie qui, au moment de l'indépendance, occupe
l'essentiel du pouvoir. Il n'est donc pas interdit de penser
que l'importance particulière donnée à l'ethnicité dans les
trois pays colonisés par la Belgique est aussi la conséquence
des débats politiques qui agiteront la métropole durant des
décennies, jusqu'à trouver leur aboutissement dans le fédé-
ralisme d'aujourd'hui.

Le rêve africain des fils de famille

Léopold II emploie à son service des aventuriers venus de
toute l'Europe. La Belgique, elle, lorsqu'elle assume la colonisation du Congo et la tutelle du Rwanda-Urundi, se montre
plus circonspecte et entend réserver aux mieux nés de ses
sujets l'accès à ses terres africaines. Parce que l'aventure est
coûteuse et peut se révéler dangereuse ? Peut-être. Plus sûre-
ment encore parce que la Belgique entend montrer aux Africains le meilleur d'elle-même. Il ne faut surtout pas ternir
l'image « noble » que les Africains doivent se faire de

---

1. Jean Stengers, *Le Congo des Belges, op. cit.*

l'homme blanc. Ce dernier doit pouvoir garder son rang. Le pouvoir colonial belge, entre les deux guerres en tout cas, découragera donc fermement l'immigration massive de *petits Blancs* en terre africaine. L'eldorado congolais est en particulier interdit aux ouvriers, aux petits paysans et a fortiori aux chômeurs. Les commerçants portugais qui s'avancent dans la brousse sont mal vus par les administrateurs territoriaux, car ils sont *négrifiés*. En fait, pour pouvoir gagner le Congo depuis la métropole, il faut être accepté par l'administration coloniale, ce qui requiert diplômes et qualifications, pouvoir faire la preuve de revenus assurés en Belgique et exhiber un certificat de bonnes vie et mœurs. Autrement dit, pendant plusieurs décennies, seule la classe dominante — c'est-à-dire la noblesse et la bourgeoisie catholiques et francophones — aura un accès libre à la colonie. Parfois, des fils de bonne famille sont discrètement envoyés en Afrique pour être soustraits à la justice et aux scandales...

A Bruxelles, c'est le très puissant Parti catholique qui monopolise le ministère des Colonies : sur les 29 ministres des Colonies qui se succèdent de 1908 à 1960, 23 appartiennent au Parti catholique, et sur les 10 gouverneurs généraux en poste à Léopoldville, 7 sont issus de ses rangs. La même hégémonie se retrouve dans les hauts cadres de la magistrature et de l'administration territoriale.

Si la bourgeoisie catholique francophone occupe les postes de décision, elle partage cependant avec d'autres les fonctions qui supposent des contacts fréquents avec les populations locales. A côté des administrateurs territoriaux qui gèrent des régions plus vastes que leur pays d'origine, à côté des pionniers de l'exploitation minière, des représentants des grandes sociétés, il y a tous les autres Belges, ceux qui côtoient quotidiennement les Africains.

Ceux-là font respecter les lois, tourner les usines, appliquer les nouvelles techniques agricoles, exécuter les travaux de voirie et d'entretien des sols. Ils ouvrent les écoles, baptisent, soignent... Le prosélytisme faisant fort bon ménage avec le souci de l'économie, l'Église se voit confier des tâches de substitution importantes, et, jusqu'en 1954, elle assumera pratiquement seule la responsabilité de l'enseignement et de la santé. Cette politique a l'avantage d'être peu coûteuse puisqu'elle est en bonne partie financée par les quêtes dans les églises métropolitaines et par les « œuvres » missionnaires.

Les petits fonctionnaires arrivés dans la colonie après sa reprise par la Belgique, les missionnaires, les enseignants laïcs œuvrant aux côtés des pères et des sœurs, sont d'origine beaucoup plus modeste que la grande bourgeoisie francophone qui s'est lancée dans l'aventure coloniale en réponse au défi de Léopold II. Les Congolais ne s'y tromperont pas, qui identifient immédiatement une « nouvelle ethnie » aussitôt appelée les *Ba Flamands*. Cette *ethnie*-là est, quant à elle, profondément préoccupée par ses propres problèmes d'ascension sociale face à la bourgeoisie francophone, par les luttes dites linguistiques — en réalité ethniques — qui se mènent au pays, bref, par ses propres réflexes identitaires.

En effet, en ces années d'entre-deux-guerres où la Flandre envoie plus de 8 000 missionnaires en terre d'Afrique — des prêtres qui sont généralement issus de milieux paysans —, le nord de la Belgique est mobilisé par un combat singulier : il tente de s'affirmer contre cette bourgeoisie francophone qui a créé l'État belge. Mais, comme nous le verrons, plus encore qu'au Congo, c'est au Rwanda et au Burundi que la sensibilité belge à la question de l'ethnicité aura l'influence la plus forte.

Les réalités africaines vues par la Belgique

Soucieux avant tout de récupérer les sommes investies, l'État indépendant du Congo s'était prioritairement intéressé aux ressources naturelles de la colonie. Ivoire, caoutchouc, cuivre, or, celles-ci n'ont pas déçu. Lorsque la Belgique prend la relève, elle demeure désireuse de mettre en valeur les richesses de la terre africaine, mais elle entend aussi

mieux connaître les hommes. Il faut contrôler les populations, pacifier les tribus, leur apporter les bienfaits de la religion, d'une civilisation considérée comme supérieure.

Dès le début, sur la lancée des premiers explorateurs, un
gigantesque effort d'inventaire se déploie : la flore, la faune,
les groupes humains sont systématiquement répertoriés.

Dans cet effort de connaissance du milieu, les missionnaires précèdent les fonctionnaires. Il faudra attendre les
années trente pour que, la crise en Europe ayant imposé un
temps d'arrêt aux grands travaux entrepris outre-mer, les
administrateurs territoriaux entament un inventaire systématique des ressources de la colonie. Des instituts spécialisés
feront bientôt la synthèse de tous ces travaux : l'Irsac dans
le domaine agricole, la Fomulac et le Cemubac dans le
domaine médical, tandis que l'Ires étudiera l'économie.

Le domaine médical est privilégié. Du temps de l'État
indépendant du Congo déjà, les Européens étaient préoc-
cupés par le fait que la peste, la fièvre jaune, la malaria, la
dysenterie, la maladie du sommeil décimaient la population,
éclaircissaient les rangs des travailleurs au point de
contraindre les grandes sociétés à importer des Chinois ou
des Sénégalais. L'effondrement démographique inquiète les
administrateurs territoriaux, qui constatent que les Congolais
succombent en masse sous le poids des travaux publics qui
leur sont imposés — dans les mines, au cours des travaux
de portage, sur les grandes plantations. Même le jeune prince
Léopold, le futur roi Léopold III, qui s'était rendu au Congo
en 1929, s'est soucié de la mortalité précoce des populations
congolaises.

L'Institut de médecine tropicale, créé à Anvers, étudiera
les grandes endémies qui seront pratiquement jugulées à la
fin de la période coloniale. Malheureusement, les connaissances accumulées par les Belges dans les divers domaines
scientifiques ne seront pratiquement pas transmises, en
l'absence de formation de spécialistes indigènes : l'université
Lovanium ne sera fondée qu'en 1957.

Du point de vue des connaissances humaines, missionnaires et fonctionnaires, tout en gardant leurs distances, essaient de mieux connaître les populations qu'ils côtoient. Les carnets des administrateurs territoriaux de l'époque sont remplis de notes descriptives relatant les coutumes de leurs sujets. Ces études sont menées avec la même curiosité, le même zèle que si elles portaient sur des espèces animales inconnues, et les traditions qu'elles examinent sont le plus souvent combattues. Ainsi, au nom de la civilisation, les idoles, masques et fétiches sont détruits ou rapatriés en Europe au titre de « souvenir » ou comme pièces de musée. D'autres fétiches, venus d'Europe ceux-ci — des médailles, des statues de saints de plus ou moins bon goût —, se substituent aux objets rituels locaux, qui servent, dit-on, aux « pratiques de sorcellerie ». Des langues étrangères, le français, le flamand, le latin, se superposent aux idiomes locaux et sont parfois utilisées comme des codes : les Belges entre eux s'expriment en flamand, même s'ils sont francophones, pour éviter qu'on les comprenne...

Durant les années d'après guerre, le Congo s'ouvre sur le monde. Voies ferrées, réseaux routiers contribuent à son développement. Les richesses du sol et du sous-sol sont inventoriées et exploitées. L'économie moderne agit comme un ferment d'intégration. Mais ce développement demeure orienté vers l'extérieur, et, au-delà des beaux discours sur la mission civilisatrice de la métropole, il va de pair avec l'exploitation économique.

Plus encore qu'aux pratiques religieuses ou aux techniques agricoles de leurs administrés, les Belges s'intéressent aux « ethnies », à la mosaïque des tribus africaines. Les missionnaires essaient d'apprendre les langues locales, les administrateurs tentent de répertorier, de classer les populations qu'ils rencontrent, et qui se caractérisent en effet par leur diversité...

Les mythes du colonisateur

L'objectif premier de cet effort étant le contrôle politique plus que le savoir, les Belges tenteront de détecter parmi les tribus celles qui seront le mieux à même de les seconder. Contrôler un pays, surtout si l'on entend pratiquer l'administration indirecte, ne peut se faire sans supplétifs. La recherche de ces derniers figera des appartenances ethniques certes bien réelles, mais mouvantes qui se modifiaient souvent à la suite de déplacements, d'alliances, de guerres ou de mariages.

Pour soutenir son effort de « civilisation » et de domination, le colonisateur forge ainsi des « mythes » qui feront l'objet de nombreuses publications, au point que les intéressés eux-mêmes finiront par y adhérer et par s'y identifier, jusqu'à notre époque[1]. Il faut d'ailleurs observer que cette pratique est celle de tous les colonisateurs, qui partout dans le monde s'ingénieront à trouver des alliés locaux dans les pays conquis. Il semble cependant que, s'agissant des Belges, ces mythes auront eu la vie particulièrement dure...

Le premier de ces mythes est celui de la supériorité intellectuelle, de l'efficacité. Les Belges estiment que certaines tribus sont plus « intelligentes » que d'autres, et donc mieux placées pour servir de relais à leur influence. Au Congo, deux tribus, les Bangala[2] et les Baluba, seront choisies pour cette raison, tandis qu'au Rwanda et en Urundi ce rôle sera dévolu aux Tutsis.

C'est ainsi que les Baluba du Kasaï connaîtront une ascension sociale remarquable. Au départ, cependant, il s'agit d'un groupe qui a fui les raids esclavagistes. Sur les terres où ils se sont réfugiés, les Baluba sont considérés comme une classe inférieure. C'est pour cela qu'ils sont les premiers à

---

1. Kadima Tshimanga, *Pratiques ethniques, pratiques politiques. Naissance d'une nation zaïroise*, Cresh/Kinshasa, U.I. Antworpen, 1995.
2. Sauf pour les Tutsis et les Hutus, que l'on accorde aujourd'hui en genre et en nombre, la marque du pluriel pour les ethnies d'Afrique centrale est le préfixe Ba- et celle du singulier Mu-.

entrer en contact avec les Blancs : lorsque ceux-ci demandent aux chefs de leur livrer des hommes valides pour leur servir de porteurs, les chefs ne désignent pas leurs propres fils mais les Baluba. Régulièrement en contact avec les Européens, ceux-ci sont donc les premiers à fréquenter les écoles, et, progressivement, ils sont amenés à occuper la plupart des postes de travail créés par le colonisateur. Ce dernier jugera évidemment plus « intelligente » la tribu avec laquelle il a pris l'habitude de travailler et qui, par la force des choses, a adopté des comportements proches des siens...

Les Baluba du Kasaï collaboreront avec les Européens dans divers domaines : ils deviendront commis, prêtres, fonctionnaires, toujours valorisés par rapport aux autres tribus, ce qui créera des jalousies durables. Lors des troubles qui suivront l'indépendance, ils seront souvent pris pour cibles, comme dans les années quatre-vingt-dix, où ils sont chassés du Shaba (voir le chapitre 5). A la fois admirés et détestés, ils seront victimes d'épurations ethniques au même titre que les Tutsis au Rwanda.

Un deuxième mythe familier est celui de la « pondération », de la « docilité » de certaines ethnies : les Bakongo, qui résident à proximité de l'embouchure du fleuve Congo, vers l'océan Atlantique, ont depuis longtemps été en contact avec les Européens et sont christianisés depuis le xvie siècle. Ils seront naturellement décrits comme courtois, dociles, sinon peureux... Quant aux Bangala, terme générique qui désigne les gens de la forêt, originaires de la province de l'Équateur et du haut Zaïre, ils sont considérés comme de bons guerriers. A ce titre, ils seront recrutés dans l'armée congolaise et souvent conduits à Léopoldville. Leur langue, le *lingala ya léta*, un langage acculturé, né dans l'armée, est aujourd'hui encore la langue véhiculaire des troupes. Ayant combattu sous les ordres des Blancs, ils seront automatiquement considérés comme une « tribu amie » par rapport à d'autres groupes plus rétifs.

Un autre mythe créé de toutes pièces par le colonisateur, et qui se révélera le plus dévastateur de tous, celui de la

« supériorité génétique ». Les Belges vantent l'intelligence des Baluba, mais au Rwanda et au Burundi, face aux Tutsis de haute taille, dont ils admirent le nez fin, les traits droits, ils sont persuadés qu'ils ont affaire à une « race supérieure », une race née pour diriger, d'autant plus qu'elle ressemble aux Européens et exerce déjà le pouvoir.

Des méthodes d'anthropologie physique, très à la mode dans les années trente, renforceront la conviction des Belges, qui n'hésiteront pas à mesurer le diamètre des crânes et l'écartement des narines, justifiant ainsi avec des arguments présentés comme scientifiques de présumées différences raciales.

Par la suite, les Belges décideront de conforter cette « supériorité » en se reposant sur les Tutsis, non seulement au Rwanda et au Burundi, où ils pratiqueront l'administration indirecte, mais également au Zaïre : lorsque des ressortissants rwandais seront amenés au Kivu pour y servir de main-d'œuvre dans les plantations, c'est tout naturellement que les Tutsis seront désignés comme contremaîtres... Ils seront ainsi conduits à diriger les ethnies autochtones du Congo, les Bahunde et les Banande, qui en concevront un ressentiment durable.

Les Belges ont un autre souci qui se révélera explosif dans la région des Grands Lacs, ainsi que nous le verrons plus loin, c'est la question des origines : des scientifiques réputés déploient en effet tout leur talent pour expliquer en quoi Hutus et Tutsis sont différents les uns des autres, à démontrer que les premiers sont des Bantous et que les seconds, arrivés plus tard, sont des Hamites, plus proches des populations d'Afrique orientale et septentrionale. Aux travaux fondés sur des indices anthropométriques s'ajouteront les recherches des professeurs Hubinont et Hiernaux, portant sur les gènes et les groupes sanguins[1]. Même la fréquence de la sicklémie (une forme d'anémie particulière aux Africains) est étudiée

---

1. Jean Hiernaux, *Les Caractéristiques physiques des populations du Rwanda et du Burundi*, Bruxelles, Éditions de l'Université libre de Bruxelles, 1954.

pour conclure que, si les Tutsis du Burundi ont un taux de sicklémie très bas, c'est parce qu'ils sont arrivés plus tard dans la région, et ont donc une origine différente des Hutus.

Diviser pour régner : la manipulation ethnique

Les Belges, au Rwanda et en Urundi comme dans l'immense Congo, veulent à la fois contrôler étroitement les territoires dont ils ont la charge, empêcher le déclenchement de guerres et garantir la soumission de tous, sans trop investir en hommes et en capitaux. A l'instar des Britanniques, il leur faut donc s'assurer de la fidélité de leurs représentants sur place, sans hésiter à manipuler les tribus pour mieux les soumettre.

Dès leur arrivée, les administrateurs territoriaux, de manière très politique, choisissent leurs interlocuteurs. Désireux de saper des groupes puissants et organisés, notamment les populations s'exprimant en swahili, ils s'appuient sur des groupes ethniques plus faibles ou minoritaires ; par ailleurs, ils veillent aussi à segmenter en plusieurs factions les groupes traditionnellement unis. Tout en affirmant respecter les coutumes locales et l'autorité des chefs indigènes, les Belges nomment eux-mêmes les chefs, s'assurant ainsi de leur soumission. S'il le faut, ils destituent les indociles. C'est ainsi qu'au Rwanda, sous la pression de l'Église, la tutelle détrône le roi Musinga en 1930, car il se montre trop rétif à l'influence étrangère. (Mobutu, lui non plus, n'a pas hésité à interférer dans la coutume, à tel point qu'à l'heure actuelle encore, lorsque des officiels demandent à certains groupes de présenter leurs chefs, ils s'entendent répondre : qui voulez-vous rencontrer ? Les chefs nommés par les Belges, désignés par Mobutu, ou bien les nôtres ?)

Très tôt, en effet, les Congolais déjouent les manœuvres du colonisateur : au moment de la conquête, il leur arrive de refuser de présenter leur véritable chef au Blanc ! Ce dernier passe alors des accords avec des responsables de moindre niveau, choyés et décorés, que les indigènes appellent non sans dérision les « chefs médaillés ». Ils doivent cependant se soumettre à leur autorité, puisqu'elle est la seule reconnue par le pouvoir blanc.

C'est ainsi que, sans l'avoir souhaité, la colonisation sème en terre africaine des germes de division, des bombes à retardement socio-ethniques qui, superposées aux anciennes querelles lignagères, exploseront des décennies plus tard, une partie des intéressés ayant fini par s'identifier à l'image que le colonisateur s'était faite d'eux.

L'attention portée aux langues indigènes

Plus que toute autre, la « science coloniale » belge s'attache à la notion d'« ethnie ». Relever les caractéristiques et les particularités de chaque groupe est la passion des administrateurs territoriaux. Les missionnaires les aideront à étancher cette soif de connaissance et ils s'intéresseront tout particulièrement aux langues indigènes.

Leur motivation est double. Il s'agit d'abord pour eux de gagner la confiance de leurs ouailles, d'être capables de s'adresser aux indigènes dans leur langue. Mais un autre principe anime les missionnaires, une idée généreuse, tirée de l'histoire de leur propre peuple. La plupart d'entre eux sont en effet des Flamands, et ils considèrent, comme la plupart de leurs compatriotes, que leur propre langue, le flamand, a été opprimée par l'usage du français dans les premières années de l'indépendance de la Belgique. A leurs yeux, s'exprimer dans sa langue est un droit essentiel, l'un des fondements de l'identité. Les missionnaires s'intéressent donc aux langues africaines, font l'effort de les apprendre, d'en tirer des grammaires et des dictionnaires, d'y introduire les termes nécessaires à l'évangélisation.

Ils seront les premiers à découvrir et à respecter la diversité des langues africaines, et à doter les populations d'instruments de connaissance de leur propre culture : des travaux comme ceux du père Hulstraet, qui se consacra à l'étude des Mongos, ou du père Placide Tempels, qui publia un manuel de philosophie bantoue, seront longtemps le vade-mecum de tous les voyageurs en Afrique centrale.

Les missions, qui jouissent jusqu'en 1954 au Congo du monopole de l'enseignement, choisissent d'alphabétiser les enfants en langue vernaculaire : dans les écoles primaires, les élèves du premier degré sont instruits dans le dialecte local, puis les enfants étudieront dans la langue indigène la plus répandue dans la région. Les jeunes ne seront cependant pas reconnaissants aux prêtres de cet effort linguistique : ils considèrent l'instruction dans leur langue natale comme un enfermement. A l'instar des jeunes Noirs sud-africains des décennies plus tard, les jeunes Congolais protesteront à maintes reprises contre le fait que l'enseignement primaire soit dispensé dans leur langue d'origine et ils exigeront d'apprendre le français, qui, pour eux, est synonyme d'ouverture sur le monde. Les missionnaires ne cachent pas leurs réticences. Selon le témoignage de Kadima Tshimanga, en 1959 encore, à un jeune Congolais qui s'obstinait à lui parler dans la langue de Voltaire, un bon père rétorqua en tshiluba (la langue des Babula) : « Ce n'est pas avec cela que vous irez au ciel ! »

Le désir d'apprendre le français sera d'ailleurs l'une des raisons du succès des écoles officielles laïques et francophones qui s'ouvriront après 1954, lorsque le ministre Buisseret, appartenant au Parti libéral, brisera le monopole des missions en matière d'enseignement.

Le souci de respecter les spécificités locales n'amène pas seulement les missionnaires à enseigner dans les langues africaines ; ils se méfient également de l'enseignement théorique, des notions abstraites, et s'attachent aux cours techniques, au « concret ». Sur ce point non plus les élèves ne leur seront pas reconnaissants : ils critiquent la place prise par le travail manuel dans l'enseignement, ont le sentiment de perdre leur temps à des travaux qui ressemblent trop aux tâches qu'on leur impose au village. Même dans le Zaïre des années quatre-vingt, il était encore interdit aux enseignants des écoles agricoles de procéder à des travaux pratiques !

Si la qualité de l'enseignement reçu laisse quelquefois à désirer, en 1960 le Congo peut cependant se targuer d'avoir envoyé à l'école 60 % des jeunes, contre 10 % seulement dans les colonies françaises, souvent prises pour référence. Aux yeux des Belges, cet enseignement primaire massif, généralisé, compense le fait que le Congo indépendant ne compte qu'une poignée d'universitaires. Mais c'est ce reproche-là qui prévaudra.

Quand les enseignants belges veulent privilégier ainsi l'enseignement pratique, les notions concrètes, ils ne sont pas seulement mus par le souci de respecter les spécificités culturelles de leurs élèves, au risque d'enfermer ces derniers dans leur différence. Ils espèrent aussi que, en empêchant la diffusion dans la colonie d'une langue à portée universelle, ils feront obstacle à la diffusion des idées « subversives » qui, depuis 1945, font des ravages dans l'Afrique coloniale française. « Pas d'élite, pas d'ennuis » : ainsi pourrait se résumer la philosophie culturelle de la colonisation belge, qui, en essayant de priver ses pupilles de l'accès à l'universel, contribue à renforcer le sentiment d'appartenance ethnique.

Non contente de diviser pour régner, la colonisation belge marque par d'autres traits encore les populations qui lui sont soumises. Ainsi la mobilité des populations est-elle très faible, dans un ensemble qui a cependant la taille d'un continent. Pour quitter leur région, se rendre en ville ou circuler d'une ville à l'autre, ceux que l'on appelle alors les « Noirs » ont besoin d'une autorisation spéciale délivrée par l'autorité administrative. C'est ainsi que l'Exposition universelle qui se tient à Bruxelles en 1958 représente pratiquement la première occasion, pour des ressortissants venus de toutes les régions du Congo, de se rencontrer et de débattre de problèmes communs. Lorsque Patrice Lumumba sera autorisé à se rendre à la Conférence panafricaine d'Accra, il reviendra transformé par les contacts qu'il a eus avec des Africains d'autres pays et par les manifestations de solidarité qui lui ont été témoignées. S'il y a des migrations, elles sont étroitement contrôlées par le colonisateur, qui transporte dans les mines du Katanga des travailleurs originaires du Kasaï et du Rwanda surpeuplé. La Mission d'immigration des Banyarwanda (Hutus et Tutsis) dirige également vers le Kivu plusieurs milliers de Rwandais. Les exodes individuels, vers la Tanzanie ou l'Ouganda, prennent pour leur part plutôt l'allure d'une fuite pour échapper au travail obligatoire...

Impensable assimilation

Après 1945, tenant compte du fait que les colonies ont considérablement contribué à l'effort de guerre (les mines du Katanga ont tourné à plein régime et l'uranium de Shinkolobwe a permis la fabrication de la première bombe atomique), les Belges se soucient d'améliorer de manière significative les conditions de vie des populations africaines. Les hôpitaux, les dispensaires se multiplient, des routes joignent les grandes villes, les écoles primaires essaiment dans les campagnes. La recherche agricole s'intéresse à quelques cultures alimentaires de base, en particulier au manioc.

Cependant, la promotion sociale des Congolais, des ressortissants du Rwanda et du Burundi ne peut s'opérer par l'assimilation pure et simple. Les Belges, qu'il s'agisse des bourgeois francophones ou des Flamands, sont attachés à leur propre spécificité ethnique, qui, pour le monde flamand en particulier, repose sur le sol, la langue, la religion. Comment pourraient-ils concevoir que des Africains puissent un jour partager la même identité qu'eux ?

Alors que la France s'attache en Afrique à l'enseignement de sa langue, coopte certains intellectuels dans son propre système dirigeant, envoie à l'Assemblée nationale des députés comme Senghor, Houphouët-Boigny ou Lamine Guéye, aux yeux des Belges, une telle assimilation est impensable. Pour eux, la citoyenneté ne se partage pas de cette manière, à cette époque en tout cas. Et même si, dans les années cinquante, le Congo a parfois été décrit comme la dixième province, ou s'il a parfois été question d'une hypothétique communauté belgo-congolaise, jamais il n'a réellement été envisagé d'accorder le droit de vote aux populations indigènes. Les colons eux-mêmes n'ont d'ailleurs pas le droit de voter, ni au Congo, ni en métropole !

Incapables de concevoir un projet d'assimilation des Africains et d'imaginer qu'ils puissent avoir une conscience nationale, les Belges pratiquent la politique du « chacun chez soi ». A leurs yeux, les tribus correspondent à des territoires déterminés où doit s'exercer l'autorité des chefs traditionnels. Mais, avec l'industrialisation et la croissance des villes, un nouveau groupe apparaît, composé d'Africains qui ont en principe pris leurs distances avec le milieu traditionnel, dit « coutumier ». Ils sont censés avoir intériorisé les valeurs des Blancs, leur religion, leur mode de vie. Cette classe intermédiaire sera qualifiée d'« évolués » — certains Européens, se demandant si le processus d'acculturation est bien achevé, préférant d'ailleurs les appeler des « évoluants »[1]...

Ces « évolués-évoluants », qui reçoivent une « carte d'immatriculé » (sur laquelle figure l'ethnie d'origine), doivent faire la preuve de leur intégration à la civilisation, de leur assimilation du mode de vie des Blancs. C'est ainsi que, dans les centres de couture, on apprend aux femmes les travaux d'aiguille ; que, dans les foyers sociaux, on enseigne les règles d'hygiène et les recettes de cuisine. Les femmes apprennent aussi à tenir un ménage à l'européenne, on leur inculque comment dresser la table, se servir d'appareils électroménagers, consommer du pain au petit déjeuner. A la suite d'une inspection minutieuse de leur maison et de l'observation de leur mode de vie, les indigènes les plus conformes au modèle petit-bourgeois prôné par les Belges se verront accorder le statut d'évolués, à condition, bien sûr, d'avoir appris à lire et à écrire.

---

1. *Zaïre 1885-1985, cent ans de regards belges*, Bruxelles, CEC, 1985.

Leur intégration sera cependant toute relative. En outre, très rares seront les Congolais qui bénéficieront de ce statut d'« évolués », à l'issue de procédures pour le moins humiliantes : en 1955, ils ne sont encore que 114. Quoi qu'il en soit, même lorsqu'ils ont franchi les obstacles, les « évolués » ne sont pas pour autant admis dans le monde blanc. Les Belges, jusqu'au bout, veillent à maintenir une conception très « spatiale » de la différence. Pour eux, la cooptation par le voisinage est impensable, et la ségrégation par l'habitat reproduit en Afrique l'une des caractéristiques de la métropole. En Belgique, en effet, l'habitat, peut-être encore plus qu'ailleurs, est marqué par une ségrégation sociale qui ne dit pas son nom : dans les villes, riches et pauvres, bourgeois, ouvriers, immigrés et nationaux ne sont guère mélangés. Dans les régions où francophones et flamands sont voisins, la différence sociale, marquée par les quartiers d'habitation, s'est longtemps confondue avec la différence linguistique. Aujourd'hui encore, les « francophones » résidant en Flandre ou dans la périphérie de Bruxelles sont identifiés par les politiciens et par les hérauts du peuple flamand comme un groupe non intégré, sinon comme un corps étranger. Cette population est donc priée d'adopter la loi du sol et de la langue, sous peine de se voir invitée tôt ou tard à quitter les lieux... En Wallonie, les « corons » de mineurs, les cités d'employés et les quartiers résidentiels bourgeois sont également séparés, par une imperceptible démarcation.

Cette politique du « chacun chez soi » s'est très naturellement prolongée en Afrique ; dans les grandes villes du Congo, à Léopoldville, Élisabethville et ailleurs, les Blancs résident dans des cités agréables, souvent fleuries, et leurs maisons sont entretenues par une domesticité nombreuse. Les Africains, pour leur part, vivent à la périphérie de la ville blanche, dans des cités indigènes où les conditions ne sont pas mauvaises, mais qui sont résolument à l'écart. Petites maisons carrées, rues tracées au cordeau, peu à peu pourvues de services de base, les cités indigènes se trouvent à des années-lumière des quartiers réservées aux Blancs. Par certains de ses aspects, une ségrégation aussi stricte ne peut se comparer qu'avec l'apartheid sud-africain. Cependant, entre la ville blanche et la cité indigène existent parfois des « zones-tampons », intermédiaires, dont les habitants sont considérés comme des étrangers par les uns et par les autres : les quartiers réservés aux Asiatiques, à Bukavu et Kisangani par exemple, où se sont établis les commerçants « montés » depuis l'océan Indien. C'est là que vivent les commerçants portugais.

Les Africains qui ont quitté leur village, qui se sont soustraits à l'autorité des chefs traditionnels pour vivre dans les centres « extra-coutumiers » dans l'espoir de se voir décerner le statut d'« évolués » n'ont donc pas pour autant échappé à l'ethnicité. La politique même du colonisateur les y replonge. Interdits d'assimilation au sein du monde blanc, ils sont invités à rejoindre des mutuelles ethniques que l'on qualifie alors de tribales. Ces mutuelles, associations de solidarité en milieu urbain, ne sont pas des initiatives congolaises. Ce sont les Belges qui ont eu l'idée de regrouper ainsi les travailleurs sur une base ethnique, encourageant l'apparition de ces organismes d'entraide dont les plus connues sont Lulua frères, Conacat, Liboke ya Bangala. Eux-mêmes, à Léopoldville et ailleurs, ne se sont-ils pas rassemblés en cercles distincts selon qu'ils étaient wallons ou flamands ?

En brousse comme dans les villes, le colonisateur, agissant en vertu de ses propres modèles culturels, a contribué à privilégier et à figer des appartenances ethniques qui, dans la réalité précoloniale, étaient souvent instables et en pleine évolution. Les privilèges accordés à certains groupes plutôt qu'à d'autres, les préjugés favorables ou défavorables, fondés sur l'appartenance à un groupe plus que sur les valeurs individuelles, ont attisé les frustrations et contribué à transformer en fait politique des réalités contingentes.

Lorsque le Congo, en 1960, puis le Rwanda et le Burundi, en 1962, accèdent à l'indépendance, ces colonies diffèrent profondément du reste de l'Afrique.

Sur le plan matériel, le Congo est cité en exemple. Il est présenté comme une colonie modèle. Les réalisations concrètes des Belges y sont spectaculaires et tranchent notamment avec l'absence d'infrastructures des colonies portugaises. Le développement économique du pays autorise tous les espoirs, mais cela ne suffit pas. Les Congolais et leurs voisins du Rwanda et du Burundi n'ont guère conscience d'appartenir à un même ensemble, tant ils ont été enfermés dans leurs spécificités ethniques. Dès le lendemain de l'indépendance, ces différences artificielles seront une menace permanente de violence et d'éclatement.

En 1960, à peine le Congo a-t-il accédé à l'indépendance que l'ancienne métropole commence à manipuler l'ethnicité : la sécession de la province du cuivre, la plus riche du pays, est ainsi proclamée. La spécificité ethnique des Katangais est mise en avant. En réalité, le mouvement indépendantiste, dirigé par Moïse Tschombé, est encouragé par les intérêts économiques des grandes sociétés belges, violemment hostiles au Premier ministre Patrice Lumumba, dont le nationalisme ombrageux est considéré comme hautement subversif. Le réflexe identitaire soigneusement cultivé pendant la colonisation produira également ses effets dans les deux Kasaï, très riches en diamant, qui tenteront de faire sécession.

Par la suite, la colonie modèle dont les Belges étaient si fiers connaîtra cinq années de troubles et de rébellions : les populations congolaises se révolteront contre le carcan de l'État central, la lutte étant à nouveau menée sur une base tribale. Mais le caractère « sauvage » de ces rébellions, les caractéristiques très antireligieuses de ces jacqueries qui s'étendront, à certains moments, sur 80 % du territoire, leur radicalisme[1] doivent aussi être interprétés comme un rejet brutal de la contrainte coloniale et de cet État central qui

---

1. Herbert F. Weiss, *Radicalisme rural et lutte pour l'indépendance au Congo-Zaïre*, Paris, L'Harmattan, 1994.

apparaît comme son héritier, un rejet de la contrainte subie durant quatre-vingts ans.

Après ces violences fondées sur une ethnicité exacerbée, la dictature mobutiste imposera, par le haut, une certaine unité au pays. Curieusement, elle réveille aujourd'hui les fantômes du passé, au Katanga devenu le Shaba, au Kivu et ailleurs, pour faire croire au risque d'éclatement du pays, afin de présenter le président comme plus indispensable que jamais. Il s'agit là de l'exploitation de thèmes anciens, sur un terreau social fragilisé par la crise, et non de haines ethniques contemporaines. A l'inverse du Rwanda et du Burundi, le Zaïre, à ce stade tout au moins, semble avoir maîtrisé les démons de l'ethnicité hérités de la colonisation. Tel n'est pas le cas de ses deux voisins, où, il est vrai, l'héritage est plus lourd encore : au Rwanda et au Burundi, en effet, la population a totalement repris à son compte la vision mythique du colonisateur.

Le Rwanda et le Burundi, miroirs de la Belgique

Dans ces deux territoires sous tutelle, la présence belge a été beaucoup moins massive qu'au Congo. Ici, il n'y a pas de grandes sociétés minières, et peu de colons blancs. Nul ne songe à y faire fortune, et les terres surpeuplées n'ont pas à être mises en valeur. Tout au plus la Belgique considère-t-elle qu'il lui appartient de développer ces deux territoires, de les acheminer à pas mesurés vers l'indépendance, de corriger au besoin les injustices des systèmes politiques locaux.

Sur le plan économique, le poids des deux pays est quasi nul. Leur intérêt réel est plutôt d'ordre stratégique et démographique : ils peuvent servir de base d'évacuation pour les Européens en cas de troubles au Congo, ou de réservoirs de main-d'œuvre pour la région. L'aéroport de Kamembe au Rwanda, près de la ville de Cyangugu et en face de Bukavu, jouera d'ailleurs un rôle au cours des diverses interventions militaires au Zaïre, et plus tard Kigali sera doté d'un aéroport de gabarit international. Aujourd'hui encore, l'importance de ces deux petits pays est réelle, car ils se trouvent au point de rencontre de deux zones géographiques, les bassins du Nil et du Congo, au confluent de grandes zones de migration et à l'intersection politique de l'Afrique francophone et de l'Afrique anglophone, sur la route du Cap au Caire que voulait naguère tracer Cecil Rhodes contre les intérêts français...

Vu la taille modeste de ces deux pays, leur relative pauvreté, la politique au Rwanda et en Urundi est abandonnée à l'initiative de quelques fonctionnaires venus de Belgique. La « mission civilisatrice », elle, est confiée à l'Église.

Les Belges envoyés au Rwanda et en Urundi n'appartiennent guère aux milieux dirigeants, aux grandes familles de la métropole dont les fils cadets sont appelés à devenir des colons ou des cadres de sociétés dans le vaste Congo. Petits fonctionnaires, ils n'envisagent pas de s'installer à vie dans ces postes plus modestes ; malgré la clémence du climat et la beauté de la nature, les plus ambitieux regrettent la vie plus mondaine menée à Léopoldville (Kinshasa) ou Élisabethville (Lubumbashi).

Plus encore qu'au Congo, le pouvoir colonial, qui pratique là aussi l'administration indirecte, travaille en accord avec les missionnaires. Or ces derniers, pour la plupart venus de Flandre, éprouvent une sympathie immédiate à l'égard des paysans hutus, qu'ils décrivent comme un « menu peuple » débonnaire, travailleur, un peu simple, soumis à des Tutsis aristocratiques, retors, qui dominent leurs compatriotes en leur cédant des vaches en gage. Même si l'administration a choisi de se reposer sur l'autorité des chefs tutsis et si, dans les premiers temps en tout cas, l'Église elle-même fait alliance avec eux, de nombreux Belges considèrent que les Hutus sont les premiers occupants du Rwanda, après les pygmées Twas, tenus pour quantité négligeable.

Si l'on en croit l'histoire coloniale, les Tutsis, ces « Hamites », sont un peuple venu d'ailleurs, d'Éthiopie sans doute, qui aurait peu à peu, en recourant à la persuasion et à la ruse, dépossédé du pouvoir les occupants légitimes du pays. Comme nous l'avons dit plus haut, de nombreux scientifiques se sont attachés à démontrer la différence d'origine des Tutsis et des Hutus, et si leurs recherches n'ont en soi rien de condamnable, leurs conclusions seront exploitées à des fins politiques durant des générations. Tout se passera comme si les Tutsis, arrivés, dit-on, dans la région des Grands Lacs vers le XVIIe siècle, étaient des citoyens moins légitimes que leurs compatriotes hutus...

Cette thèse fait évidemment bon marché de cinq siècles d'une royauté également respectée, du fait que les deux royaumes, le Rwanda et le Burundi, présentent, au moment de la conquête coloniale, une remarquable unité de langue, de culture, de religion.

En fait, les Belges, frappés par les différences d'allure physique et de statut social, négligent tous les autres signes de l'unité. Ils ne relèvent pas que les langues nationales, le kinyarwanda et le kirundi, sont remarquablement homogènes et ne comportent aucun phonème d'origine étrangère, hamitique par exemple. Ils négligent le fait que les pygmées Twas, qu'ils considèrent comme des sous-hommes, jouent en réalité un rôle social très important. Potiers, forgerons, danseurs, chasseurs, ils sont entièrement au service du roi. C'est l'importation de houes et d'autres outils d'origine industrielle qui ruinera les forgerons locaux et abaissera leur statut social.

Les Belges ne s'attardent guère sur le fait que les paysans hutus des collines sont très attachés à la personne du Mwami, leur souverain, et qu'ils se montrent prêts à défendre celui qu'ils considèrent comme le garant de la fécondité des femmes et des troupeaux. Symbole de la prospérité générale, le roi est placé au sommet de la pyramide administrative et militaire, et le peuple entretient avec lui un lien quasi sacré.

En réalité, aux époques coloniale et précoloniale, Hutus et Tutsis n'étaient pas des catégories figées. Il existait une grande interaction entre élevage et agriculture. En effet, si les agriculteurs appréciaient le fait de posséder des vaches, c'était non seulement parce que le bétail était le seul capital accumulable, mais aussi parce qu'ils récupéraient les déjections des animaux et les répandaient sur les terres cultivées. Cet accroissement de fertilité leur permettait de réaliser deux récoltes par an. L'économiste agronome Hubert Cochet[1] relève donc que l'*ubugabire*, le « contrat de vache », si souvent décrit par la littérature coloniale, par lequel un propriétaire de bétail prêtait une vache à un agriculteur, était avant tout un rapport économique entre un paysan qui possédait du capital et un autre qui en était dépourvu. L'appartenance ethnique se définissait essentiellement en fonction de l'importance du capital, c'est-à-dire du bétail. La distinction était donc avant tout socio-économique : un Tutsi qui voyait son troupeau anéanti par la foudre ou par un autre accident devenait un Hutu, tandis que le Hutu qui parvenait à s'enrichir en accroissant son troupeau pouvait se voir « promu » au rang de Tutsi. Le patrimoine se transmettant de père en fils, il en était de même pour la catégorie sociale. Aux époques coloniale et précoloniale, Hutus et Tutsis n'étaient donc pas des catégories sociales figées. Un agriculteur hutu pouvait, s'il possédait plus de dix têtes de bétail, être considéré comme un Tutsi, et un Tutsi appauvri pouvait être qualifié de Hutu. En outre, les mariages étaient fréquents entre les deux groupes, des filles tutsies acceptant régulièrement d'épouser des Hutus ayant atteint un certain niveau social — l'inverse, il est vrai, était plus rare.

Hubert Cochet relève également qu'à la veille de l'arrivée des Belges, dans les années 1890-1910, la société agropastorale du Burundi, et sans doute aussi du Rwanda, a profondément changé : les hommes ont dû faire face aux épidémies de trypanosomiase (la maladie du sommeil), le bétail a été décimé par la peste bovine. « Pour faire face au fléau, et sauver ce qui pouvait l'être, il semble que le bétail survivant ait été rassemblé (ou confisqué à ceux qui en avaient encore)

---

1. Hubert Cochet, *Burundi, la paysannerie dans la tourmente. Éléments d'analyse sur les origines du conflit politico-ethnique,* Paris, Fondation Charles-Léopold-Mayer, 1996, p. 28.

en quelques sites et concentré entre les mains d'un petit nombre d'éleveurs (roi et aristocratie princière). Il aurait ensuite été progressivement redistribué, et, comme cela se faisait habituellement, au bénéfice des courtisans[1]. »

Cette hypothèse pourrait expliquer la disproportion entre Hutus et Tutsis (85 et 15 %) qui frappe tant les colonisateurs : « Le caractère très inégal de la répartition du bétail au début du xxe siècle et l'existence de nombreux producteurs sans bétail donnent alors aux colonisateurs une image quelque peu déformée de la société précoloniale. Car en laissant de nombreuses familles sans bétail et donc sans capital, la peste bovine a accentué la différenciation paysanne. [...] C'est de cette situation critique qu'est peut-être né le mythe du dualisme agriculteurs-éleveurs. »

Hubert Cochet, comme d'autres chercheurs, relève aussi que « l'influence des régimes alimentaires sur les caractéristiques somatiques des populations est largement aussi déterminante que l'héritage génétique. Les changements majeurs de régime alimentaire n'ont-ils pas suffi, pendant ces dernières décennies, à faire augmenter de plus de 10 cm la taille moyenne des Européens et des Japonais ». Un accès inégal aux produits laitiers et donc aux protéines, se prolongeant sur plusieurs générations, pouvait, ajouté à l'endogamie, accentuer la différenciation physique entre les groupes économiques et sociaux.

De cette histoire économique et sociale de la région, de ses traditions politiques, les Belges privilégient les éléments qui se rapprochent le plus de leur propre histoire. Ils travaillent par analogie et mettent en avant les éléments qu'ils sont les mieux à même de comprendre. Et l'évolution politique du Rwanda et du Burundi, comme celle de la Belgique, démontre qu'en matière d'ethnicité l'histoire est réécrite, interprétée en fonction des circonstances. C'est ainsi qu'une chronique de l'unité nationale peut être racontée comme la chronique d'une oppression séculaire. N'est-ce pas en pro-

---

1. Hubert Cochet, *Burundi...*, *op. cit.*, p. 39.

cédant de cette façon que les Flamands de Belgique et les Hutus du Rwanda, chacun à sa manière, ont réinterprété l'histoire de leur peuple ?

Ici, un bref rappel de l'histoire de Belgique n'est pas superflu. Au moment de l'indépendance, Wallons et Flamands avaient en commun, contre le souverain hollandais, le fait d'être catholiques, et c'est pour cela qu'ils se séparèrent des Pays-Bas. Au fil des années, l'unité du royaume s'est érodée, la langue a pris plus d'importance que le dénominateur commun qu'était la religion.

Au début du siècle, et plus encore après la Première Guerre mondiale — au moment où la Belgique se voit confier la tutelle sur le Rwanda et l'Urundi —, le mouvement nationaliste flamand est en plein essor : les intellectuels de Flandre, qui sont avant tout des curés de village, des instituteurs (les bourgeois, les universitaires s'expriment en français), remettent en cause la domination de la bourgeoisie francophone au cœur de l'État belge. Ils soutiennent la revendication nationaliste flamande, le principe d'une patrie fondée sur la coïncidence du sol, de la langue, de la culture, alors que le monde latin a une autre conception de la citoyenneté. L'histoire, réécrite, réinterprétée, sera une arme essentielle aux mains des Flamands. Certains épisodes tirés du passé sont magnifiés, amplifiés. Ainsi, tous les jeunes Flamands connaissent-ils par cœur l'histoire de la bataille des Éperons d'Or. En 1302, les communiers, une infanterie de culs-terreux dotés de terribles massues, mirent en échec les troupes françaises et, avec elles, la fine fleur de l'aristocratie locale qui combattait sous l'emblème du lys de France. De même, en Flandre, nul n'ignore l'histoire tragique de ces jeunes soldats qui, durant la Première Guerre mondiale, périrent dans les tranchées de l'Yser, faute de comprendre les ordres que les officiers leur adressaient en français. Cette *histoire* n'est pas fausse en soi, mais elle privilégie certains épisodes au détriment d'autres. Et cette lecture des faits, subjective, politique, ressemble étrangement à la manière dont les Hutus du Rwanda et du Burundi ont réinterprété leur propre histoire, gommant tous les indices d'unité pour ne retenir que les épisodes rappelant l'oppression.

De même qu'en Flandre les Flamands entendent « être chez eux » (des panneaux l'indiquent sur toutes les routes), de même au Rwanda et au Burundi les Hutus se sentent aujourd'hui les « vrais citoyens du pays », comme si leur « coefficient de citoyenneté » était supérieur à celui de leurs compatriotes tutsis, considérés comme les « derniers arrivés », sinon comme les envahisseurs. Cette querelle sur les origines ressemble décidément aux interminables discussions des théoriciens de l'apartheid, qui comparaient les dates d'implantation des Boers avec celles des Xhosas et des autres groupes bantous dans le sud du continent.

Un certain nombre de religieux envoyés au Rwanda, demeurés très proches de ces curés de village qui, dans leur pays, éveillent la conscience nationale du peuple flamand, lisent la situation au Rwanda à la lumière de leur propre expérience. Spontanément, et souvent sans l'avouer explicitement, ils identifient les Tutsis, fréquemment rétifs à leur influence, à cette bourgeoisie francophone dont, au pays, leur peuple essaie de secouer l'hégémonie. Instinctivement, ils soutiennent le principe de la libération de la « masse », du « petit peuple » hutu... Le vocabulaire n'est pas neutre : un linguiste canadien a soumis à l'ordinateur l'ouvrage de Filip Reyntjens, professeur à l'université de Leuven, *L'Afrique des Grands Lacs en crise*[1]. Il a relevé que les expressions « population », « peuple », « population civile », « populations civiles sans défense » étaient toujours appliquées aux Hutus, jamais aux Tutsis. Ces derniers sont désignés par leur nom d'ethnie, sans plus.

Tous les Belges appelés à vivre au Rwanda et au Burundi analyseront la situation politique en termes ethniques, et il ne sera jamais question que de Hutus majoritaires et de Tut-

1. Filip Reyntjens, *L'Afrique des Grands Lacs en crise*, Paris, Karthala, 1995.

sis minoritaires. Même des francophones et certains scientifiques réputés adopteront cette vision des choses, qui sera défendue avec passion par le mouvement social-chrétien, francophone et flamand. C'est ainsi que le dernier gouverneur général, Jean-Paul Harroy, un libéral liégeois, adhérera à cette représentation du conflit fondé sur l'ethnicité, et il s'emploiera lui aussi à soutenir la « révolution sociale » des Hutus[1].

Vers la fin des années cinquante, emboîtant le pas à l'Église, l'ensemble de la classe politique belge soutient en fait l'émancipation du peuple hutu au Rwanda. Pour les uns, en rétablissant dans ses droits un « peuple majoritaire » (une majorité héréditaire, définie sur la base de l'appartenance ethnique), il importe de faire œuvre de justice sociale. Pour les autres, plus cyniques, il s'agit de faire pièce aux revendications nationalistes des élites tutsies qui se rapprochent dangereusement du mouvement des non-alignés aux Nations unies et souhaitent la fin sans condition du pouvoir colonial. En installant au pouvoir des gens qui lui doivent tout et qui n'ont pas encore la formation intellectuelle de l'aristocratie tutsie, la Belgique s'assure aussi d'un bastion stratégique au cœur de l'Afrique.

Aujourd'hui, les fils de ces élites nationalistes d'hier ont repris le pouvoir au Rwanda, tourné la page de la colonisation et de la période postcoloniale, et cette libération a été payée d'un génocide. Au Burundi, en revanche, le pouvoir tutsi, qui avait su résister aux pressions de l'ancienne métropole, s'est rapidement perverti en dictature après que les hommes qui étaient les garants de l'unité nationale eurent été éliminés au moment de l'indépendance. Nous y reviendrons.

Curieusement, outre la Belgique, d'autres pays ou régions, à la fois francophones et surtout marqués par un certain multiculturalisme, comme la Suisse et le Québec, ne ménageront pas leur appui à la « révolution sociale » des Hutus du

---

1. Jean-Paul Harroy, *Burundi, 1966-1972*, Bruxelles, Hayez, 1987.

Rwanda et prendront leurs distances à l'égard du Burundi, qui, lui, sera longtemps choyé par la France. Réinterprétation de l'histoire, rôle du clergé et des intellectuels dans la prise de conscience nationale, adhésion à une patrie mythique fondée sur la loi du sol et sur la légitimité des origines : les Belges n'ont pas été les seuls à retrouver dans la révolution rwandaise l'écho de leurs propres combats, ou à déceler en terre africaine le reflet de leurs luttes identitaires... Et c'est bien pour cela que le génocide rwandais de 1994 soulève tant de passions : les Hutus et les Tutsis, tirés de l'anonymat par le poids du sang et de la haine, sont devenus bien autre chose que ces « tribus » africaines jusqu'à présent peu connues. Dans la tragédie qui les a opposés, chaque être humain, et en tout cas chaque Belge, peut trouver trace des questions qui hantent sa propre identité.

La démission des « oncles »

Comment ne pas relever que l'implosion de l'Afrique centrale pour cause d'ethnicité correspond étrangement à l'implosion de l'ancienne métropole elle-même, pour des raisons comparables ?

La démission de la Belgique en terre africaine s'explique d'abord par le fait que ce pays qui, dans l'élan de sa jeune existence, avait naguère accepté le cadeau de Léopold II, n'existe plus comme tel. Après avoir eux aussi réécrit leur histoire, après s'être entre-déchirés autour de revendications identitaires, les peuples de Belgique sont désormais séparés par le principe de discrimination qu'ils avaient naguère encouragé en Afrique : Flamands et Wallons coexistent difficilement au sein de la Belgique fédérale.

Cette séparation des ethnies belges s'est faite sans violence, mais non sans âpreté, tant les mots des hommes politiques sont quelquefois aussi tranchants que des machettes. Puisqu'un lien fort, exclusif, a longtemps relié une certaine Belgique à trois pays d'Afrique qui sont aujourd'hui parmi les plus menacés, est-il interdit de songer que leur dérive, parallèle à la scission de l'ancienne métropole, représente autre chose qu'une simple coïncidence ?

En réalité, la politique africaine de la Belgique s'est dissoute avec l'État belge unitaire. En Afrique comme ailleurs, les Flamands et les francophones ont des intérêts différents, il est de plus en plus question de mener des politiques de coopération au développement séparées. En l'absence de vision nationale de sa politique africaine, Bruxelles entend désormais s'aligner sur ses partenaires européens, et, sur le plan bilatéral, la Belgique, sans prendre d'autres risques, se contente de plaider pour le respect des droits de l'homme et la démocratie. Cette politique des bonnes intentions ne saurait tenir lieu de diplomatie, mais elle vaut déjà mieux que le cynisme de la politique française, qui, tout à son obsession de faire pièce aux Anglo-Saxons, a occupé les bastions francophones d'Afrique centrale délaissés par leur ancienne métropole. La politique française, qui s'inscrit dans une pure logique coloniale, a conduit Paris, contre toutes les valeurs de la République, à soutenir le président Mobutu au Zaïre et surtout à appuyer au Rwanda un régime dont la nature même était en contradiction avec la conception française de l'identité.

En Afrique même, la défection de la Belgique n'a pas été sans conséquences : pour les Zaïrois, les Belges étaient les *nokos*, les oncles maternels. Ces derniers, dans la tradition, représentent un recours lorsque les parents n'assument plus leurs responsabilités ou se comportent mal. Tout naturellement, les Zaïrois ont espéré durant des années que les *nokos* belges interviendraient de manière décisive pour renverser un dictateur qu'ils avaient eux-mêmes mis en place et appuyé durant trente ans. Cette longue attente explique peut-être l'étonnante passivité de la population, qui ne se décida jamais à se soulever contre Mobutu. Depuis le début des années quatre-vingt-dix, abandonné de toutes les coopérations étrangères pour cause de sanctions, le Zaïre s'est en quelque sorte décolonisé de l'intérieur, et la population appauvrie a été obligée de se prendre elle-même en charge pour survivre. Nous y reviendrons au chapitre 5.

Mais notons dès à présent que la Belgique (contrairement à la France), en refusant d'apparaître au premier plan, a participé à cette « déconnexion intérieure », préalable à tout décollage politique, économique et social des pays d'Afrique noire. Depuis 1990, en l'absence d'une coopération officielle, la Belgique s'est contentée d'aider financièrement le réseau des organisations de base, d'encourager la société civile à se structurer.

Autre exemple. Au Rwanda, la Belgique et l'Église ont rompu le pacte de type féodal qui existait entre Tutsis et Hutus, accord qui revêtait par certains aspects un caractère sacré. Dès lors, les Hutus entretinrent un sentiment de culpabilité qui devait déboucher sur une véritable psychose collective. Les Belges et l'Église, s'étant substitués aux Tutsis dans le rapport féodal, devaient désormais assurer la protection de ceux qu'ils avaient encouragés à briser le lien. Durant trente ans, la Belgique assuma cette responsabilité, formant l'armée et l'administration, assurant au pays une aide au développement très importante. Au début des années quatre-vingt-dix, lorsque la Belgique, au contraire de la France, cessa de soutenir inconditionnellement le régime Habyarimana, lorsqu'elle affirma sa neutralité et que ses Casques bleus escortèrent le détachement du Front patriotique en direction de Kigali, les Hutus ressentirent comme une haute trahison ce qu'ils perçurent comme un changement de cap de leur protecteur traditionnel. Cette « félonie » n'explique-t-elle pas la rage avec laquelle dix Casques bleus furent massacrés et les Belges pourchassés dans l'ensemble du pays ? Aujourd'hui encore, les Rwandais ne comprennent pas pourquoi Bruxelles, en avril 1994, n'a pas envoyé de renforts à Kigali pour enrayer le génocide au lieu de se contenter d'évacuer les ressortissants étrangers.

L'aumônier des dix Casques bleus belges assassinés à Kigali, retrouvant les lieux où ses hommes et lui avaient, sur ordre, abandonné les réfugiés tutsis qui s'étaient placés sous leur protection, devait déclarer plus tard : « J'ai laissé ici une partie de ma conscience. »

2

Les responsabilités de l'Église

Alliée au pouvoir après avoir été le relais de la coloni-sation, l'Église catholique, au Rwanda surtout, fait aujourd'hui figure d'accusée : on lui reproche d'avoir exacerbé les passions ethniques au lieu de privilégier l'amour du prochain.

Dans la région des Grands Lacs, et même au Zaïre, l'Église catholique fait l'objet de controverses. Naguère toute-puissante, ses rapports sont devenus difficiles avec les pouvoirs en place. Les polémiques qu'elle suscite sont à la mesure du rôle qu'elle fut amenée à jouer dans ces pays. Pour comprendre à quel point l'Église a pu influencer ces sociétés, un bref retour en arrière permettra de montrer combien au Rwanda et au Burundi l'Église a contribué à « défaire la tresse » de la nation. Au Zaïre, d'auxiliaire de l'autorité coloniale qu'elle était, et malgré ses contradictions, l'Église représente en revanche un contre-pouvoir prêt à rele-ver le défi de la démocratie : les réseaux d'Église sont deve-nus les derniers refuges de la solidarité et des lieux de réflexion où se prépare l'après-mobutisme.

En Afrique centrale, les missionnaires sont arrivés dans le sillage des explorateurs. Bien au-delà de leur mandat sur les âmes, les tâches temporelles qu'ils ont été conduits à assu-mer ont contribué à bouleverser ces sociétés, qui furent parmi les dernières du continent à être touchées par l'in-fluence européenne. Sur les côtes occidentales, la présence chrétienne est ancienne. C'est en 1491 que le roi du Kongo accueille avec chaleur trois caravelles portugaises qui suivent l'expédition de Diogo Cam et qu'il se fait baptiser sous le nom de João. Il crée ainsi le premier royaume chrétien d'Afrique. Les Portugais ne pratiquent guère la discrimination ethnique. Ils autorisent João, le roi du Kongo, à appeler cousin leur propre souverain, João du Portugal, et baptisent son fils sous le nom de don Afonso. Le royaume du Kongo n'aura guère de chance dans ses premiers contacts avec la chrétienté. C'est en vain qu'Afonso, devenu roi à son tour, et qui a provoqué la conversion de ses sujets, demande à son « cousin » portugais de lui envoyer des missionnaires loyaux et vertueux pour enraciner la foi de son peuple. C'est en vain aussi qu'il demande que cessent les raids des esclavagistes qui déciment la population de son royaume.

Durant quatre siècles, le Portugal exerce un « droit de patronage » sur l'embouchure du fleuve Congo ; mais l'Église catholique végète. Il faudra attendre la fin du XIXe siècle pour que la diplomatie française et le roi Léopold II parviennent à briser le monopole portugais et à ouvrir à leurs missionnaires les portes de l'Afrique centrale.

Lorsqu'il s'adresse aux congrégations missionnaires belges pour leur demander de l'épauler au Congo, Léopold II doit prendre patience : les Jésuites et les Pères de Scheut lui répondent que la Mongolie et le Bengale-Occidental les occupent à temps plein. Il faudra l'intervention expresse du pape Léon XIII pour que les scheutistes acceptent, en 1888, de se voir confier le vicariat apostolique du Congo indépendant. La congrégation du Cœur immaculé de Marie avait été fondée en 1862 à Scheut, près de Bruxelles, par l'abbé Théophile Verbist, ancien aumônier de l'École royale militaire. Initialement destinée aux missions en Chine, elle avait la réputation d'être spécialiste des cas difficiles.

Le roi s'adresse également à deux ordres français qui souhaitent s'implanter dans le bassin du Congo, les pères du Saint-Esprit et les Pères Blancs du cardinal Lavigerie, qui sont déjà présents dans le haut Congo. Une seule condition leur est imposée : ils doivent recruter des missionnaires belges !

Après que le cardinal Lavigerie eut ouvert une maison en Belgique afin d'y recruter des candidats à l'aventure africaine, les premières caravanes, de 1879 à 1894, se dirigent depuis Zanzibar vers l'est du Congo, se heurtant aux trafiquants arabes et rencontrant sur les hautes terres une population indifférente sinon hostile. A l'ouest, dans le bassin du fleuve Congo, les Pères du Saint-Esprit sont en concurrence avec les protestants qui les ont précédés — plutôt bien accueillis par les populations locales, car ils se sont installés avec leur famille et dispensent des soins médicaux.

A cette époque, dans ce continent qui se présente à eux comme une terre vierge, les religieux européens sont surtout absorbés par leurs propres rivalités nationales : les catholiques tentent de barrer la route aux protestants, qu'ils soupçonnent d'ouvrir la voie aux Anglais, tandis que les Pères du Saint-Esprit sont considérés comme trop liés à l'explorateur français Savorgnan de Brazza.

En mai 1888, lorsque le Vatican crée le vicariat du Congo belge, la voie s'ouvre aux scheutistes, qui répondent enfin à l'appel. Leurs premières expéditions sont héroïques. Depuis Matadi, à l'embouchure du fleuve, jusqu'à la hauteur de ce qui deviendra la capitale Léopoldville, ils suivent sur 400 kilomètres la sinistre route des caravanes. Le sentier est étroit, les côtes innombrables, les cours d'eau sont franchis sur des ponts de singe. Les pères flamands sont minés par les fièvres, la soif, la chaleur. Ils meurent en nombre : de 1888 à 1908, les scheutistes perdent 38 pères et frères sur les 144 hommes envoyés au Congo. Dans l'est du Congo, les missionnaires sont désireux de s'implanter durablement et de lutter contre les esclavagistes arabes. Pour cela, ils doivent d'urgence se trouver des alliés locaux.

Considérant que les adultes sont irrécupérables, ils misent sur les enfants et rachètent leurs jeunes captifs aux esclavagistes. Dans leur budget, des sommes sont prévues pour l'achat de bétail et pour l'acquisition d'enfants. La Belgique soutient avec enthousiasme cette œuvre humanitaire. Les collectes se multiplient — de timbres, de vêtements usagés, de livres — afin de soutenir les missionnaires. La presse anglaise, elle, fait entendre un autre son de cloche : elle dénonce avec virulence les colonies scolaires, appelées « fermes-chapelles ». Celles-ci sont le fondement de l'implantation missionnaire en Afrique centrale. Auprès de chaque mission, des enfants, orphelins ou rachetés aux esclavagistes, sont regroupés sous la direction d'un contremaître, que l'on appelle à l'époque un « capita ». Ils ont été retirés de leur village, coupés de leur milieu d'origine, afin de favoriser leur évangélisation.

En 1898, la colonie de la Nouvelle-Anvers compte 500 garçons et celle de Boma 500 autres. Une colonie scolaire féminine est créée à Muanda, où des fillettes sont préparées à devenir les épouses des pupilles mâles des missionnaires. Des couples très chrétiens se forment ainsi à l'ombre des missions, qui ont perdu tout contact avec leur société traditionnelle, où on les qualifie ironiquement de « Ba Mariés »[1]. Une nouvelle ethnie apparaît ainsi, cette fois entièrement fabriquée par les Européens ! Ceux que l'on appelle les *Mission's boys* sont présentés comme des esclaves par la presse britannique[2]. Elle souligne que, formés au travail manuel, ces jeunes deviendront les auxiliaires de l'État colonial.

Ils représentent pour les pères une main-d'œuvre indispensable : ils construisent les bâtiments des missions, défrichent les terres, sont employés comme porteurs ou comme pagayeurs, surveillent les troupeaux. Parvenus à l'âge adulte, ils sont empêchés de retourner dans leur milieu d'origine et mis à la disposition des entreprises qui commencent à s'installer au Congo.

Les missionnaires protestants, qui mènent campagne contre ces pratiques, assurent que ces enfants ne sont ni

---

1. *L'Église catholique au Zaïre, un siècle de croissance*, Kinshasa, Éditions du secrétariat général de l'épiscopat, 1981, p. 115.
2. Liber Amicorum et Marul d'Hertefelt, *Essais anthropologiques*, Bruxelles, Cahiers africains, 1993.

abandonnés ni orphelins, qu'ils ont simplement été retenus de force pour travailler au service des religieux, avec la complicité de l'administration[1].

Le recrutement des orphelins sera interdit dès 1911, mais cette pratique laissera des traces dans la mémoire collective. Aujourd'hui encore, de nombreuses légendes zaïroises présentent le Blanc comme le voleur ou le mangeur d'enfants. Plus tard, après avoir mis fin aux abus de l'ère léopoldienne, les missionnaires se montreront les auxiliaires fidèles de l'administration coloniale. Ils assureront l'essentiel des soins de santé, de l'enseignement et de l'étude des langues locales.

Malgré la connivence qui existe entre l'administration et les missions (les prêtres qui sont en contact quotidien avec les populations sont les meilleurs informateurs des agents territoriaux), l'Église du Congo prendra finalement ses distances par rapport au système colonial. Au milieu des années cinquante, bien avant les autorités politiques, la Congrégation pour la propagation de la foi, sise au Vatican, opte en effet pour la décolonisation. Peu après, le 1er juillet 1956, à Léopoldville, le journal catholique *Conscience africaine* publie un texte appelé à faire référence[2]. Le professeur belge Jean Van Bilsen, appuyé par l'évêque congolais Joseph Malula, préconise un plan d'accès à l'indépendance qui s'étalerait sur trente ans. En 1956 toujours, les évêques du Congo rédigent une déclaration par laquelle l'Église catholique se prononce pour l'émancipation. Et il faut remarquer qu'au moment de l'indépendance, alors que les universitaires « civils » sont moins d'une dizaine, l'Église, elle, a préparé la relève, ordonné de nombreux prêtres et religieuses...

A côté de cet effort de prosélytisme, les exigences de l'Église sont nombreuses dans les campagnes. Travaux en nature et contributions financières diverses se sont super-

---

1. André Maurel, *Le Congo, de la colonie à l'indépendance,* Paris, L'Harmattan, 1992, p. 217.
2. Bernard Piniau, *Congo-Zaïre, 1874-1981. La perception du lointain,* Paris, L'Harmattan, 1992, p. 119.

posés aux exigences de l'administration et des chefs coutumiers. Cette charge explique en partie la violente réaction de
rejet dont l'Église sera l'objet lors des rébellions qui suivront
l'indépendance, dans les années soixante. Religieuses tuées
ou violées, prêtres assassinés, couvents et églises dévastés :
les différents mouvements rebelles prendront l'Église pour
cible. Rejetant violemment la « religion des Blancs », ils
recourront à diverses pratiques traditionnelles qu'avaient
ardemment combattues les missionnaires au nom de la lutte
contre la sorcellerie. Les reportages de l'époque montrent les
rebelles se précipitant vers les soldats de l'armée régulière
et les mercenaires, ceints de fétiches, se croyant immunisés
par les sorciers qui les ont aspergés d'eau en leur promettant
que les balles des Blancs ne pourraient rien contre eux...

Un contre-pouvoir face à Mobutu

L'Église congolaise mettra du temps à se relever de
l'épreuve. Lorsque le colonel Mobutu prend le pouvoir, en
1965, il est accueilli comme un sauveur. Ne s'engage-t-il
pas à stabiliser le pays et à protéger l'Église ? La lune de
miel entre cette dernière et le nouveau pouvoir ne durera
cependant pas longtemps. L'Église, sous l'impulsion de
Mgr Malula, se constitue très tôt en contre-pouvoir face au
président, d'autant qu'elle s'efforce avec succès de s'enraciner dans la tradition du pays. Alors qu'au Rwanda, trop
liée au pouvoir, elle s'abstient d'en dénoncer les dérives ethniques, au Congo, le fait d'avoir vécu des moments difficiles
lors des rébellions, de se trouver confrontée à un pouvoir
fort, l'oblige à s'adapter aux réalités locales.

Il est vrai que l'Église congolaise a la chance d'avoir à sa
tête un homme d'exception. Nommé évêque auxiliaire de
Kinshasa en 1959, Mgr Joseph Malula ne tarde pas à apparaître comme le véritable rival du colonel Mobutu. Sa
démarche pastorale est révolutionnaire pour l'époque : il
revendique « une Église congolaise dans un État congolais

indépendant ». Lorsqu'il participe au concile Vatican II, Mgr Malula plaide pour une Église africaine. Il veut « africaniser le christianisme ». Il réussit d'ailleurs à convaincre le Vatican d'accepter la mise en place d'un « rite zaïrois » (le Congo, depuis lors, a été rebaptisé Zaïre par Mobutu). Lors des messes, joyeuses et ferventes, des musiciens accompagnent le prêtre ; les fidèles prient en chantant et en dansant. Le cardinal ne se contente pas d'impliquer les laïcs dans les célébrations du culte, il leur confie également des responsabilités pratiques. Il encourage par exemple l'institution des *bakambi*. Le *mokambi*, animateur laïc, est réputé bon travailleur, bon père de famille. Responsable d'une paroisse, il exerce son ministère aux côtés du prêtre. Il a par ailleurs suivi une formation théologique de trois ans et a été initié aux grandes questions politiques.

Cette évolution de l'Église zaïroise est déterminante puisque le président, malgré tout son pouvoir, doit composer avec sa puissance spirituelle et temporelle. Le remplacement des prénoms chrétiens par des noms « authentiques » sera l'objet de vives polémiques, comme d'ailleurs l'abolition des mouvements de jeunesse catholiques, supplantés par les jeunesses du parti unique.

L'Église ne se contente pas d'être un contre-pouvoir face à la dictature. Elle est un facteur d'unité de la population. Les communautés chrétiennes de base, qui se sont multipliées dans tout le pays, offrent des espaces de réflexion démocratique et des contre-feux aux tentatives de manipulation ethnique entreprises par le pouvoir.

Sous l'impulsion du cardinal Malula et de ses successeurs, les communautés chrétiennes de base du Zaïre (comparables à leurs homologues d'Amérique latine) ne sont pas, de leur côté, de simples groupes de prière. Elles deviennent aussi des associations d'entraide, qui engendrent de petits projets économiques, socioculturels, et d'innombrables organisations non gouvernementales. Ces associations, apparues dans le sillage et avec la protection de l'Église catholique, formeront plus tard la nébuleuse de la société civile, et c'est dans ce riche terreau que germera la revendication démocratique.

L'« acculturation », c'est-à-dire l'enracinement de la foi catholique dans les réalités du pays, contribuera à la création d'une identité zaïroise forte. Cette identité, qui se traduira également dans la musique, deviendra à son tour un facteur de résistance aux manipulations de l'ethnicité que tentera le pouvoir à plusieurs reprises.

Face à la corruption du système mobutiste, face au régime de parti unique et au multipartisme dévoyé qui lui fera suite, les évêques posent à plusieurs reprises les bases d'une réflexion contestataire. L'un des textes les plus célèbres a été remis au président sous la forme d'un mémorandum lors des consultations populaires de 1990. Il dénonce « l'inversion des valeurs où la notion du bien et du mal se confond avec la sécurité du parti-État ». « Inversion des valeurs », « antivaleurs », nécessité d'une « moralisation » de la politique, ces termes reviendront sans cesse au cours des travaux de la Conférence nationale, qui sera d'ailleurs dirigée par l'évêque de Kisangani, Mgr Monsengwo. Ce dernier sait parfaitement que l'aspiration au changement est forte, que la société civile est vigoureuse, et que l'Église, appuyée sur ses communautés de base, ses réseaux de communication, forte aussi de son engagement social, est le cœur du contre-pouvoir.

Cependant, malgré sa propre popularité, malgré la confiance que lui accordent tant la population que les pays occidentaux, l'évêque de Kisangani recule au moment décisif. Il écarte des débats de la Conférence nationale les deux rapports les plus explosifs — l'un consacré aux « biens mal acquis » et l'autre aux « violences d'ordre politique ». Deux rapports documentés qui condamnent fermement le système mobutiste. L'évêque de Kisangani refuse aussi de pousser à son terme la logique de la Conférence nationale. Et, finalement, par de subtiles manœuvres, il permettra l'installation au poste de Premier ministre d'un candidat, Kengo wa

Dondo, qui parviendra à éviter l'affrontement avec le président en place.

Tout le monde s'interroge : pourquoi ce revirement ?

La pression du Vatican, resté longtemps en bons termes avec Mobutu, a pu jouer, de même que les divisions de l'opposition. Mais il est probable que si Monsengwo a reculé, c'est par crainte de plonger le pays dans un chaos généralisé. Bien informée de l'état d'esprit de la population et des intentions du pouvoir, l'Église savait en effet que sur tout le territoire des foyers de tension avaient été préparés, et que si la Conférence avait conclu à la destitution nécessaire du dictateur, ce dernier, avec l'aide de ses forces de sécurité, aurait été en mesure de faire éclater dans tout le pays des violences déguisées en luttes tribales.

Malgré cette reculade, en dépit des réticences de certains membres de la hiérarchie (le cardinal Etsou, primat du Zaïre, est un proche du chef de l'État), l'Église catholique est demeurée une force de changement au Zaïre. Elle reste présente aux côtés des plus pauvres, et, dans ses rangs, certains assurent même qu'ils sont prêts à relever le défi des élections. Les catholiques, en effet, sont à la base des comités électoraux qui se sont multipliés dans le pays afin de discuter des enjeux du scrutin et de trouver les moyens de contrecarrer les fraudes éventuelles.

Afin de contenir l'Église catholique, Mobutu a toujours excellé dans la manipulation des aspirations religieuses de ses compatriotes, encourageant notamment les nombreuses sectes, tant à Kinshasa qu'ailleurs dans le pays. Suivant les conseils de son homme de confiance, Ngbanda, il a personnellement soutenu les prédications du télévangéliste Pat Robertson, qui, accessoirement, possède des exploitations de bois et de diamant au Zaïre ; il entretient par ailleurs de bonnes relations avec l'Église du Christ au Zaïre (ECZ), qui regroupe toutes les Églises protestantes du pays, ainsi qu'avec l'église kimbanguiste. (Simon Kimbangu est un prophète non violent que les Belges avaient fait emprisonner dans les années trente, car il prêchait une sorte de désobéissance civique ; par la suite, ses disciples devaient former l'église la plus nombreuse du Zaïre, dont les responsables furent courtisés par Mobutu.)

Après l'échec de la Conférence nationale, les populations démobilisées, déçues par le rôle ambigu de Mgr Monsengwo, se sont réfugiées dans des groupes de prière soutenus par le pouvoir afin de noyer dans la ferveur religieuse les souffrances nées de la crise économique, et les sectes charismatiques ont encouragé cette fuite dans l'au-delà.

Autour des Grands Lacs : le monopole de l'Église

Socle de l'identité nationale, garde-fou contre les manipulations du pouvoir, l'Église catholique au Zaïre a cependant été contaminée, dans les provinces de l'Est, par les retombées du génocide rwandais et par l'exacerbation des tensions ethniques dans la région des Grands Lacs. En effet, l'histoire de l'Église au Burundi et au Rwanda est bien différente.

Lorsqu'à la fin du XIXe siècle les premiers missionnaires, dans le sillage des explorateurs allemands, franchissent les frontières du Rwanda et du Burundi, ils découvrent des royaumes organisés, cohérents, où les expéditions des esclavagistes n'ont jamais pénétré. Ici, il n'est pas question de s'implanter de force, de s'approprier des enfants, de réquisitionner des indigènes pour des corvées de portage ou de construction : les missionnaires comprennent bien vite que le Rwanda et le Burundi reposent sur des relations de pouvoir complexes, avec au sommet de la pyramide le roi, sa cour, ses devins...

Les missionnaires, nous l'avons souligné, décrivent ces sociétés d'après les critères de l'anthropologie physique, constatent les différences de statut social et d'activités économiques d'une tribu à l'autre, évoquent les féodalités européennes dans leurs travaux. Il est question de suzerains, de serfs, de vassaux... Ils adoptent avec enthousiasme les hypothèses lancées par l'explorateur Speke, selon lequel les pygmées Twas seraient les « premiers occupants » du pays, suivis par les agriculteurs hutus — des paysans bantous apparentés aux peuples du Congo voisin —, tandis que les Tutsis seraient des « Hamites » venus d'Égypte ou d'Abyssinie. Dans ces « Hamites », les Pères Blancs retrouvent l'écho de la Bible et se demandent si les Tutsis des hautes terres ne seraient pas les descendants des lignées de Sem et de Cham, autrement dit les « Juifs de l'Afrique »...

Leurs écrits en témoignent : les missionnaires éprouvent une sympathie immédiate pour les Hutus, sommairement décrits comme de « braves paysans ». Mais ils sont obligés de traiter avec les Tutsis, qui se trouvent au sommet de la pyramide sociale. En réalité, on évalue à 10 000 au maximum les Tutsis appartenant aux grands lignages qui furent associés au pouvoir colonial, tandis que l'existence de plusieurs centaines de milliers de « petits Tutsis » était négligée. A l'égard des « seigneurs » tutsis, les religieux éprouvent un mélange d'admiration (pour leurs qualités politiques, leur capacité de gouvernement) et de méfiance viscérale. C'est que l'accueil qu'ils reçoivent est pour le moins réservé : au Rwanda, le roi Musinga fait tout pour contenir l'influence des étrangers. Lorsque le premier missionnaire protestant, l'Allemand Ernest Johanssen, se présente à la Cour, il sollicite l'autorisation de s'établir dans le pays pour convertir le peuple au « vrai Dieu ». Le roi lui rétorque alors qu'il n'en voit pas la nécessité : « Vous venez nous parler d'Imana ? Nous le connaissons déjà, mieux vaudrait nous apprendre l'allemand ! »

Les Rwandais, en effet, révèrent un dieu unique, Imana, considéré comme la référence suprême, le garant de l'ordre universel, dont le Mwami, le roi, est le représentant sur terre. Ce dernier, qui ne voit pas en quoi le dieu des chrétiens serait supérieur, exprime crûment son scepticisme à ses visiteurs : « Comment pouvez-vous prétendre connaître Dieu mieux que nous, alors que chez vous, en Allemagne, vous ne cessez de vous affronter dans des guerres fratricides[1] ? »

Le roi accueille avec réticence les demandes d'implantation des missionnaires, et c'est à une certaine distance de la cour de Nyanza, située au centre du pays, qu'il autorise les Pères Blancs à s'établir. Les premières missions seront donc installées dans les régions frontalières du pays, qui sont les plus peuplées. Elles s'efforceront de barrer l'accès au royaume aux protestants et aux musulmans déjà établis en Ouganda.

En quatre années, les Pères Blancs réussissent à quadriller le Rwanda et à pacifier les régions les plus turbulentes. Le Dr Kandt, résident allemand au Rwanda, l'exprime clairement à Mgr Hirth en 1913 : « Les missions que vous avez fondées au nord du Rwanda contribuent grandement à la pacification de ce district... L'influence de vos missionnaires nous a épargné la nécessité d'y entreprendre des expéditions militaires. » Les prêtres catholiques contribuent également à la pacification du Bushiru, une région du Nord-Ouest dominée par de puissants chefs hutus rétifs à l'autorité du Mwami.

En règle générale, la méthode des missionnaires est simple : ils s'emploient d'abord à convertir les chefs. Le cardinal Lavigerie, qui a créé à Alger l'ordre des Pères Blancs et a été nommé archevêque d'Alger en 1867, recommande à ses prêtres de s'adresser en priorité aux élites : « En gagnant un seul chef, on fera plus pour l'avancement de la mission qu'en gagnant isolément des centaines de pauvres Noirs [...]. On n'omettra pas de faire observer aux chefs que la doctrine chrétienne est tout à fait favorable à leur pouvoir puisqu'elle enseigne qu'ils sont les véritables représentants de Dieu sur la terre au point de vue temporel[2]. »

---

1. Sous la direction d'André Guichaoua, *La Crise politique au Burundi et au Rwanda*, université des sciences et des technologies de Lille, Paris, Karthala, 1995, p. 307.
2. Cité par Épimaque Sherti, *Lecture théologique des rapports entre l'Église et la société, le cas du Rwanda, 1990-1993*, Louvain-la-Neuve, 1995.

Dès les premières années de leur implantation au Rwanda, les Pères Blancs pratiquent à l'égard du pouvoir traditionnel une politique équivoque. Conformément à ce qui leur a été recommandé, ils cultivent l'amitié des chefs, qu'ils s'efforcent de convertir afin d'entraîner l'adhésion de la masse. Par ailleurs, alliés des pouvoirs coloniaux allemand puis belge, ils affaiblissent progressivement l'autorité du souverain en tâchant d'obtenir de lui de plus en plus de concessions.

Sous la pression de l'Église, la tutelle belge porte un coup définitif à la religion traditionnelle lorsqu'en 1917 elle arrache au roi Musinga un décret sur la liberté des cultes. « La promulgation de la liberté de conscience sonne le glas du paganisme désuet et suranné », écrit à l'époque le chanoine de Lacger[1]. En 1925, les missionnaires parviennent aussi à obtenir l'exil au Burundi de Gashamuna, le grand devin de la Cour, gardien du Code ésotérique.

Peu à peu, la religion traditionnelle perd du terrain, et avec elle un ensemble de règles et d'interdits qui régissaient la vie sociale. Un nouveau proverbe court sur les collines : « Avec l'arrivée de l'Église, l'interdit n'a plus de sens[2]... »

Les prêtres étrangers bousculent aussi les traditions sociopolitiques. C'est alors que certains d'entre eux, bien que leurs supérieurs courtisent les chefs, prennent parti pour les paysans hutus parmi lesquels ils ont recruté les premiers élèves de leurs séminaires.

Il faudra attendre la destitution du roi Musinga, décidée en 1930 par la tutelle belge sous la pression de l'Église, pour que les nobles se décident enfin à envoyer leurs enfants à l'école des pères. Si le premier évêque du Rwanda, Mgr Hirth, avait décidé de ne pas interférer dans les affaires temporelles, son successeur, Mgr Classe, n'a pas les mêmes scrupules. C'est lui qui fait destituer un souverain, décidément trop rebelle à son influence, et qui le décrit en ces termes : « Il a la phobie de tout ce qui est chrétien, on l'a

---

1. Épimaque Sherti, *Lecture théologique...*, op. cit., p. 40.
2. *La Crise politique au Burundi...*, op. cit., p. 307.

surpris piétinant images et croix. Il arrive, à force d'intrigues, à casser des mariages de féodaux catéchumènes qui s'entendaient très bien en ménage, à faire révoquer l'un ou l'autre chef, catéchumène ou chrétien. »

Après la destitution de Musinga, Mgr Classe se réjouit de l'intronisation de son fils Mutara Rudahigwa, considéré comme plus docile et qui a été baptisé après un catéchuménat de quatorze ans... Malheureux Mutara. Il se montre incapable d'avoir des enfants, tant avec sa première épouse — la très chrétienne Marie-Madeleine, dont les missionnaires ont assuré la formation — qu'avec la seconde, Rosalie Gihanga[1].

Désormais, la noblesse tutsie et l'Église catholique gouvernent ensemble le Rwanda, et Mgr Classe s'en félicite ouvertement : « Le plus grand tort que le gouvernement belge pourrait se faire serait de supprimer la classe Mututsi. Une révolution de ce genre conduirait le pays tout droit à l'anarchie et à un communisme haineusement antieuropéen. En règle générale, nous n'aurons pas de chefs meilleurs, plus intelligents, plus actifs, plus capables de comprendre le progrès, et même plus acceptés du peuple, que les Batutsi. C'est surtout et avant tout avec eux que le gouvernement arrivera à développer le Rwanda[2]. »

Le point de vue de Mgr Classe est alors partagé par son collègue Mgr Gorju, vicaire apostolique du Burundi, qui collabore lui aussi très étroitement avec la tutelle belge.

Une éducation pour fils de chefs

Durant des décennies, l'action conjuguée de la tutelle belge et de l'Église creuse l'écart entre Hutus et Tutsis. La différenciation se marque d'abord dans l'éducation.

---

1. Rosalie Gihanga est la tante de l'actuel vice-président du Rwanda, le général Paul Kagame. En 1994, elle sera traînée dans les rues de Butare après avoir été torturée par les miliciens.
2. Épimaque Sherti, *Lecture théologique..., op. cit.*, p. 52.

En 1932, les Frères de la Charité ouvrent le groupe scolaire d'Astrida, actuelle Butare, où seuls sont admis les fils des chefs tutsis. Les enfants hutus, eux, sont orientés vers l'école normale pour y recevoir une formation d'instituteurs. La section qui forme les futurs chefs est réservée aux enfants tutsis de haut lignage, et seuls les fils de notables peuvent espérer se voir confier un jour la responsabilité d'une chefferie.

Emmanuel Seruvumba, un intellectuel rwandais, relève qu'au grand séminaire et dans les noviciats des frères rwandais l'Église privilégiait ostensiblement l'ordination des prêtres tutsis. Il souligne que la congrégation des Bernardines exigeait une dot en argent tellement élevée que seules les filles issues de familles riches (européennes ou tutsies) pouvaient s'inscrire dans leur pensionnat. Dans le même esprit, les Sœurs Blanches avaient créé des écoles pour filles tutsies de bonne famille. Ces jeunes filles, promises à un « beau mariage », recevaient des cours de français, d'écriture, de lecture et de maintien. Les femmes hutues, pendant ce temps, étaient exclues de l'enseignement. Tout au plus, note Seruvumba, « si elles devenaient religieuses, elles pouvaient devenir domestiques chez les évêques et les curés, ou devenir aides-soignantes dans les hôpitaux [...] ». (Sur ce point, les congrégations rwandaises étaient à l'image des congrégations de la métropole, où les religieuses étaient le plus souvent au service des prêtres.)

La tutelle belge contribue aussi de son côté à creuser le fossé sociopolitique, sinon les antagonismes. Elle veille en effet à écarter du pouvoir tous les chefs hutus. De puissants chefs de clan hutus seront ainsi destitués dans le nord du Rwanda. Au Burundi, les « chefs coutumiers » hutus sont marginalisés : en 1929, ils étaient 27 sur 133 ; dès 1937, il n'y en aura plus aucun.

A mesure que la suprématie politique des Tutsis est renforcée par le colonisateur, les conversions au catholicisme se font massives, l'opportunisme entrant pour partie dans les motivations des nouveaux convertis.

En 1939, le *Bulletin des missionnaires* rend hommage aux « scores » remportés par les Pères Blancs, champions toutes catégories de l'évangélisation : « Ils totalisent plus d'un tiers de tous les chrétiens noirs de notre colonie : 785 915 sur 2 127 986, ils ont presque un tiers des catéchumènes et leur personnel forme un total de 838 personnes. Ils ne sont battus, au total, que par les pères de Scheut, qu'ils dépassent d'ailleurs nettement pour le nombre de chrétiens. »

La joie des missionnaires est sans mélange : « C'est de l'élite qu'est venu l'ébranlement profond : près de 800 000 des 4 millions d'habitants étaient déjà gagnés en 1939. Un catéchuménat de 150 000 âmes assure une entrée en baptêmes d'environ 40 000 personnes par an pour les deux territoires. A ce train, la mission sera occupée dans trente-cinq ans : un chrétien pour deux habitants. »

De cette époque de conversions en masse date l'expression qui fera fortune : « L'Esprit-Saint souffle en tornade. » Au sens propre comme au figuré : certaines cérémonies de baptême se font au jet d'eau tant les convertis sont nombreux.

L'Église estime qu'elle a trouvé en Mutara Rudahigwa « un nouveau Constantin ». N'entraîne-t-il pas tout son peuple dans la même foi ? Le sommet de cette entreprise de conversion sera la consécration du Rwanda au Christ Roi en 1946 : la fête durera trois jours, les 26, 27 et 28 octobre. Les croyances s'entrechoquent : Mutara, dont les ancêtres étaient les seuls intermédiaires entre le dieu Imana et le peuple, est nommé commandeur, et reçoit une plaque commémorative à l'effigie de saint Grégoire le Grand !

A l'époque, nul ne se pose la question du caractère superficiel de conversions aussi massives. Il est clair cependant que, s'ils veulent garder leur rang social, les Tutsis sont obligés d'adopter la foi catholique, tandis que, pour les Hutus, devenir catéchiste, sinon séminariste, représente une promotion sociale appréciable. Le fait de porter des prénoms chrétiens est également un signe extérieur de « progrès ».

Au cours des dernières années de la tutelle, la Belgique, fascinée par l'immense Congo, finit par abandonner le Rwanda et le Burundi à l'Église catholique, dans l'indifférence des milieux laïcs de la métropole, qui, d'ailleurs, ne se sont jamais beaucoup intéressés à l'Afrique. Les missions régiront désormais tous les aspects de la vie quotidienne des habitants des deux pays. En plus des écoles et des centres de santé, les missionnaires interviennent dans les activités économiques. Ils gèrent les stocks de vivres en cas de disette, tiennent les registres d'état civil, arbitrent les conflits. Ils savent tout, ils sont partout, on ne voit qu'eux. Durant des décennies, les habitants des collines, rencontrant un Européen, murmureront machinalement : « Bonjour mon père. » (L'hostilité que suscite l'actuel régime de Kigali auprès de certaines congrégation missionnaires, les Pères Blancs en particulier, s'explique sans doute aussi par le fait que, d'une certaine manière, l'Église a perdu le contrôle d'un pays qui était sa colonie...)

Dans le climat d'euphorie de l'époque, nul ne se demande si le christianisme est bien parvenu à satisfaire l'exigence d'harmonie qui se trouvait au cœur des religions traditionnelles du Rwanda et du Burundi. Considérées comme « féodales », c'est-à-dire dominées par le roi et les castes, ces sociétés étaient régies par un nombre impressionnant de prescriptions et d'interdits qui veillaient à faire respecter l'entente entre les hommes, mais aussi avec les ancêtres, la nature et l'ensemble du cosmos. Or, en fait, le christianisme institutionnel qui s'est imposé à la société rwandaise n'est jamais parvenu à satisfaire ce besoin essentiel. Et cela d'autant moins qu'à la fin des années cinquante, les derniers points de repère, sociaux ceux-là, s'effacent à leur tour.

La rupture entre les Tutsis et les Belges

La lune de miel entre le roi Mutara, la tutelle belge et l'Église prend alors fin. En ces années cinquante, comme ailleurs en Afrique, les élites tutsies souhaitent mettre fin à la tutelle coloniale. En 1959, après la mort du roi Mutara Rudahigwa et la nomination de son successeur Kigeri, l'aristocratie nationaliste tutsie réclame l'indépendance immédiate du pays et ses représentants créent l'Unar (Union nationale rwandaise). Dès sa création, l'Unar commet un sacrilège : elle demande à la tutelle belge la révision de la convention qui lie le Rwanda aux missions catholiques et qui assure à celles-ci le monopole en matière d'enseignement.

Les clichés qui hantent Belges et missionnaires depuis le début de la colonisation prennent alors corps : les Tutsis, pensent-ils, sont bien ce peuple à la « nuque raide » qu'avaient décelé les premiers hôtes de la cour de Nyanza ; et les voilà qui redeviennent « arrogants »... Rêver d'indépendance, nouer des contacts avec les mouvements non alignés d'Afrique, porter atteinte à l'omniprésence de l'Église : qu'est-ce donc sinon être gagné par la subversion ? Or, dans leur empire colonial, les Belges se considèrent comme les garants de l'ordre occidental, et ils entendent bien empêcher les Tutsis, considérés soudain comme d'éventuels alliés du communisme, de pervertir les « masses » congolaises[1]. (Les réactions de certains milieux chrétiens à l'encontre du Front patriotique rwandais au pouvoir depuis 1994 expriment aujourd'hui encore la même allergie.)

Désireux de contrer le nationalisme qui gagne la région, les officiels belges sont à la recherche de nouveaux alliés. L'Église, une fois de plus, les leur fournira. Le nouveau vicaire apostolique du Rwanda, un Valaisan du Val-de-Bagne, Mgr Perraudin, s'avise, comme d'autres membres du clergé avant lui, que le « menu peuple » des Hutus est déci-

---

1. Ce réflexe politique doit cependant être replacé dans le contexte idéologique de l'époque : dans ces années-là, les Américains en lutte contre le Viêt-nam communiste n'hésitent pas à renverser un gouvernement cambodgien jugé trop neutraliste. Partout dans le monde, la nécessité d'endiguer le communisme conduit aux mêmes errements : rechercher et encourager des « modérés », combattre les nationalistes, laisser agir les services spéciaux et autres mercenaires, déstabiliser les régimes considérés comme neutres.

dément opprimé par les « féodaux » tutsis. Il dénonce les abus criants et bien réels auxquels se livrent les chefs tutsis : journées de travail non rémunérées, extorsion de vivres et de bétail (ces ponctions s'ajoutant d'ailleurs à celles de l'Église).

Dans son mandement de carême du 11 février 1959, Mgr Perraudin s'élève contre la politique de collaboration avec les Tutsis menée jusqu'alors, et écrit qu'« il serait contraire à la justice de confier à quelqu'un une responsabilité en raison de sa race ». Ne jurant plus que par les Hutus, il tombera rapidement lui-même dans le piège qu'il entend dénoncer.

Lorsque Grégoire Kayibanda entre au comité de rédaction du journal *Kinyamateka,* l'Église trouve en lui un partenaire hutu de choix. *Kinyamateka,* créé par l'Église en 1933, a été pendant longtemps le seul journal du Rwanda. En plus des informations et des conseils pratiques, il relaie les consignes de la tutelle belge, traduit le point de vue des évêques, mais il exprime aussi les préoccupations du peuple. Et lorsque l'ancien séminariste Kayibanda rejoint l'équipe de rédaction, en 1953, le ton du journal devient plus nettement politique : Kayibanda passe son temps à dénoncer les humiliations dont sont victimes des Hutus. L'injustice, renforcée par la tutelle belge, n'est pas imaginaire : les Tutsis ont fini par croire à leurs origines éthiopiennes « découvertes » par les Européens. Ils s'habillent de blanc et affichent volontiers la morgue qui convient, pensent-ils, à une « race » décrétée supérieure. Les Hutus eux aussi se sont identifiés à l'image d'« infériorité » que les Européens ont donnée d'eux. A leurs complexes s'ajoutent des rancœurs bien compréhensibles : n'est-ce pas sur eux que repose le poids des corvées, des travaux obligatoires ? Les impôts prélevés par les administrateurs belges s'ajoutent aux exigences des seigneurs tutsis et aux contributions réclamées par l'Église.

Dans les colonnes de *Kinyamateka,* Kayibanda s'en prend de plus en plus vivement à l'« oppression féodale ». C'est

ce que le résident belge Jean-Paul Harroy, ce francophone
libéral, appellera le combat du David de Kabgayi contre le
Goliath de Nyanza, opposant au roi celui qui deviendra le
premier président du Rwanda. Mais David n'est pas seul : il
peut compter sur l'appui de l'Église et de la tutelle belge. Il
dispose aussi à l'intérieur du pays du réseau des propagan-
distes de la Légion de Marie, qui défendent la foi chrétienne
et sèment les graines d'un combat politique marqué par
l'ethnisme. Car c'est au nom de leur majorité démographique
que les Hutus revendiquent le pouvoir.

A l'ombre du séminaire de Kabgayi, et avec l'aide active
de deux prêtres belges, les pères Ernotte et Dejemeppe, Grégoire Kayibanda rédige le *Manifeste des Bahutu,* dont le
sous-titre est révélateur : « Note sur l'aspect social du problème racial indigène au Rwanda ». Il pose ainsi les bases
du Parmehutu, un parti destiné à assurer la promotion non
pas des Rwandais en général, mais du peuple hutu. Le manifeste sera édité le 4 mai 1958 par les presses des Pères
Blancs.

Les fondements de la « révolution sociale » rwandaise
ainsi que les données du tragique malentendu qui ensan-
glantera pour longtemps la vie politique du Rwanda et du
Burundi sont établis : *un problème de justice sociale, celui de
la participation au pouvoir d'un groupe jusque-là opprimé,
est posé en termes ethniques.* Le racisme à l'encontre des
Tutsis devient un instrument de la « révolution sociale » qui
se prépare.

Persuadée de la nécessité de corriger l'injustice commise à
l'encontre des Hutus, toute la Belgique progressiste s'en-
gouffre dans la brèche, applaudissant à la marginalisation d'un
autre parti hutu, l'Aprosoma (Association pour la promotion
sociale des masses), qui, à l'inverse du Parmehutu, n'est pas
fondé sur des bases ethniques. Alors que des hommes au sifflet (ces sifflets utilisés par les activistes hutus tant au Rwanda
qu'au Burundi n'appartiennent pas à la tradition du pays : ils
ont été importés par les mouvements d'action catholique, à
l'instar des scouts en Europe...) donnent l'ordre de brûler les

huttes et que les Tutsis s'enfuient en emmenant avec eux leurs immenses troupeaux, l'organisation d'un référendum puis la proclamation de l'indépendance — contre l'avis des Nations unies, qui estiment que les jeux sont truqués — seront approuvées par Bruxelles et bénies par l'Église.

Dans la Belgique catholique, l'engouement pour le Rwanda déborde la scène politique. Le Mouvement ouvrier chrétien, l'un des piliers du monde associatif, adopte le Rwanda de Kayibanda, qui a tout pour lui plaire : pauvre, courageux et représentant le « peuple majoritaire ». Les jumelages de communes, les parrainages, les adoptions se multiplient. Sur le plan international, l'IDC (Internationale démocrate-chrétienne), qui a une forte composante anticommuniste et qui contribuera dix ans plus tard à renverser Salvador Allende au Chili, soutient à fond la « révolution » rwandaise.

Durant la Première République, l'Église est plus que l'auxiliaire du pouvoir politique ; elle en est littéralement l'inspiratrice. Mgr Perraudin est considéré comme le père spirituel du président Kayibanda et du parti Parmehutu. Mais il est vrai aussi que, lorsqu'il s'agit de prendre des décisions importantes, les dirigeants rwandais se réunissent entre eux sans inviter les Européens.

Lorsque des tentatives de retour de réfugiés armés déclenchent de sanglantes répressions contre les populations tutsies, l'évêque suisse ne prend pas position. Il ne se brouille pas pour autant avec le gouvernement, et, adoptant une stratégie qui annonce le « révisionnisme » de 1994, il dramatise les incursions des exilés tutsis et minimise l'ampleur des tueries à l'intérieur du pays[1].

La « révolution sociale » rwandaise, qui repose sur le principe d'une majorité fondée sur l'ethnie et donc pratiquement héréditaire, marquera profondément les esprits dans toute la

---

1. Document du 21 septembre 1962, mentionné dans le rapport de la commission internationale d'enquête sur les violations des droits de l'homme au Rwanda, publié par quatre ONG (FIDH, Human Rights Watch, CNCD et la Ligue africaine des droits de l'homme), Bruxelles, juillet 1994.

région et durant des années ; elle sera considérée comme une réussite démocratique. L'Église ne lui ménage d'ailleurs pas son soutien : jouant sur ses innombrables réseaux à travers le monde — dont la Belgique est la plaque tournante —, elle parvient à assurer au jeune pays une assistance économique non négligeable ; c'est ainsi que le Rwanda devient « le pays des mille coopérants ». Cependant, si l'Église officielle soutient sans partage le régime rwandais, ses propres rangs sont moins homogènes. En effet, depuis des décennies, ses écoles et ses séminaires ont recruté une majorité de Tutsis, et bon nombre de ces derniers ont franchi avec succès tous les échelons de la hiérarchie.

Après l'indépendance, la marginalisation des Tutsis dans l'administration et dans l'enseignement les incitera à se replier soit sur le commerce et les affaires, soit sur la fonction ecclésiastique. C'est ainsi qu'en 1994 encore, l'Église du Rwanda présente un visage paradoxal : sept évêques sur neuf sont des Hutus, mais la majorité de ses prêtres et religieuses sont des Tutsis. Quant à la population, elle compte près de 80 % de chrétiens, dont 62 % de catholiques et 17 % de protestants.

Lorsque Juvénal Habyarimana prend le pouvoir, en 1973, l'Église, jusque-là inspiratrice du pouvoir politique, lui devient subordonnée. Ainsi, c'est sur la proposition du chef de l'État que le Vatican accepte de nommer les évêques, et sa première suggestion sera, en 1976, de nommer Mgr Vincent Nsengyumva à la tête du diocèse de Nyundo. Sa nomination, deux ans plus tard, comme archevêque de Kigali sera célébrée comme une victoire par le régime Habyarimana. Inversement, la nomination du prêtre tutsi Félicien Muvara comme évêque auxiliaire de Butare demeurera sans suite parce que le président ne l'apprécie pas, et, quelques jours avant son ordination, il sera obligé de démissionner, victime d'une cabale. Mgr Muvara sera d'ailleurs tué en 1994 durant le génocide.

Quant au fidèle Kayibanda, l'Église l'abandonne sans états d'âme au profit du nouveau maître. Après le coup d'État de 1973, l'infortuné président sera envoyé en relégation à Gitarama, privé de contacts avec sa famille et lentement empoisonné sur ordre du nouveau pouvoir. Tous les ministres de la Première République, originaires de Gitarama, seront par ailleurs assassinés sans que l'Église ait jugé bon d'alerter l'opinion mondiale sur leur sort... C'est que le régime et les Églises, catholique surtout, ont toujours partie intimement liée. Le président Habyarimana les invite à s'associer au développement du pays et leur laisse entière liberté, tandis que le monde religieux sert de courroie de transmission à l'idéologie officielle. A l'époque, bon nombre de prêtres, dans le pays et à l'étranger, expliquent sans états d'âme que ce régime fondé sur une majorité définie d'après le seul critère ethnique est parfaitement démocratique.

Une Église divisée

Cependant, l'Église du Rwanda, construite sur les sables institutionnels, est plus divisée qu'il n'y paraît. Non seulement dans son recrutement, mais aussi sur le plan politique. Si la hiérarchie, à quelques exceptions près, défend le régime, un certain nombre de missionnaires étrangers, témoins des exactions et des injustices, comme certains prêtres animant des communautés chrétiennes de base, s'élèvent contre l'*Akazu*, la « maisonnée » du président, qui a progressivement confisqué le pouvoir. Le journal catholique *Kinyamateka* — toujours lui ! — deviendra au cours des années quatre-vingt le premier organe d'opposition : il dénonce régulièrement le culte de la personnalité, la corruption croissante, la famine qui sévit à la fin de la décennie.

La suprématie de l'Église s'accompagne aussi d'une certaine intolérance. Tout à leur idylle avec le pouvoir, les Églises catholique et protestante ne bronchent pas lorsqu'en août 1986 la Cour de sûreté de l'État condamne

300 membres de sectes religieuses — les « sauvés », les « tempérants d'Afrique centrale », mais surtout les Témoins de Jéhovah, qui ont refusé les transfusions sanguines, contesté le salut au drapeau et critiqué le culte de la personnalité.

Par ailleurs, dans ce pays où la croissance démographique constitue un problème majeur, l'Église refuse toujours de modifier ses positions relatives à la contraception, contribuant ainsi à hypothéquer l'avenir économique et social des populations. Appliquant de manière rigide les préceptes du Vatican, l'Église, qui contrôle 80 % des centres de santé, interdit ainsi les moyens contraceptifs, se contentant d'autoriser les méthodes dites naturelles. Or ces dernières, comme celle dite des températures, sont totalement inapplicables par des femmes rurales non éduquées et soumises aux hommes. Même lorsqu'il apparaît que le sida se répand rapidement dans le pays, l'Église ne modifie pas sa position, continuant à désapprouver l'usage des contraceptifs...

L'Église multiplie aujourd'hui les publications dénonçant les violations des droits de l'homme au Rwanda et plaide — à juste titre — pour le retour des réfugiés hutus. Mais, dans le passé, elle n'a pas réagi publiquement face aux massacres de Tutsis qui ont plusieurs fois ensanglanté le pays, et elle s'est montrée indifférente au sort des réfugiés tutsis qui ont essaimé dans les pays voisins, en particulier lorsque certains d'entre eux ont été persécutés en 1982 par les troupes d'Idi Amin Dada en Ouganda.

Le 1er octobre 1990, quelques jours après la visite de Jean-Paul II, qui, lui, avait rappelé la nécessité de ne pas négliger les réfugiés, l'offensive du FPR (Front patriotique rwandais) ébranle le pays et divise notamment les Églises. Considérés comme suspects de complicité avec l'« ennemi », des prêtres, des religieuses sont arrêtés et ne seront relâchés qu'après plusieurs mois sous la pression internationale. Lorsque la guerre éclate, une centaine de missionnaires étrangers et de volontaires d'ONG sont parmi les signataires d'un appel au soutien au président, texte qui dénonce des groupuscules « infiltrés » dans la ville de Kigali et justifie implicitement les arrestations massives qui suivront. Par la suite, alors qu'une partie des hiérarchies catholique et protestante se tient aux côtés du pouvoir, d'autres chrétiens luttent pour la paix et le changement démocratique.

En 1987 déjà, au niveau des communes, des paroisses, du mouvement associatif, de la jeunesse ouvrière chrétienne, des groupes de réflexion s'étaient formés pour revendiquer la démocratie. Des organisations non gouvernementales rwandaises d'inspiration chrétienne seront les premières à dénoncer l'indifférence du régime face à la famine de 1989. A partir de 1990, ces groupes de réflexion aborderont même le problème du multipartisme et parfois de l'ethnisme.

La plupart des associations de défense des droits de l'homme qui verront le jour dans les années quatre-vingt-dix ont également des racines chrétiennes. Ainsi, en 1991, l'évêque de Kabgayi, Mgr Thaddée Nsengyumva, un défenseur des droits de l'homme, rédige une lettre ouverte qui fait grand bruit dans le contexte de l'époque : il y critique l'Église comme instrument du pouvoir, dénonce les discriminations ethniques et les silences de l'Église face aux abus de l'autorité. Il est alors vivement approuvé par le nonce apostolique, Mgr Bertello. Un an plus tard, le même Mgr Thaddée prendra avec l'Église protestante une initiative conjointe en faveur de la paix et du dialogue, et enverra une délégation de six prêtres pour rencontrer le FPR.

Autrement dit, malgré son omniprésence, son institutionnalisation, son dogmatisme sur les questions de planning familial, l'Église catholique rwandaise, à la veille du génocide, est profondément divisée. Mais elle est vivante, dynamique, et, face au régime en place — quel qu'il soit —, elle joue son rôle de contre-pouvoir. C'est pour cela que, prise pour cible par les deux camps, elle sera décapitée.

L'heure de vérité de l'Église rwandaise

Ébranlée par le génocide, hésitant entre la protection des criminels et la commémoration des martyrs, dépouillée de sa superbe et de son rôle dominant, mais toujours assurée de la foi de ses fidèles, l'Église rwandaise se trouve aujourd'hui à la croisée des chemins : entre le « révisionnisme » et la solidarité avec toutes les victimes. Elle n'a cependant pas encore reconnu que l'ethnisme semé voilà des décennies était l'une des causes du mal.

Solides, plantées au sommet des collines pour défier le temps, flanquées de bureaux, d'écoles, de dispensaires, entourées de jardins fleuris, les églises du Rwanda ont long-temps ressemblé à des forteresses de la foi. A chacun des pogroms qui marquèrent l'histoire du pays depuis l'indépen-dance, ces havres de paix furent un refuge pour les popu-lations pourchassées. Sauf en 1994. Cette année-là, les églises servirent de nasse : les Tutsis rabattus sur les collines comme du gibier s'y sont trouvés pris au piège, délibéré-ment. Fenêtres brisées par les grenades, murs léchés par les flammes ou éclaboussés de sang, toitures béantes, la plupart des édifices religieux du Rwanda portent le témoignage de trois mois d'horreur. A Kansi, l'une des plus anciennes mis-sions du pays, non loin de la frontière du Burundi, les salles de classe, en ce mois d'octobre 1995, sont encore jonchées de cahiers souillés. Devant l'église, sous la terre meuble, les corps de 5 000 élèves gisent toujours dans une fosse commune. Un peu plus loin, devant l'église de Muganza, 26 700 corps ont été découverts, et les survivants se sou-viennent : « Lorsque les réfugiés sont venus demander abri et protection, les prêtres les ont calmés, leur ont dit que dans l'église il ne leur arriverait rien. Pour plus de sûreté, le mis-sionnaire italien, avant de s'en aller, ferma à clé la porte de l'église, dans laquelle se trouvaient 6 000 personnes. Peu après les miliciens arrivèrent, et, déchaînés, mirent le feu au bâtiment. »

A Ntarama, Mgr Desmond Tutu s'est effondré en sanglotant devant les crânes déposés sur une table de bois ; à Nyarubuye, tout a été laissé en l'état, les cadavres dans les salles de classe, l'église souillée de sang ; à Nyundo, à Ruhango et partout ailleurs, les églises ont été profanées. Malgré les réparations sommaires dont elles ont été l'objet, elles rappellent jusqu'à ce jour à quel point les tueurs ont particulièrement visé l'institution chrétienne, comme pour violer un interdit, faire sauter la frontière entre le bien et le mal.

Le fait que les premières victimes des miliciens, dans les heures qui suivirent le début de l'opération d'extermination, aient été 17 pères jésuites, religieuses, séminaristes et membres du personnel qui se trouvaient rassemblés au centre Christus de Remera à Kigali, n'est pas un hasard. Parmi les victimes se trouvait l'abbé Mahamé, confesseur du couple Habyarimana et qui a emporté dans la mort bien des secrets de la présidence. Cette attaque du centre Christus, haut lieu de réflexion et de rencontre animé par les jésuites, avait aussi une portée symbolique : d'emblée, elle démontra qu'il n'y avait plus de sanctuaires.

Plus que toute autre institution, l'Église du Rwanda a payé un lourd tribut au génocide : selon le Vatican, trois évêques, près de 250 prêtres, religieuses et missionnaires ont trouvé la mort d'avril à juin 1994. Reprochant à l'Église de compter dans ses rangs trop de Tutsis, d'avoir plaidé pour la paix ou d'avoir réservé à ses membres un niveau de vie privilégié par rapport à la moyenne de la population, les miliciens hutus prirent en effet l'institution catholique pour cible. Le FPR lui non plus n'épargna pas l'Église. Lorsque ses troupes pénétrèrent dans Kabgayi, souvent décrite comme le Vatican du Rwanda, trois évêques (Mgr Vincent Nsengyumva, archevêque de Kigali, son homonyme Mgr Thaddée Nsengyumva, évêque de Kabgayi, et Mgr Joseph Rusindana, évêque de Byumba) ainsi que dix prêtres furent abattus à bout portant par un groupe de soldats. Lorsque le Front reconnut les faits, ce fut pour affirmer que les assassins avaient désobéi aux ordres et que l'un d'eux avait d'ailleurs été abattu sur place.

D'autres explications circulent, plus vraisemblables : les uns rappellent la longue rancune nourrie par les Tutsis à l'encontre de l'Église catholique, d'autres assurent que, peu de temps avant l'arrivée du FPR, les évêques, qui protégeaient 25 000 Tutsis à Kabgayi, avaient accepté de livrer un contingent de séminaristes aux miliciens hutus... Gérard Prunier[1], lui, estime que deux des prélats auraient eu l'intention de proposer leur médiation afin d'obtenir un cessez-le-feu entre les belligérants, et que des éléments radicaux du FPR auraient préféré les assassiner afin de torpiller une démarche risquant d'hypothéquer la victoire totale des combattants du Front. S'adressant au pape Jean-Paul II, un groupe de chrétiens et de prêtres proches du nouveau régime écrivent que « ces prélats ne sont pas morts en état de grâce pour leur foi, et encore moins pour leur charité ». La lettre au pape accuse les évêques de « collusion avec le pouvoir génocidaire réfugié à Gitarama » et relève « leur passivité ou leur soutien à l'idéologie ethniste tout au long de l'exercice de leur ministère[2] ».

De fait, Mgr Vincent Nsengyumva était abhorré pour avoir été longtemps un intime de la famille Habyarimana et membre du parti du président jusqu'en 1989, tandis que son homonyme, Mgr Thaddée, avait pris position de manière très critique contre les excès du régime. L'assassinat de Kabgayi comme la profanation des églises par les miliciens prouvent en tout cas que l'Église catholique s'est bel et bien trouvée au cœur de la tragédie rwandaise. Dans ses rangs, il y eut des héros, des martyrs, mais aussi des criminels : tous étaient baptisés, les victimes comme les assassins.

En réalité, tous les protagonistes du génocide se sont définis moins comme des chrétiens rassemblés dans une même religion qu'en fonction de leur appartenance ethnique.

---

1. Gérard Prunier, *History of a Genocide, The Rwanda Crisis*, Kampala, Fountain Publishers, 1996.
2. Mémorandum adressé à Sa Sainteté le pape Jean-Paul II, Kigali, mars-avril 1996.

L'universalité de la foi, la solidarité des croyants, à quelques exceptions près, ne transcendèrent pas l'ethnicité et, pour tout dire, le racisme.

Les autres confessions chrétiennes furent, elles aussi, traversées par les mêmes contradictions. Ainsi Michel Twagirayesu, président de l'église presbytérienne, fut accusé d'avoir été indifférent au massacre de certains de ses fidèles perpétré dans sa propre maison[1]. Quant à l'évêque anglican, Mgr Jonathan Ruhumuliza, il fut accusé de sympathie envers les extrémistes : alors que le massacre était en cours, il aurait déclaré que « les rebelles du FPR détruisent et tuent tous ceux qu'ils croisent pendant que le gouvernement essaie de ramener la paix dans le pays ».

African Rights a fourni une description détaillée des attaques dont les Églises rwandaises ont été l'objet, dénonçant les complices des tueurs et rappelant le souvenir des héros qui se sont engagés ou sacrifiés pour sauver leurs compatriotes[2]. Seul l'islam, très minoritaire au Rwanda, semble avoir réussi à transcender les appartenances ethniques. La mosquée de Kigali demeura un refuge inviolé ; refusant de se définir comme Hutus et Tutsis, les musulmans du Rwanda se sont entraidés. Aujourd'hui encore, au Burundi, ils se tiennent à l'écart des tensions ethniques. Assez curieusement, dans les camps de réfugiés hutus du Zaïre, on relève une certaine désaffection à l'égard de l'Église catholique et des ralliements à l'islam. En fait, le phénomène semble relever davantage de l'opportunisme que de la foi : les convertis se laisseraient convaincre par les émissaires venus du Soudan ou de Libye, qui, pour le prix de leur adhésion, leur promettraient des armes !

Qu'il s'agisse des Rwandais ou des étrangers, l'attitude des catholiques face au génocide pose des questions demeurées sans réponses et alimente une campagne contre l'Église

---

1. Hugh Mc Lullum, *Dieu était-il au Rwanda ? La faillite des Églises*, Paris, L'Harmattan, 1996.
2. African Rights, *Rwanda, Death, Despair and Defiance*, édition de 1995.

qui trouve des prolongements dans la presse de Kigali et dans certains débats au Parlement. C'est ainsi qu'en juin 1995 l'Assemblée nationale provisoire du Rwanda devait demander que Mgr Nsengyumva, l'archevêque de Kigali abattu à Kabgayi, figure sur la liste des responsables du génocide et soit jugé *post mortem*. La même assemblée demanda aussi à tous les croyants de boycotter les obsèques des trois évêques abattus que l'Église voulait organiser en grande pompe.

Héros, inconscients et criminels

Fin 1996, l'Église rwandaise n'a pas encore, dans ses propres rangs, recensé les héros, désigné les criminels, tancé les indifférents. Sans doute faudra-t-il beaucoup de temps pour cela. L'attitude des congrégations étrangères est marquée par la même équivoque. Lorsque leurs églises furent transformées en abattoirs, la plupart des missionnaires expatriés, admettant leur impuissance, prirent la fuite et acceptèrent d'être évacués par les militaires belges et français dans les premiers jours d'avril. Le souvenir qu'ils rapportent de ces jours d'horreur, où leurs paroissiens tutsis ont été mis à mort sous leurs yeux, exprime non pas la révolte, mais une sorte de résignation attristée.

Ainsi, le père Gabriel Maindron explique que, alors que les miliciens « achevaient le travail », il ne pouvait que prier, se contentant d'administrer quelques paroles de réconfort aux blessés qui allaient bientôt être achevés[1]. Dans son témoignage, il reconnaît son impuissance d'une manière qui confine presque à la non-assistance à personne en danger : « Le matin, nous trouvons à notre porte une dizaine de personnes qui demandent asile, elles ont fui les massacres et se cachent depuis plusieurs jours dans la brousse. Nous leur disons qu'ici, leur sécurité n'est pas assurée, qu'elles

---

1. *Dialogue*, n° 189, février-mars 1996.

devraient plutôt aller se cacher avant qu'on les trouve. Mais elles sont épuisées et préfèrent rester sur place, devant la paroisse, même au péril de leur vie. Vers 9 heures, des hommes armés les trouvent là, devant notre maison. Ils les entraînent un peu plus loin et les abattent sur le chemin qui monte à la paroisse. Je n'ai pas le courage de sortir. Pour faire quoi ? Je préfère continuer mon chapelet. Je méditais sur les mystères douloureux quand j'entendis les coups à la tête avec les gourdins, les machettes. [...] Quand les tueurs sont partis, je vais voir sur place. Trois ne sont pas encore morts. Je les exhorte à se mettre dans les mains de Dieu, car ces corps sont une enveloppe, mais l'âme va continuer une vie qui ne finira pas [...]. Une heure plus tard, une équipe passe pour les achever [...]. »

Gabriel Maindron n'est pas le seul à témoigner d'une aussi étrange passivité devant les souffrances des Tutsis : tout se passe comme si de nombreux religieux admettaient implicitement qu'une composante du peuple rwandais était vouée à la mort. S'ils ont été affligés par le passage à l'acte génocidaire, ils ne semblent pas avoir été révoltés outre mesure. Gérard Prunier remarque ainsi que dans les premières semaines du génocide, les bulletins d'information des Missionnaires d'Afrique ressemblent à des feuilles syndicales, et que seuls les morts relevant du clergé, prêtres et religieuses, sont mentionnés nommément. Les autres resteront anonymes[1]...

Tous les prêtres étrangers ne se sont cependant pas résignés aussi facilement : par exemple, le centre de prière de Ruhango, au centre du pays, jouit aujourd'hui d'un rayonnement particulier. Ici, un prêtre pallottin, Stanislas Urbaniak, avait implanté une communauté de l'Emmanuel, un groupe charismatique qui avait entamé une nouvelle évangélisation. Cette fois, vécue de manière intense, attirait parfois jusqu'à 10 000 fidèles. Dans les premiers jours du massacre, des centaines de Tutsis se réfugièrent dans l'église paroissiale de

1. Gérard Prunier, *History of a Genocide...*, *op. cit.*

Ruhango. Le père Stanislas et les membres — hutus — de la communauté de l'Emmanuel leur apportèrent de la nourriture. Durant une semaine, les Tutsis restèrent ainsi dans l'église, où le père leur avait administré le sacrement de réconciliation. « Ils étaient préparés à la mort et passaient leur journée à prier, à chanter des cantiques », raconta le père Urbaniak en pleurant, dans l'avion qui le ramenait vers l'Europe. Lorsque les miliciens se présentèrent devant l'église, le père polonais revêtit son aube blanche, empoigna une statue de la Vierge et marcha vers le groupe d'hommes armés de machettes et de lances. « Nous voulons les Tutsis », criaient les assaillants. Seul, brandissant la statue, le père ne put empêcher l'irruption des hommes dans l'église. « Les Tutsis sortirent en chantant le *Magnificat*, ils étaient vraiment préparés à mourir », se souvient le prêtre. Aujourd'hui, à Ruhango, deux fours ont été construits, et la population est invitée à fabriquer des briques pour reconstruire les maisons des victimes. De tout le pays, on vient ici pour prier et se souvenir.

D'autres personnalités d'exception, comme le père Blanchard ou Gabriel Vaiter (qui succomba au sida en septembre 1996), choisirent de rester au Rwanda malgré tout. Certains prêtres étrangers, qui avaient tenté de tenir jusqu'au bout, payèrent leur engagement de leur vie : alors qu'il franchissait la frontière zaïroise, le père belge Paul Kesenne fut tué, vraisemblablement par des miliciens ; le père espagnol Vallmajo, lui, disparut, très certainement tué par le FPR. Quant au père canadien Simard, qui n'avait pas quitté sa paroisse voisine de Butare, il n'aurait jamais dû confier aux journalistes qu'il était en possession d'enregistrements et de notes prises durant les six mois d'horreur : en septembre 1994, il fut abattu par des inconnus. Les coupables étaient peut-être des miliciens qui entendaient supprimer ce témoin gênant, mais le FPR fut également mis en cause parce que le père Simard était informé de l'exécution de Hutus dans l'arboretum de Butare, peu de temps après la victoire du FPR...

Une question demeure cependant posée : comment expliquer la passivité qui caractérisa le clergé étranger dans sa grande majorité ? Bien sûr, l'héroïsme n'est pas donné à tous. Mais une autre explication peut être proposée : les missionnaires, depuis des décennies, partageaient, quand ils ne l'avaient pas créé, le même fonds culturel mythique et fantasmatique que leurs paroissiens à l'égard des Tutsis.

Le clergé rwandais, pour sa part, fut extrêmement divisé. Il y eut des cas d'héroïsme, certains prêtres et certaines religieuses choisissant de rester solidaires de leurs compagnons d'infortune. Tel fut le cas d'une religieuse, sœur Felicitas, qui demanda à son frère, milicien, de renoncer à vouloir la sauver. Elle préférait mourir auprès des sœurs tutsies qu'elle ne voulait pas quitter...

Le martyrologe des héros, où se retrouvent des prêtres, des religieuses, des laïcs, déjà ébauché par le rapport d'African Rights[1], doit absolument être établi, car le courage de ceux qui ont perdu la vie pour résister à la logique identitaire poussée à son paroxysme devrait être le socle de la reconstruction du peuple rwandais.

A l'heure actuelle, cependant, l'hommage aux héros n'est pas encore à l'ordre du jour. La justice n'a pas fait son œuvre, et — nous le verrons plus loin — l'Église a toujours tendance à défendre indistinctement tous ses membres, aussi suspects soient-ils. Plusieurs prêtres et religieuses se trouvent au centre d'une polémique d'autant plus vive qu'ils ont pu compter sur le soutien des réseaux internationaux de l'Église.

Rencontrée dans le monastère de Sovu, près de Butare, sœur Scolastique, malgré l'obligation de réserve qui lui est faite, n'hésite pas à montrer les garages où des milliers de Tutsis des environs avaient tenté de s'abriter. Les murs portent encore la trace de grenades et d'incendies. Scolastique n'oubliera jamais les mots prononcés par la supérieure du couvent, sœur X : « Débarrassez-moi de ces ordures ! »... Sœur X est aujourd'hui réfugiée dans l'abbaye de Maredret, en Belgique, où l'on s'indigne de la curiosité des journalistes à son égard. D'après des témoignages recueillis par African Rights, une

---

1. African Rights, *Rwanda, Death, Despair...*, *op. cit.*

autre religieuse, également réfugiée en Belgique, a été aperçue de son côté donnant des bidons de pétrole aux miliciens qui mettaient le feu à la chapelle et au garage où se trouvaient entassés d'autres réfugiés.

En faveur des réfugiées de Maredret (qui ont tenté de dissuader sœur Scolastique de rentrer au Rwanda et conseillé à une autre « dissidente » de quitter la congrégation), comme en faveur des autres suspects se trouvant à l'étranger, l'Église fait bloc. Elle refuse que la justice des hommes mette en cause les membres de l'institution. C'est ainsi qu'en France l'affaire Z défraya la chronique. Ce curé de Kigali fut en effet accueilli sans questions ni réserves par l'Église de France, qui lui fournit un havre dans la paroisse de Bourg-Saint-Andéol, sur recommandation des Pères Blancs de Belgique, en dépit des témoignages recueillis par l'organisation African Rights et du dossier publié par la revue *Golias*[1]. La chambre d'accusation de Nîmes décida finalement de remettre le prêtre en liberté. Le tribunal, s'étant déclaré incompétent, refusa l'envoi d'une commission au Rwanda, arguant que la situation n'était pas assez sûre et déboutant les plaignants. Rose Rwanga, rencontrée à Kigali, n'oubliera jamais le curé en question. Elle l'accuse d'être le responsable de la mort de sa fille. Rose, une femme aux yeux profondément cernés, désormais seule au monde, est disposée à faire connaître à tous son témoignage : « Après que mon mari et mes deux fils ont été tués dans le centre de formation des Missionnaires d'Afrique, ma fille et moi nous nous sommes réfugiées à l'église [...]. [Z] que tout le monde appelait "le jeune" a demandé un jour aux réfugiés, Hutus et Tutsis, qui se trouvaient dans l'église d'établir des listes indiquant où nous voulions être évacués : du côté des forces gouvernementales ou du côté du FPR. Après avoir constaté que bon nombre d'entre nous souhaitaient rejoindre le FPR, le père Z s'est fâché, disant : "Il y a donc beaucoup d'*Inyenzi* (de cancrelats) ici..." [c'était le nom donné aux Tut-

---

1. *Golias,* dossier de juillet-août 1995, et *Golias,* « Rwanda, l'honneur perdu des missionnaires », n⁰ˢ 48-49, été 1996.

sis par la propagande]. Il nous a alors laissés cinq jours sans nourriture, et de jeunes enfants sont morts. »

Rose Rwanga ajoute : « Dans l'église voisine, à Saint-Paul, le père Célestin agissait autrement. Lui, il disait aux gens de ne pas faire de liste, mais de se tenir prêts à être évacués discrètement par [les Casques bleus]. Lorsqu'il a vu notre liste, il nous a dit que nous étions fous... Dans son église, personne n'a trouvé la mort. »

La liste des réfugiés permettra aux miliciens, que le père Z laissait entrer et sortir librement, de faire leur choix. Chaque jour, sous les yeux du prêtre, des jeunes gens furent emmenés par les Interhahamwes (miliciens hutus auteurs du génocide). Les jeunes filles, pour certaines d'entre elles en tout cas, eurent plus de chance. Mais pas Rose et sa fille. « Lorsque je lui ai demandé de nous amener nous aussi à l'hôtel des Mille Collines, ou de trouver une chambre pour ma fille, la seule qui me restait, il a refusé. On disait de lui qu'il couchait avec les filles qu'il emmenait dans les chambres ou à l'hôtel. Mais ma fille n'a jamais rien accepté. C'est pour cela qu'un jour les miliciens sont venus jusqu'à nous et l'ont abattue d'une seule balle, sous mes yeux. Lorsque Z, qui se trouvait dans la pièce voisine, mais qui les avait laissés passer, est revenu, il m'a offert une bière en disant : "J'ai été distrait, elle n'aurait pas dû mourir." Pendant deux jours, je suis restée là, à côté du corps de ma fille. C'est Z qui est responsable de sa mort. »

Selon d'autres témoignages, le curé en question aurait livré aux miliciens les hommes tutsis réfugiés dans son église et abusé des femmes, pour prix de leur vie sauve...

De la même façon, l'Église s'est trouvée impliquée dans ce qu'il est convenu d'appeler l'« affaire Sibomana ».

Prêtre, journaliste, rédacteur en chef de *Kinyamateka*, André Sibomana, devenu administrateur apostolique du diocèse de Kabgayi, avec rang d'évêque, fut durant des mois au cœur d'une polémique et même d'un procès qu'en son nom l'association Reporters sans frontières intenta à la revue catholique de gauche *Golias*. Animateur de l'Association

rwandaise pour la défense des droits de l'homme, André
Sibomana avait été l'un des opposants les plus résolus au
régime Habyarimana, l'un des rares journalistes à prendre le
risque de dénoncer les assassinats, la corruption, dans les
colonnes de son journal et auprès des enquêteurs étrangers.
Il est juste de dire ici que Sibomana est un Hutu du Sud, né
à Gitarama, et que sa rancœur à l'égard de l'ancien président,
originaire du Nord, était nourrie par le souvenir des siens,
assassinés lorsque le président Kayibanda avait été renversé
par Habyarimana et son clan. Autrement dit, tout en dénonçant à l'envi les turpitudes de la dictature Habyarimana,
Sibomana était tout aussi méfiant, sinon hostile, à l'égard du
Front patriotique, considéré comme l'héritier de ces Tutsis
que les gens de Gitarama avaient précisément chassés du
pays.

Durant le génocide, Sibomana, rentré sur sa colline de
Muyunzwe, près de Gitarama, sauva un certain nombre de
Tutsis, qu'il escorta personnellement jusqu'aux rangs du
FPR, mais il s'abstint de prendre contact avec un mouvement
qu'il considérait malgré tout comme un adversaire. A la fin
de la guerre, il ne rejoignit pas Goma avec le gouvernement
déchu, car ce défenseur des droits de l'homme craignait de
tomber sous les coups des miliciens. Demeuré au Rwanda,
il maintint à l'égard du FPR une hostilité militante. En outre,
il manifesta sa solidarité à l'égard de ses collègues emprisonnés et s'arrangea pour aider d'autres prêtres à quitter le
pays en direction du Vatican. Très rapidement, suivant une
double logique d'homme du Sud et de défenseur des droits
de l'homme, il devait multiplier les critiques à l'égard d'un
Front patriotique qu'il considère comme un « corps étranger », sinon comme un envahisseur. Autrement dit, quoique
ayant vivement dénoncé les violences commises du temps
d'Habyarimana, Sibomana n'en demeure pas moins
convaincu de la légitimité de la « révolution sociale » fondée
sur la majorité ethnique. Outre le refus d'admettre l'éventuelle culpabilité de certains de ses prêtres, il fut l'un des
premiers à soutenir de toute son autorité morale la thèse du

double génocide, qui devint bientôt l'un des principaux arguments des révisionnistes.

A l'instar de Sibomana, l'Église catholique s'adapte mal à la nouvelle situation du Rwanda. Face à la critique, à l'instruction de dossiers contre des prêtres et des religieuses réfugiés à l'étranger ou détenus dans les prisons du Rwanda, elle préfère nier les faits en bloc et dénoncer la prétendue persécution dont elle serait victime de la part des autorités de Kigali. Il aura fallu attendre mars 1996 pour que le pape s'exprime clairement à propos des prêtres et des religieuses impliqués dans le génocide, en affirmant qu'il leur fallait affronter la justice au même titre que tout autre citoyen. Jean-Paul II atténua cependant son propos en affirmant que l'institution elle-même ne pouvait être tenue pour responsable de comportements contraires aux lois de l'Évangile.

Or c'est ici précisément que le bât blesse, et que la question mérite d'être à nouveau posée : quelle est la responsabilité de l'Église dans le développement du virus ethnique au Rwanda ?

Dans le passé, nous l'avons vu, l'Église a contribué à creuser le fossé entre Hutus et Tutsis. Elle a défini en termes ethniques, raciaux, la différence de statut social qui séparait les deux composantes de la population du Rwanda et du Burundi. Par la suite, portant sur les fonts baptismaux la « révolution sociale » des Hutus, elle a conforté ces derniers dans la conviction d'une légitimité fondée sur la majorité démographique, d'une « citoyenneté » plus authentique que celle de leurs compatriotes tutsis. Ces derniers, implicitement ou explicitement, ont été considérés comme des « étrangers », qui devaient devenir plus tard les « complices » des assaillants basés en Ouganda. Au fil des années, l'Église, et plus particulièrement la congrégation des Pères Blancs, a tissé une toile de fond fantasmatique. Les Hutus, toujours qualifiés de « petits », de « masses », ont été persuadés d'avoir à redouter une éventuelle revanche des Tutsis, régulièrement décrits comme des « féodaux assoiffés de pouvoir ».

Sur ce fonds mythique, le sentiment d'avoir commis un sacrilège, violé un interdit en rompant le lien sacré qui unissait la monarchie à son peuple, a permis à l'idéologie ethniste des régimes Kayibanda et Habyarimana de se diffuser largement. Elle s'est transformée en idéologie génocidaire lorsque des menaces pesèrent sur ce pouvoir revendiqué au nom de tous mais confisqué au profit de quelques-uns[1].

Le temps du révisionnisme

Dans les premiers jours du massacre, la hiérarchie catholique rwandaise, sans protester contre le déclenchement des tueries, s'adressait au gouvernement intérimaire nommé après l'assassinat du président Habyarimana comme s'il s'agissait d'un interlocuteur légitime, alors que le pape, dès avril, avait dit son émotion devant les tueries.

Plus tard, mais alors que le génocide était encore en cours, des publications d'origine chrétienne affirmaient que le nombre de Hutus tués par le FPR était supérieur à celui des victimes tutsies. En mai 1994, des représentants d'organisations non gouvernementales belges, appartenant à la mouvance catholique (Vredeseilanden et Coopibo) se rendaient dans les camps de Tanzanie et répercutaient largement les récits des réfugiés qui accusaient le FPR de massacres. Des massacres dont, avant leur fuite, bon nombre de réfugiés avaient été les auteurs, comme on l'apprit par la suite.

Après la victoire du FPR, une partie non négligeable du clergé hutu choisit de suivre les réfugiés au Zaïre. Le 2 août 1995, des prêtres réfugiés à Goma écrivirent une longue lettre au pape, dénonçant le complot ourdi de longue date contre l'Église catholique, particulièrement par le FPR.

---

1. Une analyse très pertinente du développement de ce « fantasme génocidal » est résumée dans le numéro 190 de la revue *Dialogue*, avril-mai 1996, qui reprend une étude réalisée par Israel W. Charny, en collaboration avec Chanan Rapaport, *How Can We Commit the Unthinkable. Genocide, the Human Cancer*, Westview Press, 1992.

Reprenant à leur compte l'argumentation officielle des milieux extrémistes, ils dénonçaient « certains prêtres qui auraient participé activement aux menées du FPR ». Ils soulignaient aussi « l'attitude des consacrés qui ont tiré sur la population à partir des églises, caché des armes dans des couvents, des presbytères, des sacristies, ce qui explique en partie le courroux du peuple, y compris parmi nos meilleurs chrétiens »...

Les 29 prêtres repliés à Goma avec « leur » peuple n'étaient pas seuls dans l'erreur : se rendant au Rwanda dans les premiers jours suivant le début du drame, de hauts responsables ecclésiastiques entretinrent eux aussi la même équivoque. Mrg Etchegaray, qui visita la zone Turquoise durant l'été 1994, fut accueilli de son côté par des Interhahamwes brandissant haut le drapeau français, et Mgr d'Hovre, évêque auxiliaire de Bruxelles, à son retour du Rwanda en octobre 1994, devait se contenter d'évoquer le « mystère du mal » sans aller plus avant dans la compréhension de sa nature...

En Belgique, un article de l'hebdomadaire *Dimanche* (diffusé dans toutes les paroisses catholiques) retraçant l'historique du conflit présenta une analyse partagée par une bonne part de la communauté chrétienne : « Sous couvert d'un retour à la démocratie, le FPR voulait prendre sa revanche sur les événements de 1960. Pendant trente ans ils [les Tutsis] ont ruminé et préparé cette agression, aidés par les puissances étrangères. Le FPR devait savoir, comme le monde occidental d'ailleurs, que la conséquence de son intervention meurtrière déclencherait cette folie que fut le génocide. Il y avait eu des répétitions générales en 1963, 1973, etc. [...] » L'hebdomadaire concluait en se demandant : « Quel avenir peut-on envisager si l'on fait aveuglément confiance à un régime mis en place par la violence, la manipulation et la haine vengeresse[1] ? » Un mois plus tard, assailli par de nom-

---

1. *Dimanche*, 11 novembre 1993.

breuses réactions critiques, l'hebdomadaire devait cependant nuancer son analyse.

C'est sur ce thème de la persécution qu'Aide à l'Église en détresse, une organisation qui, durant la guerre froide, avait été très active dans les pays d'Europe de l'Est, se crut autorisée à commettre un magistral contresens : dans un tract « toutes boîtes » diffusé en Suisse, elle demanda des fonds pour se porter au secours des victimes d'un génocide qui avait entraîné la mort de « plus de 500 000 Hutus ». La menace d'un procès incita quelques jours plus tard les auteurs du tract à se rétracter et à regretter le « malheureux lapsus » qu'ils venaient de diffuser à des centaines de milliers d'exemplaires...

A la même époque, les Missionnaires d'Afrique (les Pères Blancs, donc), qui mettront du temps avant de revenir au Rwanda, expliquent leur refus de « choisir un parti plutôt qu'un autre ». Ils soulignent : « Nous avons toujours refusé la guerre comme solution à quelque problème que ce soit, y compris au problème des réfugiés. Nous avons lutté contre la montée de la violence, aussi bien hutue que tutsie [...]. »

Dans la revue *Dialogue*[1], une religieuse rwandaise, Césarie Mukarwego, sœur de l'Assomption, demande à chacun de reconnaître ses torts et souligne que « l'autre face de la réalité, c'est le massacre des Hutus par les soldats du FPR ». Présentant les extrémistes hutus et le FPR comme les deux faces d'une même médaille, elle ajoute : « Le FPR devrait se demander en quoi il a failli pour que ce génocide soit déclenché à l'égard de ses frères. » Une question qui avait été naguère posée aux Juifs... Après tout, les missionnaires n'avaient-ils pas décrété dans le passé que les Tutsis, ces « Hamites », étaient les Juifs de l'Afrique ?

Quant à Mgr Perraudin, qui, du fond de sa retraite suisse, s'insurge contre les attaques dont l'Église fait l'objet, il écrira que « c'est la guerre d'octobre 1990, soutenue par l'Ouganda, qui a assassiné le pays », soulignant que « les

---

1. *Dialogue*, février-mars 1996.

Pères Blancs, lors de la révolution de 1959, [avaient] tout fait pour protéger les innocents et pour limiter les dégâts d'une révolution qui les dépassait ». Il s'interroge encore : « Est-ce que les évêques et le clergé de France ont pu empêcher la Révolution française et ses milliers de victimes innocentes[1] ? »

A Kigali, la presse proche du gouvernement prend volontiers l'Église pour cible, et il arrive que des prêtres ou des religieuses soient victimes de manifestations d'hostilité. Même si la plupart des dirigeants rwandais, y compris les membres du FPR, dont le général Kagame, s'affirment catholiques, les relations entre l'Église et le nouveau régime sont donc difficiles, empreintes de suspicion, d'acrimonie. Du côté de l'Église, assimilant les Tutsis d'aujourd'hui aux bolcheviks de naguère, on crie au « régime totalitaire », assurant que si l'Église est « mal vue » c'est parce qu'elle cherche (et parvient) à préserver un espace de pensée critique. En réalité, l'Église paye aujourd'hui le fait d'avoir été, dans le passé, trop liée au pouvoir, de ne pas avoir été suffisamment fidèle à sa vocation prophétique.

Il y a plus grave. Véhiculé par les nombreux réseaux d'information de l'Église catholique, le « révisionnisme » s'est décliné en plusieurs variantes, dont la plus connue est le « double génocide », thèse lancée alors même que les tueries se poursuivaient : lors de chacune des bavures commises par la nouvelle armée rwandaise (le massacre de Kihebo, qui fit plusieurs milliers de morts, une sanglante répression à Kanama, la situation dans les prisons, etc.), les partisans de cette thèse dénoncèrent ainsi le « génocide au compte-gouttes », le « génocide rampant ». Façon comme une autre de gommer la spécificité du projet génocidaire.

Cette confusion dans la nature et l'origine des violences commises devait persister. Lorsqu'il n'était pas question du « double génocide », l'expression elle-même était soigneusement contournée par une proposition devenue rituelle : « la

---

1. *La Croix*, 20 octobre 1995.

guerre et les massacres », litote signifiant que les malheurs du Rwanda avaient commencé lorsque le FPR, en 1990, avait attaqué le Rwanda depuis la frontière ougandaise. L'euphémisme était généralement suivi d'une condamnation de « la violence d'où qu'elle vienne » et « des extrémistes de tout bord ». Tous les protagonistes sans distinction étaient ainsi désignés comme responsables de l'« hécatombe », du « mystère du mal », des « événements »... Quant au terme de génocide, des intellectuels liés aux institutions d'Église et désireux de « prendre de la hauteur » l'écriront longtemps en l'accompagnant de prudents guillemets, au grand scandale des survivants, révoltés que l'on puisse confondre le combat mené par des réfugiés désireux de rentrer au pays, la guerre que relança le FPR vingt-quatre heures après le début des tueries, avec la tentative d'extermination dont les Tutsis avaient été l'objet.

Cette confusion a eu pour conséquence pratique de diluer la responsabilité des individus, de faire obstacle à la condamnation des criminels. Elle a permis aussi d'éluder ce qui apparaît pourtant aujourd'hui comme prioritaire : l'analyse des fantasmes ethniques qui ont rendu possible le génocide.

Même le travail du souvenir et du deuil auquel se livrent les survivants qui tentent d'enterrer leurs morts dans la dignité suscite des critiques. Un prêtre rwandais réfugié en Belgique dénonce ainsi « la "mémoire" qui est une autre violence, une autre façon d'attiser la haine. Cette façon d'exhiber les cadavres, par exemple, de multiplier les musées de crânes [...] surtout quand certains sont tombés sous vos propres balles et que vous les comptabilisez sur le compte des autres pour faire nombre. Quelqu'un a parlé du "capital génocide". On ne montre pas où sont enterrés ceux des Inkontanyis qui sont morts, ni ceux [...] de la population tuée par des éléments du FPR. Ne sont-ils pas comptés dans ce capital génocide[1] ? »

---

1. *Dialogue*, février-mars 1996.

Depuis longtemps, alors qu'aucun des coupables n'était encore passé devant un tribunal, et surtout qu'aucune des victimes n'avait encore obtenu réparation, avec un manque total de délicatesse, les « révisionnistes » ont évoqué le « capital génocide » comme si le gouvernement de Kigali, légataire d'un million de morts, avait exploité à des fins de relations publiques le souvenir du massacre ! Est-il besoin de préciser que cette confusion délibérément entretenue à propos de la nature et des causes de la tragédie a figé les survivants dans un sentiment de désespoir, tandis que les coupables, concepteurs ou exécutants, étaient encouragés à n'éprouver ni remords, ni désir de réparation ?

C'est dans un tel contexte, alors que de nouveaux charniers étaient encore exhumés, que l'Église, sans s'accorder le temps de la réflexion et de l'autocritique, s'activait déjà à prêcher la réconciliation. A Kigali, cette idée devait immédiatement être interprétée comme l'expression du désir de négocier avec des représentants des assassins en fuite au Zaïre et en Tanzanie ou d'élargir le gouvernement à des partis ayant planifié le génocide. A dire vrai, cette insistance sur le thème de la réconciliation est lourde aussi de mépris : les Africains seraient-ils, plus que d'autres, susceptibles d'oublier ? Certes, la réconciliation est à terme indispensable, et le pardon un jour devra être accordé. Mais dans pardon, n'y a-t-il pas don, et comment donner à celui qui ne demande rien ? Comment tourner la page alors que le mal n'a été ni nommé, ni jugé et condamné, et moins encore réparé ?

Les camps de réfugiés ont évidemment été l'un des hauts lieux de la diffusion des thèmes « révisionnistes ». Soumis à la propagande intense de leurs anciens dirigeants, les réfugiés, malgré les efforts de certains adeptes de la non-violence, s'y sont renforcés dans la conviction d'être victimes d'une immense injustice, sinon d'un complot international. Ils devaient être confortés dans ce sentiment par de nombreuses publications chrétiennes, produites notamment au Zaïre par le groupe Jérémie[1].

Dans les camps, les organisations catholiques ont continué sans états d'âme à traiter avec les autorités politiques qui avaient dirigé les mains et les machettes des criminels. Les chefs des camps, les leaders des communautés de réfugiés, qui avaient souvent été les cadres du génocide, furent sans plus de procès considérés comme les représentants naturels de la majorité ethnique. Nul ne s'avisa que ces dirigeants qui voulaient faire le vide devant le FPR avaient poussé les paysans à quitter leurs communes, jouant sur la peur et menaçant de mort ceux qui hésitaient.

Les missions de bons offices se succédèrent dans les camps, à l'initiative de membres de l'internationale démocrate-chrétienne, ceux-là mêmes qui conseillaient naguère à tous les partis hutus de faire bloc autour du président Habyarimana. A leur retour, ces *missi dominici,* dont certains membres du Parti populaire européen, tentèrent un temps d'ouvrir les portes de la France et de la Belgique à des personnalités de l'ancien gouvernement, Kambanda, le Premier ministre, Bicamumpaka, le ministre des Affaires étrangères, notamment. Par la suite, le monde catholique suggéra de miser sur l'hypothèse d'une « troisième voie », composée de « modérés » entre deux blocs également extrémistes, sans se rendre compte que les derniers Hutus modérés survivants et irréprochables avaient déjà été intégrés dans le gouvernement de Kigali...

Les démocrates-chrétiens de passage dans les camps vantèrent les « capacités d'auto-organisation des réfugiés », confondant parfois les miliciens avec des « mouvements de jeunesse ». Il fut question, à propos des événements d'avril à juillet, de « grand dérapage », et l'on exigea évidemment le jugement des « extrémistes des deux bords »...

---

1. Philippe de Dorlodet, *Réfugiés rwandais. Les nouveaux Palestiniens,* Paris, L'Harmattan, 1996.

Sur le plan pratique, Caritas Internationalis accepta de distribuer des vêtements civils aux militaires repliés au Zaïre, afin qu'ils puissent avoir accès aux rations alimentaires du Haut-Commissariat pour les réfugiés... En outre, assurant qu'il ne leur appartenait pas de se substituer à la justice, les ONG catholiques jouèrent les intermédiaires pour ceux qui avaient les moyens de se rendre à l'étranger, avançant l'argent des billets d'avion, entreprenant les démarches pour l'obtention de visas. « Envoyez-moi l'attestation de prise en charge pour ma famille et Caritas se chargera du reste », écrivait une réfugiée à des amis belges...

L'Église catholique aida aussi certains « cerveaux » du génocide. Lorsque Léon Mugesera, celui qui écrivait naguère que les Tutsis devaient rentrer chez eux « par voie express, via la rivière Nyabarongo », fut libéré sous caution après avoir été arrêté à Montréal, il apparut que sa caution avait été avancée par une organisation chrétienne conservatrice. Il est vrai que l'historien avait été l'un des plus fervents partisans du renouveau charismatique et pouvait sans aucun doute prétendre à la solidarité de ses frères dans la foi.

Bon nombre d'avocats mis au service de Rwandais accusés et arrêtés à l'étranger furent payés par les institutions catholiques, qui pesèrent de tout leur poids en leur faveur. C'est ainsi qu'en Belgique un professeur accusé d'avoir dirigé les massacres à l'université de Butare fut accueilli à l'Université catholique de Louvain, où il avait fait ses études. Après un an de détention préventive, il fut finalement remis en liberté après que le juge d'instruction eut publiquement reconnu que des pressions avaient été exercées sur le parquet général.

La fuite en avant

A l'intérieur du Rwanda, l'attitude de l'Église se caractérisa par la même ambivalence qu'à l'étranger. Dans les premiers temps, les sermons se multiplièrent sur le thème de la protection que Dieu accorde à Caïn. Il était certainement important de désamorcer les tentations de vengeance individuelle, mais pourquoi manifester autant de sollicitude envers Caïn qu'envers Abel martyrisé ?

De la même manière, l'Église refusa de comprendre le sens des cérémonies de deuil que Kigali organisa à travers tout le pays. Durant des mois, les enterrements collectifs se succédèrent, avec discours officiels et hommages aux victimes, chaque fois qu'était découvert un nouveau charnier. A quelques exceptions près, l'Église ne perçut pas que ce deuil socialisé, assumé, représentait une étape indispensable à la guérison du traumatisme. Elle préféra dénoncer le climat d'amertume et d'animosité que suscitaient de telles cérémonies. En 1996, la conférence épiscopale demanda même au gouvernement de déplacer la date de commémoration du deuxième anniversaire du génocide, parce qu'elle coïncidait avec le jour de Pâques. Cette demande fut rejetée avec amertume et ressentie comme une nouvelle occasion manquée.

En outre, le clergé choisit plus d'une fois la fuite en avant institutionnelle : une fois balayées les églises et nettoyés les lieux de culte qui avaient été profanés, les messes furent célébrées à nouveau comme si de rien n'était. De nombreux prêtres se hâtèrent de baptiser les enfants, d'administrer les sacrements, sans prendre le temps de la réflexion. Certaines des églises où des milliers de chrétiens étaient morts, pris au piège, demeurèrent cependant cadenassées sur décision du gouvernement, en attendant qu'il soit procédé aux rites d'exorcisme, de purification et de reconsécration. Mais une demande en ce sens, adressée par le président du Rwanda au Vatican, ne reçut hélas aucune réponse, et la conférence épiscopale dénia aux autorités le droit de disposer de certains lieux de culte pour les transformer en mémorial, avançant qu'il s'agissait de propriétés privées.

Par ailleurs, refusant de reconnaître que la référence ethnique qu'elle avait entretenue dans les consciences avait mené le pays à sa perte, l'Église, en certains cas, récidiva. C'est ainsi que des ONG catholiques embauchèrent du personnel local ou distribuèrent des secours en demandant aux assistés à quelle ethnie ils appartenaient. La Fondation catholique pour les bourses d'études africaines (Foncaba) décida de recruter uniquement des étudiants hutus pour les études à l'étranger, arguant qu'ils n'osaient se présenter à l'université de Butare pour des raisons d'insécurité et de traumatisme. Une organisation catholique irlandaise, quant à elle, transmit aux gens du camp de déplacés de Kihebo des lettres en provenance de Goma et de Bukavu : ces messages demandaient aux réfugiés de l'ancienne zone Turquoise de ne pas quitter les camps pour rentrer chez eux, comme le leur demandaient les autorités, et d'attendre de nouvelles instructions.

En août 1994, un religieux italien, le père B., fut mis en résidence surveillée du côté de Kibungo, les autorités lui reprochant d'aider exclusivement les Hutus. Il fut même accusé d'avoir hébergé des Interhahamwes. En 1996, il fut finalement autorisé, pour raisons de santé, à regagner l'Italie. En accordant l'autorisation, Claude Dusaïdi, l'un des conseillers de Paul Kagame, ne put s'empêcher de soupirer : « Je connais ce religieux. Voilà trente ans déjà, c'est lui qui indiqua la maison de ma famille aux villageois qui nous chassèrent après avoir tout incendié... »

Comment, dès lors, s'étonner des rapports orageux que l'Église entretient aujourd'hui avec le nouveau pouvoir à Kigali ? Tant d'arrière-pensées, de souvenirs, de préjugés hantent les esprits des uns et des autres... Ils sont renforcés par la campagne menée contre l'Église par les nouveaux journaux rwandais, réalisés par de jeunes journalistes venus de la diaspora et qui se sont résolument engouffrés dans la brèche. Les plus virulents d'entre eux viennent du Burundi, où, du temps du président Bagaza, les rapports entre l'Église et l'État avaient été difficiles.

Sans trop s'encombrer de nuances, et sans tenir compte des critiques qui avaient été émises à l'encontre du régime Habyarimana, le pouvoir actuel, de son côté, charge injustement l'Église catholique de l'entière responsabilité de la dérive ethnique. L'histoire est réécrite comme si le Rwanda d'avant les missionnaires avait été un jardin d'amour... Cette campagne contre l'Église s'est accompagnée d'un certain nombre d'agressions physiques contre des religieux et de vols dans des bâtiments appartenant à l'Église, ce qui a incité des congrégations présentes au Rwanda depuis un siècle, comme les Frères de la Charité, à quitter le pays pour s'établir au Kivu, qui est en passe, nous y reviendrons, de devenir un bastion de rechange.

De son côté, la hiérarchie n'a rien fait pour arrondir les angles. Début janvier 1995, la conférence épiscopale, en s'adressant au gouvernement, s'est contentée de répéter ses sujets d'inquiétude : le sort des prisonniers, l'occupation des biens, la nécessité d'inciter les réfugiés à rentrer au pays. Le Vatican, quant à lui, a nommé un visiteur apostolique, Mgr Hauser. Ce Polonais, issu d'une Église de combat qui a défait le communisme, devait se montrer beaucoup plus intransigeant que son prédécesseur, Mgr Bertello. Celui-ci avait gagné l'estime de tous les partis d'opposition en dénonçant régulièrement les violations des droits de l'homme (sa détermination lui avait d'ailleurs valu d'être évacué à bord d'un blindé en avril 1994). Quant aux trois nouveaux évêques qui furent nommés au Rwanda début 1996 (Servilien Nzakamwita à Byumba, Thaddée Ntihinyurwa et Anastase Mutabazi à Kabgayi), ils sont tous trois marqués par l'idéologie du régime précédent, et les observateurs redoutent de nouvelles tensions avec les autorités.

Lorsqu'en septembre 1995 le pape s'arrêta à Nairobi au cours de sa tournée africaine et qu'il évoqua le Rwanda, le malaise s'accentua. Sans un mot pour les victimes du génocide et leurs familles, il lança un appel à la réconciliation, dénonçant le « terrible conflit ethnique encore latent ». Il exprima sa solidarité à l'égard de « ses chers réfugiés dont il se sent si proche et avec qui il partage une immense douleur ». Ses propos furent reçus comme un plaidoyer en faveur du retour inconditionnel des réfugiés, et surtout de l'ouverture d'un dialogue politique avec leurs représentants.

A cette même époque, certains prêtres et chrétiens rwandais faisaient remarquer avec amertume que si le Vatican leur avait envoyé quelque secours matériel, aucun réconfort ne leur avait en revanche été apporté, alors qu'un soutien psychologique et spirituel aurait été bien nécessaire : dans les campagnes, où les gens se retrouvaient hantés par le même chagrin, la même peur de l'autre — sinon de soi-même —, les prêtres étaient livrés à eux-mêmes. C'est ainsi que certains d'entre eux refusèrent d'entendre les confessions de leurs paroissiens, d'autres s'effondrant à l'écoute des témoignages les plus atroces. Même dans les camps, des catholiques regrettèrent que les secours matériels qui leur parvenaient ne soient pas accompagnés d'un encadrement spirituel. On y organisa seulement quelques sessions d'initiation à la non-violence, dont les animateurs finirent par être expulsés par les autorités zaïroises !

La deuxième chance de l'Église

Si la hiérarchie de l'Église est demeurée sourde au désarroi du peuple rwandais, si bon nombre de congrégations étrangères ont persisté dans leurs erreurs d'analyse, privilégiant toujours la grille ethnique, sur le terrain, en revanche, l'Église rwandaise a peut-être trouvé un second souffle. Mis à part quelques intellectuels critiques ou amers, la population a gardé sa confiance à l'institution chrétienne, et les églises sont aussi bondées qu'auparavant.

Dans plusieurs diocèses, ce sont les laïcs qui ont pris la relève, multipliant les réunions de réflexion et les actions d'entraide. Des communautés de base se sont formées, notamment dans le diocèse de Butare, auprès des populations, en signe de solidarité.

De nombreux prêtres ont tenté par ailleurs de participer à la reconstruction du pays. Ce fut le cas, par exemple, du père Vieko, un Croate en charge des affaires sociales à l'archevêché de Kabgayi et auquel de nombreux Tutsis doivent la vie. Aidé par plusieurs coopérations étrangères, le père Vieko a entrepris non seulement de réconcilier, mais surtout de réparer : il a constitué des équipes de reconstruction de maisons pour les sinistrés, au sein desquelles Hutus et Tutsis travaillent côte à côte, rémunérés en nourriture. Le père André Sibomana, qui encourage l'initiative, relève que si les maçons, dans un premier temps, se sont montrés méfiants, ils ont fini par s'ouvrir et se parler.

D'autres prêtres ont été les agents silencieux de la réconciliation : il est arrivé que des gens qui avaient tué s'émeuvent du sort de leurs victimes, de ces enfants orphelins, de ces femmes abandonnées. Discrètement, ils ont alors prié le prêtre du village d'amener une vache, de la nourriture, à leurs victimes d'hier... A Butare, le Comité pour la relance des activités pastorales (Crap), très critique à l'égard de l'Église institutionnelle d'autrefois, s'est lancé dans une véritable thérapie de groupe. A l'initiative du théologien laïc Laurien Ntezimana et de l'abbé Modeste Mungwarareba, ses animateurs pastoraux se sont rendus sur les collines, refusant que l'on reconstruise trop vite les églises et les locaux paroissiaux : « Il faut d'abord rebâtir la confiance, explique l'abbé Modeste. Il faut que les gens réapprennent à se parler, à vivre ensemble. L'institutionnel viendra après... »

Cette Église nouvelle, qui se veut pauvre et prophétique, au service des déshérités et des victimes, est en rupture complète avec la tradition rwandaise. Rien d'étonnant à ce que le Crap soit critiqué par l'Église rwandaise en exil et par certaines congrégations missionnaires, qui l'accusent d'être inféodé au nouveau pouvoir. Quoi qu'il en soit, la démarche du Crap augure peut-être d'un nouvel avenir au Rwanda pour une Église qui, de toutes manières, demeure indispensable à une population traumatisée, avide de trouver des repères.

L'Église catholique, par sa lecture réductrice, parfois « révisionniste », du génocide a retardé la réconciliation entre Rwandais. Elle a aussi dangereusement contaminé les pays voisins. C'est ainsi qu'au Zaïre — et plus particulièrement dans la région du Kivu Sud —, le clergé zaïrois et des ONG remarquablement actives et organisées dans la région emboîtent désormais le pas à l'évêque Munzihirwa, un ancien des séminaires du Rwanda. Dans ses lettres et publications, l'évêque de Bukavu a fait sienne la thèse ethniste condamnant « une minorité qui a pris le pouvoir par les armes », « le régime issu d'un coup d'État », et dénonçant sans relâche et unilatéralement les exactions du FPR, contribuant ainsi à freiner les velléités de retour des réfugiés, ces « nouveaux Palestiniens ». Plusieurs ONG catholiques du Kivu, parmi les plus actives dans la lutte pour la démocratisation, ont relayé ces thèses au Rwanda et au Burundi.

Au Burundi, l'Église a suivi une évolution différente. Alors que la plupart des religieux étrangers, belges, italiens, espagnols, prenaient fait et cause pour les Hutus, à tel point que certains ne cachaient pas leur soutien à la guérilla, la hiérarchie se montra beaucoup plus réservée. Elle fut accusée de « pencher » plutôt du côté des Tutsis, mais les prises de position officielles de l'épiscopat traduisent plutôt une volonté de dialogue, le souci de dépasser les antagonismes ethniques et de cesser de recourir au mensonge et à la violence. Cette volonté de transcender les problèmes ethniques et politiques a amené l'Église burundaise à payer un lourd tribut à la violence : depuis 1993, treize prêtres ont été tués, ainsi que deux prêtres rwandais, deux missionnaires italiens et quatre religieuses burundaises.

Le sort réservé à l'archevêque de Gitega, Mgr Joachim Ruhuna, illustre tragiquement le destin des modérés : si l'ensemble de la hiérarchie avait prôné une négociation entre toutes les parties, lui s'en était pris avec une particulière véhémence à la cause du mal, « l'introduction de l'idéologie de l'ethnie dans le jeu des intérêts », et lors des funérailles de victimes de la rébellion hutue à Bugendana, il avait fustigé « ceux qui vont jusqu'à tuer des malades dans les hôpitaux et les centres de santé, qui tuent aussi bien les responsables que les simples gens, les innocents comme les malfaiteurs ». En s'en prenant aussi ouvertement à la guérilla, Mgr Ruhuna signait son arrêt de mort : il devait, en septembre 1996, tomber dans une embuscade tendue par les bandes armées hutues. D'après les témoins survivants, les agresseurs avant de le tuer, lui avaient dit « qu'il parlait mal, qu'il critiquait les assaillants ». « Il est mort en héros, tombé au champ d'honneur », devait dire de lui le nouveau président du pays, Pierre Buyoya, lors de ses obsèques...

3

L'exutoire ethnique du malaise social

Dans des pays accablés par la pauvreté, une croissance démographique non maîtrisée, la mauvaise gestion ou les contraintes de l'ajustement structurel, le recours à l'ethnisme a souvent représenté une fuite en avant face à des problèmes sociaux insolubles. Mais si la dégradation de l'économie aggrave les conflits ethniques, elle n'en est pas la cause.

Dans la région des Grands Lacs, les explosions ethniques se produisent dans un contexte économique ou social bien particulier : le Rwanda, le Burundi, le Kivu, sont de vieilles terres d'anciennes cultures qui ont été bouleversées au contact du monde occidental. Mais il y a plus.

Autrefois, la vie des paysans était rythmée par les semailles, les récoltes, les célébrations religieuses. Il y avait le temps du travail, réduit à quelques jours par semaine, mais aussi, sinon surtout, celui de l'échange, de la fête, de la bière partagée. La bière rythmait la vie sociale, elle était différente pour chaque circonstance de la vie : bière de la demande en mariage, de la jeune accouchée, bière de la moisson, dernière bière offerte à celui qui prend la route « alors qu'il a déjà saisi sa lance »... Les cruches de bière représentaient aussi un moyen de paiement pour services rendus, un coup de main au moment des récoltes ou construction de la maison familiale. Aujourd'hui, sur les collines du Rwanda et du Burundi, les paysans soupirent : « Nous ne buvons plus la bière ensemble », et, dans la province du Kivu, les Zaïrois adressent d'amers reproches aux réfugiés des pays voisins : « Ils ne boivent plus la bière avec nous, ils n'en apportent plus au chef traditionnel ; ils sont partis sans même dire au revoir... » Les guerres, le flux et le reflux des réfugiés, les troubles qui affectent quelque 30 millions de personnes dans la sous-région, ont donc ajouté leurs perturbations à celles qu'avaient engendrées depuis un siècle les contraintes venues de l'extérieur, et les manipulations ethniques se sont greffées sur ce tissu social fragilisé.

Il faut cependant se garder de tout déterminisme : la transformation de la situation économique des paysans n'est pas en elle-même responsable des tensions ethniques, elle les a seulement aggravées, lorsque les hommes politiques ont pu jouer sur le ressentiment, les frustrations et les jalousies nées de la pauvreté.

Dans les royaumes des Grands Lacs, la colonisation a brouillé l'écheveau complexe des relations sociales et des échanges économiques. Jadis, le *rugo*, cet enclos familial enfoui sous les bananiers, représentait une unité de production autonome, et les paysans étaient liés les uns aux autres par des échanges de services et de biens. Le pouvoir colonial, soucieux d'améliorer la condition économique des paysans, de conjurer les famines qui sévissaient régulièrement, entama une série de réformes : à côté du haricot traditionnel, il introduisit la pomme de terre, le manioc, développa la lutte contre l'érosion (qui consistait à tailler à flanc de colline des terrasses plantées d'arbustes) ; il développa également des cultures de rente, le thé et le café, afin de procurer aux paysans un certain revenu monétaire et de leur permettre de payer l'impôt. Ces réformes, qui aurait dû augmenter le revenu des paysans ou renforcer la sécurité alimentaire, furent cependant perçues comme des contraintes ; elles alourdissaient la somme de travail et diminuaient d'autant le temps réservé aux activités sociales ou conviviales. En outre, ces obligations s'ajoutaient aux corvées qui étaient déjà dues aux chefs traditionnels, sous forme de travaux ou de dons matériels, ainsi qu'aux contributions en travail ou en nature recueillies par l'Église.

A certaines époques, ces obligations multiples étaient si mal ressenties que les paysans préféraient émigrer vers la Tanzanie (le Tanganyika de l'époque) ou l'Ouganda, où ils avaient le sentiment d'être plus libres, de travailler pour un meilleur profit. Après la guerre de 1914-1918, cependant, les routes de migration traditionnelles furent coupées par les nouvelles frontières, les exutoires se trouvèrent bouchés.

Au Rwanda comme au Burundi, les contraintes de la colonisation prirent très tôt une coloration ethnique : les Belges, qui pratiquaient l'administration indirecte, se reposaient sur les chefs et les sous-chefs tutsis pour faire exécuter leurs ordres. Au Kivu, où les Belges organisèrent des migrations de paysans hutus, ces derniers étaient également encadrés par des contremaîtres tutsis.

Au moment de l'indépendance, les Rwandais rejetèrent massivement les « corvées » qu'ils avaient été forcés d'exécuter, mais, au lieu de se retourner contre l'autorité coloniale, ils accusèrent la « domination » tutsie, ces chefs et ces sous-chefs qui avaient servi de courroie de transmission aux colonisateurs, plus ou moins volontairement, tout en percevant aussi leur propre part.

Dans les premières années qui suivirent l'indépendance, étendant leurs terres cultivables au détriment des pâturages abandonnés par les éleveurs tutsis qui avaient fui le pays, les paysans rwandais ne cachaient pas leur satisfaction. Au fil des années, cependant, il devait apparaître que ce qui fut qualifié de « révolution sociale » n'avait rien à voir avec une révolution paysanne : qu'il s'agisse de la Première ou de la Deuxième République, du président Kayibanda ou de son successeur Habyarimana, l'État postcolonial demeura tout-puissant, et il continua à peser sur la force de travail des agriculteurs. Ces derniers continuèrent à être soumis à la corvée, qui retrouva à cette occasion son appellation traditionnelle : *umuganda* (travail communautaire et volontaire). En outre, les paysans furent incités à accroître les cultures de rente, le thé et le café, qui assuraient l'essentiel des ressources en devises du pays.

Par ailleurs, aussi bien sous la Première que sous la Deuxième République, l'État postcolonial fut confisqué : dans un premier temps, sous la présidence de Grégoire Kayi-banda, ce sont les gens du Sud, de la région de Gitarama, qui accaparèrent la plupart des postes. Plus tard, lorsque Habyarimana prit le pouvoir, les gens du Nord se retrouvè-rent aux commandes et monopolisèrent l'accès aux res-sources de l'État. Or, pour les familles paysannes du Rwanda, assurer à l'un de leurs enfants la possibilité d'étu-dier, puis de travailler dans la fonction publique, demeure un enjeu vital : à la veille du génocide, certaines régions comptaient 400 habitants au kilomètre carré, et les familles ne disposaient plus que d'un demi-hectare cultivable, la population active augmentant de 80 000 personnes chaque année.

Ce n'est que vers la fin des années quatre-vingt que les paysans commencèrent à diversifier leurs sources de reve-nus, se lançant, grâce à certaines organisations non gouver-nementales, dans l'artisanat rural ou dans des petites entre-prises familiales, moulins, rizeries, s'essayant à d'autres productions, comme les géraniums, les insecticides[1]. Mais ces activités demeuraient malgré tout assez marginales. Pen-dant longtemps, pour conjurer les disettes et les famines périodiques, les paysans n'eurent donc que deux possibilités : soit acheter des compléments de nourriture sur les marchés, grâce à l'argent tiré des recettes du thé ou du café, soit disposer du salaire de l'un des leurs, embauché au service de l'État.

Autrement dit, la compétition pour les places dans la fonc-tion publique, compétition souvent qualifiée d'« ethnique » et régie par le système des quotas (les Tutsis n'avaient droit qu'à 10 % des postes), a toujours eu un soubassement social et économique. C'est ce qui explique le fait qu'en 1973 les « comités de salut public » chassèrent les élèves tutsis, jugés

---

1. Jef Maton, *Développement économique et social au Rwanda entre 1980 et 1993, le dixième décile face à l'Apocalypse*, Gand, novembre 1994.

trop nombreux dans les écoles, et que les fonctionnaires tutsis furent licenciés massivement[1]. Et c'est ainsi que les Tutsis se retrouvèrent nombreux dans le commerce, ou furent
embauchés dans les organisations internationales travaillant
au Rwanda, la relative réussite de quelques-uns d'entre eux
suscitant d'ailleurs de nouvelles jalousies.

Cette compétition pour les rares emplois disponibles
explique aussi pourquoi, obstinément, le régime d'Habyarimana opposa une fin de non-recevoir aux réfugiés tutsis qui
se trouvaient dans les pays voisins. Le président avançait
l'argument selon lequel il n'y avait « pas de place » sur les
collines surpeuplées, ce qui était partiellement exact. Mais,
la principale raison de son refus était tout autre : les exilés,
dont beaucoup avaient étudié à l'étranger, se seraient trouvés
en compétition avec les jeunes intellectuels hutus... Ces derniers, qui n'avaient pas surmonté certains complexes hérités
de la période coloniale, où les capacités intellectuelles des
Tutsis avaient été survalorisées, redoutaient par-dessus tout
d'être à nouveau supplantés par ceux qu'ils considéraient
comme les « anciens maîtres du pays ».

En 1993, les accords d'Arusha (qui, on y reviendra, ne
furent jamais appliqués) prévoyaient le partage du pouvoir
politique au niveau du gouvernement, la fusion des deux
armées, et le licenciement d'un total de 36 000 militaires en
deux ans. Leur mise en application aurait également entraîné
une ouverture des postes dans la fonction publique, et en
particulier dans l'enseignement. C'est pourquoi la préparation du génocide, forme ultime du refus de partager le pouvoir, ne fut pas le fait des paysans, mais des cadres de l'État
et des intellectuels. Ces derniers étaient bien résolus à refuser
aux nouveaux venus l'accès à leurs modestes et récents privilèges, c'est la raison pour laquelle ils s'employèrent à
inculquer aux paysans la haine des Tutsis. Ils leur firent éga-

---

1. Hubert Cochet, *Burundi : la paysannerie dans la tourmente. Éléments d'analyse sur les origines du conflit politico-ethnique, op. cit. ; Agriculture paysanne et
modernisation*, Paris, Fondation pour le progrès de l'homme, 1996.

lement miroiter la promesse d'avantages matériels, faisant valoir que ceux qui se joindraient aux tueurs pourraient par la suite occuper les terres et piller la maison de leurs voisins...

Une autre preuve du fait que les tensions ethniques n'étaient qu'un prétexte réside dans le fait que les Hutus originaires du sud du Rwanda étaient eux-mêmes l'objet de discriminations. En 1994, beaucoup craignaient qu'une fois achevé le massacre des Tutsis, la « machine à tuer » des gens du Nord se retourne contre eux afin de les éliminer de tous les postes importants.

Les paysans du Sud eux-mêmes partagent cette rancœur contre les gens du Nord. A partir des années quatre-vingt, en effet, bon nombre de paysans, endettés, sont obligés de vendre leurs terres à des commerçants enrichis, des privilégiés du régime. Le clan Habyarimana dirigea vers les Tutsis, désignés comme boucs émissaires, une rancœur paysanne depuis longtemps accumulée en raison des injustices du système.

A l'heure actuelle, si les cadres de l'ancien régime rwandais, les intellectuels, hésitent à rentrer au pays, c'est parce qu'ils redoutent d'être arrêtés, à tort ou à raison, pour complicité de génocide ; mais c'est aussi parce qu'ils craignent de ne pas retrouver d'emploi, les postes disponibles ayant précisément été occupés par les Tutsis de la diaspora (après être demeurés vacants pendant un certain temps).

Les opposants les plus résolus au nouveau régime de Kigali sont aussi ceux qui, sur le plan économique, étaient les privilégiés du régime précédent, dans une société qui, depuis 1985, était devenue extrêmement inégalitaire. Ainsi, les étudiants boursiers envoyés à l'étranger étaient dans leur grande majorité originaires du nord du pays, la région du président Habyarimana.

A l'heure actuelle, les nouvelles autorités ayant souscrit aux exigences de l'ajustement structurel qui avaient été imposées précédemment, le désengagement de l'État va s'accentuer et les postes dans la fonction publique ne dépasseront plus 50 % des effectifs antérieurs, soit 24 000 agents au maximum.

Autrement dit, le mécanisme d'intégration sociale et ethnique qu'aurait pu représenter l'embauche dans la fonction publique est bloqué pour longtemps au Rwanda. Cela aussi explique les réticences des intellectuels, peu désireux décidément de regagner un pays où ils estiment ne pas avoir d'avenir.

Les paysans contre l'État

Au Burundi également, les luttes dites ethniques ont toujours été chargées d'un important contenu social : il s'agissait de barrer au groupe majoritaire hutu l'accès à la richesse et au pouvoir. Dès qu'en 1965 le putsch du colonel Micombero renverse la monarchie (nous y reviendrons au chapitre 4), un groupe tutsi issu de la région du Bururi prend la tête de la compétition sociale et s'assure durant de longues années le monopole du pouvoir, au détriment des ressortissants d'autres régions du pays, qu'ils soient hutus ou tutsis.

Cette volonté d'écarter une élite en formation est illustrée de manière tragique par ce qu'on appellera le « génocide sélectif » de 1972 : cette année-là, des milliers d'élèves hutus sont enlevés et assassinés, ainsi que des prêtres, des officiers, des fonctionnaires. Il s'agissait moins de faire disparaître un groupe représentant 85 % de la population, ce qui eût été impossible, que de le maintenir dans sa condition paysanne en éliminant ses cadres. Après cette « éradication » sélective, la majorité hutue du Burundi, traumatisée, mit vingt ans — le temps d'une génération — à se relever et à se déclarer à nouveau candidate au pouvoir.

En effet, dans les années qui suivirent les massacres de 1972, les parents hutus hésitèrent à envoyer leurs enfants à l'école, afin de ne pas prendre le risque de les voir massacrer. Et il fallut attendre la moitié des années quatre-vingt pour que le régime du président Bagaza, qui donnait au développement priorité sur l'« endiguement » ethnique, permette à de nombreux enfants hutus de retrouver le chemin de l'école. Le taux de scolarisation avait alors fortement augmenté dans les campagnes, tandis que des réfugiés se trouvaient en attente à l'extérieur du pays et revendiquaient leur intégration dans des emplois rémunérés.

Certains d'entre ceux, qui avaient rejoint les rangs des mouvements armés opérant depuis la Tanzanie, visaient moins la revanche ethnique proprement dite que la conquête (ou tout au moins le partage) du pouvoir. D'une certaine manière, leur revendication était comparable à celle des exilés tutsis qui avaient rejoint le Front patriotique rwandais.

Les mesures d'ouverture du président Buyoya, vers la fin des années quatre-vingt, et les espoirs que fit naître la démocratisation n'eurent pas, sur le plan ethnique, les effets apaisants escomptés. Bien au contraire, ils libérèrent les énergies revendicatrices.

Il faut le répéter : les passions ethniques ont été le seul exutoire proposé à des populations déçues par l'État et coincées sur le plan économique.

Au Burundi en effet, la rancœur des paysans contre l'État est plus ancienne encore. En fait, elle ne s'est jamais apaisée depuis l'époque coloniale. Cet État où les postes de commandement sont réservés à un groupe de Tutsis originaire d'une seule région prolonge en effet, quant il ne les accentue pas, les politiques contraignantes qui avaient déjà été mises en œuvre par la colonisation. Dans certaines régions, les paysans burundais doivent accepter la « villagisation » : ils abandonnent leur *rugo*, leur maison cachée au milieu de la bananeraie, pour s'installer le long de pistes qu'ils ont dû construire eux-mêmes. Désormais, la distance qui les sépare de leurs champs s'est allongée, les fardeaux pèsent plus lourd sur la tête des femmes. En revanche, les avantages promis — l'électricité, l'accès à l'eau potable — tardent à venir ou n'arriveront jamais...

En outre, comme au Rwanda, les paysans du Burundi sont invités à intensifier la culture du café, qui représente la principale ressource en devises du pays. Mais le café entre en concurrence avec la bananeraie, qui a les faveurs des paysans dans la mesure où elle permet de produire la bière et représente la dernière réserve alimentaire en cas de disette. Ils savent aussi que les cultures vivrières (manioc, pomme de terre, patate douce) leur sont plus utiles. La contrainte est vive : les autorités de Bujumbura ont besoin des devises que procure le café, le fameux arabica qui remporte des prix dans les foires internationales. Les 20 000 tonnes de café que produit annuellement le Burundi ne pèsent pas lourd sur le marché mondial, si ce n'est par la qualité de ce café. Or cette qualité qui fait la différence est obtenue grâce à des techniques de culture bien particulières et très contraignantes : les paysans doivent planter en ligne et surtout « pailler » le café, c'est-à-dire répandre sur le sol de la plantation des matières organiques (feuilles, déchets) qui étaient d'ordinaire réservées à la bananeraie. La culture de café est très surveillée par les autorités, les encadreurs agricoles, avec quelquefois beaucoup de maladresse, contrôlent les paillages ou font éclaircir les bananeraies lorsqu'ils estiment qu'elles ont pris trop de place[1]. L'arrachage des plants est rigoureusement interdit, et les pouvoirs publics préfèrent importer de la nourriture de l'étranger plutôt que voir diminuer la production de café. Pour le paysan aussi le café représente une ressource importante : l'argent touché en une fois, au moment de la récolte, doit en principe permettre de faire face aux besoins monétaires de l'année, frais de scolarisation des enfants, vêtements, impôts.

Quand le cours du café entraîne deux pays dans sa chute

Au Burundi comme au Rwanda, la crise du café provoque la colère des paysans, une véritable rage qui se traduira sur

---

1. Hubert Cochet, *Burundi, la paysannerie dans la tourmente...*, op. cit., p. 53.

le plan ethnique et, dans les deux pays, les tensions sociales sont ainsi accentuées par la chute des cours du café.

Au début des années quatre-vingt, la gestion économique du Rwanda et du Burundi, en dépit des différences qui existent entre les deux régimes, est pourtant relativement sage. La dette extérieure du Rwanda est pratiquement nulle, le franc rwandais sert de monnaie de référence dans la région : les producteurs de café du Zaïre, de l'Ouganda, viennent vendre leur récolte sur le marché rwandais pour être payés en monnaie forte. Au Burundi, jusqu'en 1980, ce sont les ressources intérieures (les recettes du café) qui financent la modernisation du pays.

A partir de 1980, alors que s'amorce la chute des cours, les deux pays doivent de plus en plus recourir à des emprunts extérieurs pour financer leur développement. En 1987, le systèmes des quotas, établi sous les auspices de l'accord international pour le café (ICA), commence à vaciller[1]. Au Rwanda, le Fonds d'égalisation, qui permet d'acheter à prix fixe la production de café, enregistre ses premières dettes, tandis qu'au Burundi les réserves accumulées par un fonds comparable s'épuisent rapidement. Les ménagères américaines qui, en 1989, boycottent le café vendu dans leurs supermarchés parce qu'elles le trouvent trop cher se rendent-elles compte qu'elles condamnent à l'asphyxie, à la violence, deux petits pays d'Afrique dont 80 % des ressources proviennent de la vente du café sur le marché mondial ?

Lorsque à l'issue d'une rencontre des producteurs, en Floride, en 1989, le prix du café baisse de 50 %, les gouvernements du Rwanda et du Burundi ne peuvent plus garantir de prix fixe aux petits paysans. En échange de leur récolte, ces derniers n'obtiendront plus les sommes qui leur permettaient d'acheter sur les marchés les compléments de nourriture nécessaires en cas de disette. Ils sont également inca-

---

1. Michel Chossudovsky, « IMF and World Bank Policies and the Rwandan Holocaust », *Thirld World Resurgence,* n° 52, 1995.

pables de payer la scolarisation de leurs enfants ou les médicaments qu'on leur prescrit dans les centres de santé.

Les vieux griefs contre les cultures de rente imposées jadis par la colonisation sont remis au goût du jour. Au Rwanda, les paysans arrachent les plants de café. Dans les campagnes du Burundi, ils sont plus que jamais hostiles à cet État qui leur a imposé des cultures devenues non rentables. De plus en plus, ils lui reprochent... d'être aux mains des Tutsis !

La rancœur des paysans est aiguisée par le fait que de nombreux cadres agricoles sont des Tutsis, adhérents du parti unique Uprona (Unité pour le progrès national). Plus tard, les cadres membres du parti Frodebu (Front pour la libération du Burundi) se soucieront d'abord de politique. Lorsque les revenus du café diminuent, les paysans mettent en cause les circuits de commercialisation, qui sont contrôlés par les Tutsis. Dans le cadre de projets de développement impulsés du sommet, les cadres imposent aux paysans des méthodes présentées comme progressistes, mais qui en réalité alourdissent les contraintes. Ainsi, les agriculteurs, au nom du progrès, se voient conseiller de semer selon des formes géométriques en dépit des méthodes éprouvées depuis des générations... Les paysans burundais reprochent aussi à l'État de leur imposer des reboisements industriels, des parcs nationaux, au détriment des terres traditionnellement réservées à l'agriculture et à l'élevage. Au Burundi, les chiffres illustrent le déséquilibre qui se crée entre les villes et la campagne, provoquant un malaise qui sera indûment attribué aux tensions ethniques. De 1980 à 1985, Bujumbura et son arrière-pays absorbent en effet plus de la moitié du total des investissements, et la province du Bururi, d'où sont originaires les cadres tutsis de l'armée, absorbe 16 % de ces investissements. Les provinces du Nord, où se trouve plus de la moitié de la population, ne bénéficient quant à elles que de 25 % des investissements. Sur le plan social, c'est pis encore. La seule province de Bujumbura absorbe 95 % du montant total des investissements en matière de routes, de transports, de télécommunications[1]. Comment s'étonner du fait que c'est dans le Nord qu'éclateront les plus vives tensions ?

Lorsque en 1993 les paysans burundais, qui depuis trop longtemps ont été empêchés de s'exprimer, pourront enfin le faire dans le cadre d'élections libres, c'est tout naturellement qu'en votant pour le principal parti d'opposition, le Frodebu, ils désavoueront un État auquel ils reprochent de les avoir négligés et un parti, l'Uprona, auquel appartiennent bon nombre de ces cadres agricoles qui ont diffusé des pratiques contraignantes et de ces intermédiaires qui les ont déçus. Leur vote sera, à tort, qualifié d'« ethnique », mais leur frustration était bien plus large... Cette hostilité militante à l'égard d'un État perçu comme étranger et confisqué par l'« autre » ethnie explique pourquoi la guérilla hutue basée au Zaïre vise également des cibles économiques — adductions d'eau potable, centrales électriques, usines de production de thé. Même des centres de santé, des écoles, des bâtiments administratifs sont visés, et, à cet égard, cette guérilla qui incarne la révolte des campagnes contre les villes et l'État rappelle le précédent des Khmers rouges au Cambodge.

Le poids de l'ajustement structurel

Au Rwanda comme au Burundi, les années de transition politique coïncident avec un alourdissement des contraintes extérieures, qu'il s'agisse de l'ajustement structurel ou des conditions posées par les bailleurs de fonds. Les deux pays, dont les revenus en devises sont en baisse en raison de la chute de leurs recettes d'exportation, sont en effet obligés de recourir à un endettement accru.

Au Burundi, l'ouverture démocratique, entamée vers la fin des années quatre-vingt, est vivement encouragée par les financiers internationaux. Le pays jouit de certaines remises

---

1. André Guichaoua, *Destins paysans en Afrique centrale*, Paris, Karthala, 1995.

de dettes de la part de la France et de la Belgique (pour une valeur de 105 millions de dollars), mais il reçoit aussi de nouveaux prêts et crédits. La dette du Burundi, qui représente en 1980 47 % du produit national brut, s'élève ainsi à 88 % en 1993.

Comme toujours, cet argent frais bénéficie davantage aux citadins qu'aux habitants des campagnes. Les habitudes de consommation changent, le pain remplace le manioc, le parc automobile augmente. Bujumbura, où vivent 10 % de la population, se modernise ; l'écart se creuse entre les campagnes, où vivent en majorité des Hutus, et les citadins, des Tutsis, perçus comme des privilégiés parce qu'ils ont accès à l'aide étrangère. Les tensions sont d'autant plus vives que l'armée, majoritairement tutsie, s'assure un accès privilégié à des crédits de la Banque mondiale, qualifiés de « hors projets », qui lui permettent d'acheter des armes, de financer le traitement des militaires et donc de renforcer son pouvoir[1].

Par la suite, après la crise de 1993, l'irruption de l'aide humanitaire bouleversera plus encore les habitudes de consommation et générera de nouvelles tensions. En effet, lorsque en 1995 le Programme alimentaire mondial décide de suspendre l'aide qu'il délivrait aux réfugiés intérieurs (les « déplacés », majoritairement tutsis) pour cause de pénurie de céréales sur le marché mondial, il allume un nouveau foyer de discorde. En effet, les Burundais, réfugiés dans leur propre pays et qui bénéficiaient jusqu'alors de l'aide internationale, se trouvent défavorisés par rapport aux réfugiés du Rwanda, des Hutus, dont les immenses camps sont entièrement soutenus par l'aide humanitaire. Les jeunes Tutsis déplacés rejoindront alors les milices paramilitaires et, à plusieurs reprises, attaqueront ces camps de réfugiés rwandais dont le relatif confort est, à leurs yeux, une véritable provocation. Cette insécurité croissante finira par susciter, en

---

1. Luc Thiriot, *Dette et crise au Burundi,* rue Charles-de-Foulcauld, Toulouse, 1995.

août 1996, le retour de 40 000 réfugiés dans leurs communes d'origine, en territoire rwandais.

La guerre de l'or

La dégradation de l'économie entraîne aussi, au Burundi comme partout, des dérives criminelles, et les tensions ethniques peuvent servir de prétexte à des règlements de comptes d'ordre privé. La « guerre de l'or » en a été un exemple. Bien que son sol ne recèle aucune pierre précieuse, le Burundi est, depuis toujours, exportateur d'or et de diamants. Des comptoirs d'achat de matières précieuses sont établis à Bujumbura, d'où l'or et les diamants, provenant du Zaïre, sont acheminés vers Bruxelles. C'est par cette même voie que naguère l'ivoire des forêts zaïroises gagnait l'Europe ou l'Extrême-Orient.

Cette guerre de l'or, mettant aux prises des comptoirs concurrents, a renforcé les tensions et pourrait même avoir été à l'origine de l'assassinat de personnalités politiques. Voici les faits.

A la veille des élections de 1993, sur le conseil de la Banque mondiale, le Burundi accepte d'ouvrir une zone franche à proximité de l'aéroport de Bujumbura, ce qui aiguisera les convoitises. Une société belge, Affimet, est autorisée, le plus légalement du monde, à bénéficier des avantages de cette zone franche, au grand dam des comptoirs concurrents restés en ville. Affimet investit alors 1,6 million de dollars dans une usine d'affinage d'or située dans cette zone et ouvre même une banque à l'usage des intermédiaires venus du Zaïre. Les transactions portent sur des sommes considérables, il arrive que 300 000 dollars changent de mains en une seule journée ! Au départ de Bujumbura, les intermédiaires zaïrois ont l'habitude de se rendre à Dubaï ou Hong-Kong pour acheter, par conteneurs entiers, des biens de consommation qui seront revendus au détail dans l'est du Zaïre. L'exonération d'impôts, tout à fait légale, dont jouit la société belge au moment de son implantation suscite la jalousie féroce de comptoirs rivaux qui, campagne de presse aidant, parviendront finalement à faire perdre son monopole à l'entreprise belge.

Durant des mois, par journaux interposés, les accusations se multiplient, tant à l'encontre d'Affimet que de ses rivaux, chacun accusant l'autre de financer qui le rebelle Nyangoma, qui les milices tutsies. D'aucuns ont même vu dans cette « guerre de l'or » l'une des raisons de l'assassinat de Ndadaye : dès son accession au pouvoir, le président élu avait en effet décidé de modifier les avantages de la zone franche.

Lorsque, début 1995, le ministre des Mines Ernest Kabushemeye fut assassiné en pleine rue, le président de la République lui-même affirma à Bruxelles que la piste des meurtriers menait plus directement vers la « guerre de l'or » que vers la politique. Est-il besoin de souligner que nul, ni en Belgique, où les trésors aboutissent, ni au Burundi, n'a jamais osé s'aventurer sur cette piste de l'or ? De la même manière, nul n'a jamais sérieusement enquêté sur les convoitises qu'a suscitées le massif de Musongati, riche en platine et en nickel. A la veille de sa mort, le président Ndadaye s'apprêtait aussi à y réexaminer les concessions accordées aux sociétés minières.

Le Rwanda sous pression

Au Rwanda, les contraintes de l'ajustement structurel surviennent au plus mauvais moment, lorsque commence la guerre.

Jusqu'à la moitié des années quatre-vingt, le pays a été géré de manière prudente. D'incontestables succès économiques ont été enregistrés. La croissance du produit intérieur brut est de 4,9 %, la monnaie est stable, et, malgré une croissance démographique de 3,2 %, les importations de denrées alimentaires demeurent minimes car les paysans vivent en autosubsistance.

Depuis plusieurs années, malgré les pressions qui s'exercent en faveur de la dévaluation et de l'ouverture de l'économie au marché mondial, le gouvernement tente de faire face à la crise : jusqu'en 1989, il maintient au même niveau les prix payés aux producteurs de café, même si le prix du kilo exporté est passé de 327 francs rwandais en 1986 à 180 en 1989. Mais, après 1989, alors qu'une grave famine sévit dans le sud-ouest du pays, que le revenu par tête a diminué de 16,5 %, que les réserves de change sont épuisées, les autorités doivent déclarer forfait.

Le Rwanda se rend à Washington comme d'autres à Canossa. Il doit accepter les exigences de la Banque mondiale, et d'autant plus que le Fonds européen de développement, qui aurait pu l'aider à traverser la crise, s'abrite désormais derrière le FMI et la Banque mondiale, comme la plupart des autres bailleurs de fonds[1]. Le message est clair : si le Rwanda résiste à l'ajustement structurel, il n'aura plus accès à l'aide européenne...

La Banque mondiale, qui souhaite depuis longtemps obliger le Rwanda à réorienter sa politique économique, prescrit, outre la dévaluation (qui sera de 40 %), ses remèdes habituels : libération du commerce, suppression des subventions aux agriculteurs, licenciement des fonctionnaires, privatisation des entreprises et des services publics. Bref, l'État est contraint de se désengager complètement de l'économie.

La monnaie rwandaise, longtemps liée au dollar, était considérée comme surévaluée alors qu'elle était une monnaie de référence pour la région et qu'elle permettait à l'industrie et au commerce de gros de s'approvisionner à bas prix. Les experts du FMI exigent la dévaluation, en soulignant qu'elle favorisera les exportations de produits manufacturés. Hélas, dans un pays tout entier voué à l'agriculture, de tels produits

---

1. *La Coopération suisse au Rwanda,* Rapport du groupe d'études institué par la DFAE, janvier 1966.

n'existent pratiquement pas[1] ! Lorsque le gouvernement perd le contrôle de la monnaie, ce sont les revenus des commerçants qui s'accroissent au détriment des consommateurs, aussi bien dans les villes que dans les campagnes. Or l'accès à la fonction publique leur étant fermé, bon nombre de commerçants, on l'a dit, sont précisément des Tutsis. Pour des raisons économiques, les voilà pris pour cibles par les paysans hutus.

Nul ne saura jamais si le pari des experts de Washington avait quelque chance de réussite. Le jour même de la signature de l'accord avec la Banque mondiale, la guerre éclate sur la frontière ougandaise. La dévaluation sera cependant décrétée le 9 novembre, mais, prenant prétexte de la guerre qui a modifié le contexte macroéconomique, la Banque mondiale attendra jusqu'en juin 1991 pour débloquer le crédit de 90 millions de dollars qui s'ajoutent aux 110 promis par les bailleurs bilatéraux et aux 41 millions engagés par le FMI[2].

Paradoxalement, l'ajustement structurel appliqué en Ouganda a contribué lui aussi à la guerre : la Banque mondiale a obligé le président Museveni à réduire de moitié les effectifs de son armée, ce qui l'a contraint à limoger un grand nombre de soldats et d'officiers d'origine rwandaise. Ils sont venus grossir les rangs du Front patriotique qui envahira le Rwanda !

La dévaluation du franc rwandais, suivie d'une deuxième dépréciation en juin 1992, porte le coup de grâce à l'économie. Désormais, alors qu'à l'offensive du FPR s'ajoutent les revendications des partis d'opposition, la légitimité même de l'État né de la révolution sociale hutue est atteinte et le gouvernement ne songe plus qu'à parer au plus pressé.

Lorsque affluent les millions de dollars destinés à combler le déficit de la balance des paiements, une bonne partie des fonds est utilisée pour acheter des armes et des équipements

---

1. Jef Maton, *Développement économique et social au Rwanda entre 1980 et 1993, le dixième décile en face de l'Apocalypse, op. cit.*
2. *La Coopération suisse au Rwanda, op. cit.*, p. 132.

militaires. L'armée étant passée de 5 000 à 40 000 hommes, les dépenses militaires absorbent 38 % du budget de l'État[1]...

Des chercheurs établiront plus tard qu'une partie de l'aide directe à la balance des paiements ainsi que certains crédits internationaux ont été utilisés pour des achats d'armes et de machettes, notamment en Chine. Par la suite, le nouveau régime fut sommé de rembourser les fonds qui avaient servi à acquérir les instruments du génocide.

Au Rwanda comme au Burundi, la dépendance à l'égard des créditeurs étrangers a eu des conséquences politiques imprévues. En avril 1994, tous les bailleurs de fonds ont coupé leurs crédits au Rwanda, intensifié la pression politique, pressant le chef de l'État d'accepter d'appliquer les accords d'Arusha, de partager le pouvoir. Or l'État est pratiquement en faillite, et c'est pourquoi le président est obligé de céder. Lorsque, le 6 avril 1994, Habyarimana revient de Dar es-Salaam, il a l'intention de proclamer la liste des membres du gouvernement de transition, parmi lesquels des représentants du Front patriotique, et il prévoit d'organiser leur prestation de serment. Il n'aura jamais l'occasion de se déclarer vaincu : deux missiles abattent son avion alors qu'il fait son approche sur Kigali. Par la suite, après la victoire du Front patriotique, l'aide étrangère, indispensable à la reconstruction du pays, sera (dans un premier temps tout au moins) utilisée à nouveau comme moyen de pression politique (voir le chapitre 6).

Pourtant, l'exemple de l'Afrique centrale (venant après l'Irak ou Cuba...) devrait inciter à la modestie les bailleurs de fonds occidentaux, qui croient au caractère décisif des pressions économiques. Aussi bien le Rwanda que le

---

1. Une étude reste à faire sur l'utilisation exacte des crédits du Fonds européen de développement et de l'aide financière prodiguée par plusieurs pays amis. Ainsi par exemple, la Coopération belge, dans le cadre des crédits à déboursement rapide, alloua, en mars 1993, 200 millions de francs belges au gouvernement rwandais. À la veille du génocide, on peut douter que cette somme ait servi à des projets de développement !

Burundi et surtout le Zaïre ont en effet démontré les limites auxquelles se heurte l'ingérence.

Au Rwanda, la nomenklatura du régime Habyarimana a résisté longuement aux injonctions de la communauté internationale, parvenant à financer l'équipement et l'armement des miliciens Interhahamwes avec les ressources de la drogue (d'immenses champs de cannabis étaient cultivés dans la forêt de Nyungwe, supervisés par des agronomes rétribués par le président). Par la suite, après la guerre et le génocide, le nouveau régime dominé par le FPR sut résister à ceux qui l'incitaient à élargir le gouvernement ou à proclamer une sorte d'amnistie. Malgré la faiblesse de l'aide étrangère, il fut soutenu par la diaspora tutsie et parvint à franchir sans plier les premiers mois, jusqu'à ce qu'arrivent les premiers déboursements de l'aide à la reconstruction. Quant au Burundi, jusqu'à la prise de pouvoir de Pierre Buyoya en juillet 1996, il se trouve dans une situation comparable à celle du Rwanda dans les derniers mois qui précédèrent le génocide. Les pressions de la communauté internationale s'accompagnent de la criminalisation de l'économie. Les extrémistes — tant hutus que tutsis — financent des achats d'armes et les milices par des trafics divers. Dans le fief des jeunes Tutsis de Bujumbura, pour quelques francs on obtient du cannabis, et en cherchant un peu, on découvre des trafics d'héroïne et de cocaïne. Les jeunes, désœuvrés, vulnérables, sont utilisés comme des « mules » et envoyés en Asie du Sud-Est, d'où ils rapportent les poudres blanches. Du côté de la guérilla hutue, la drogue semble également faire des ravages. A l'instar des miliciens du Rwanda qui s'approvisionnent en cannabis dans la forêt de Nyungwe, les miliciens burundais ont la réputation de consommer du haschisch cultivé dans la forêt de la Kibira, voisine du Rwanda. Les deux camps s'accusent mutuellement de vouloir « détruire la jeunesse » en l'asservissant à la drogue.

En 1995 et 1996, les missions de « diplomatie préventive » se sont succédé au Burundi, ainsi que les conférences internationales où de nombreux engagements ont été pris.

Les autorités n'ont cependant suscité qu'un silence poli lorsqu'elles ont souligné qu'en deux ans 60 % de la population étaient passés au-dessous du seuil de pauvreté, contre 30 % précédemment, que les revenus de l'agriculture avaient chuté de 22 % et que le pays, naguère considéré comme un « bon élève », était pratiquement en état de cessation de paiements.

En réponse à un gouvernement qui se demandait comment venir en aide aux déplacés et aux dispersés, à une armée qui aurait voulu disposer des moyens de rétablir la sécurité, aucun crédit d'exception ne fut accordé : l'aide au redressement économique ne fait pas encore partie de l'arsenal de la diplomatie préventive. En outre, en mars 1996, une mission euro-américaine, conduite par le commissaire européen à l'Aide humanitaire, Mme Emmpa Bonino, et M. Bryan Atwood, qui dirige l'agence américaine US Aid, devait signifier aux Burundais que toute assistance au développement était désormais suspendue par les deux plus importants bailleurs de fonds, au bénéfice de la seule aide d'urgence. « La guerre empêche l'aide structurelle, soulignèrent les représentants des pays amis. Vous devez d'abord y mettre fin et négocier. » Il fut même suggéré aux Burundais de cesser de payer l'armée... Les donneurs de leçons ignoraient peut-être qu'en Afrique les troupes non payées ne se transforment pas en négociateurs de paix mais en bandes de pillards, et que, pour que les forces de l'ordre puissent assurer la sécurité des populations civiles, il faut évidemment qu'elles en aient les moyens. Or la sécurité demeure l'une des priorités de l'armée, moins par souci de protéger la population civile hutue (la répression pratiquée par les militaires est féroce et aveugle, et les opérations de maintien de l'ordre se transforment souvent en opérations de représailles), mais parce que seule une relative sécurité dans les campagnes est de nature à inciter les paysans à rejoindre leurs champs et à assurer au pays une certaine autosuffisance alimentaire.

À la suite de la prise de pouvoir de Pierre Buyoya, fin juillet 1996, les pays de la région (Tanzanie, Ouganda, Zaïre, Zambie et Rwanda), à l'incitation de l'ex-président tanzanien

Nyerere, appliquèrent au Burundi un embargo total, une première en Afrique.

Mais ce blocus, qui acheva de ruiner l'économie du pays,
n'empêcha pas certains trafics frontaliers et, surtout, il eut
pour effet de renforcer les positions les plus intransigeantes
des uns et des autres : il donna du tonus à la guérilla hutue
qui multiplia les attaques terroristes, et, du côté tutsi, il sapa
la crédibilité du modéré qu'était Pierre Buyoya.

Le défi zaïrois

Dans le Zaïre de Mobutu, les six dernières années ont été
caractérisées par la démission presque totale de l'État. Elles
ont elles aussi démontré les limites des pressions
internationales.

Depuis 1990, en effet, presque toutes les aides étrangères
ont été coupées. Il s'agissait de faire pression sur Mobutu
afin qu'il accepte, sinon de passer la main, du moins de céder
le pouvoir effectif à un gouvernement autonome. Il importait
aussi de sanctionner trois décennies d'une phénoménale corruption. Or, tandis que chacun croyait qu'après l'arrêt de
l'aide internationale les jours du régime Mobutu seraient
comptés, le Zaïre, à sa manière, a résisté.

Il a résisté, par le haut et par le bas, tant aux pressions
économiques qu'aux tentatives de déstabilisation sur base
ethnique. Par le haut, on a assisté à la criminalisation de
l'économie : ne pouvant plus assécher les ressources d'un
État moribond et asphyxié, la classe au pouvoir s'est lancée
dans les trafics divers, la production de fausse monnaie, le
blanchiment de l'argent sale (voir le chapitre 5). Par le bas,
au niveau de la population, la rupture des coopérations étrangères, l'abdication totale de l'État, ont engendré des phé-
nomènes imprévus, et notamment l'explosion de l'économie
informelle, qui emploie désormais plus de 80 % de la population de Kinshasa, ainsi que la prise en charge, par les

citoyens eux-mêmes, des services qui autrefois étaient du ressort de l'État.

Par comparaison avec les deux pays voisins, le Rwanda et le Burundi, la paupérisation de la population zaïroise dépasse l'imagination. Kinshasa, la capitale, est méconnaissable : les véhicules ne s'aventurent plus dans les rues défoncées, sur les bas-côtés les habitants, pour survivre, multiplient les jardins potagers. Les hôpitaux sont des bâtiments en voie d'abandon, les écoles publiques sont désertées par des professeurs impayés et dont le salaire, de toute manière, est complètement insuffisant (un dollar par mois). Tripanosomiase, choléra, tuberculose, peste, ces maladies qui avaient pratiquement disparu sévissent à nouveau ; d'autres, comme la fièvre d'Ebola et des diarrhées hémorragiques, se déclarent. A l'intérieur du pays, des régions entières sont désormais inaccessibles, sauf par avion. Les échanges économiques entre les provinces étant désormais impossibles, l'ensemble de la population souffre de carences en iode, qui entraînent le retour des cas de goître et de crétinisme.

Dans une région comme le bas Zaïre, par exemple, qui naguère était facilement accessible, les villageois vivent désormais plus mal qu'au temps de Stanley. Les enfants s'enfuient à l'approche des étrangers parce qu'ils n'ont jamais vu un Blanc, des produits de base comme le sel et le savon manquent depuis des années, les dispensaires sont vides, les vêtements se réduisent à quelques guenilles. Dans les familles, les adultes mangent un jour sur deux — ou moins souvent encore. La monnaie n'ayant aucune valeur, la population, qui vit pratiquement en autarcie, recourt au troc, ou, lorsqu'il s'agit d'échanges plus importants, dans les régions minières par exemple, paye en dollars.

Au-delà de ce constat désolant, il existe une autre réalité zaïroise. Récusant cet État inexistant, qui n'offre plus aucun service et ne perçoit plus aucun impôt, les Zaïrois se sont en effet organisés de manière autonome. Ils ont multiplié les « tontines », les groupes de solidarité. Dans les villages, des comités de parents rétribuent eux-mêmes les instituteurs, le plus souvent avec des vivres. Il arrive, sur une parcelle de terre, de voir un paysan donner d'étranges noms à ses poules : « Scolarité » est mise en réserve pour payer la rentrée scolaire, « Amende » l'est aussi au cas où passerait un fonctionnaire de l'État ou un militaire...

Bien des dispensaires abandonnés par les coopérations étrangères ont été repris en main par les Zaïrois eux-mêmes, qui en assurent l'organisation et un financement minimal. Partout, des comités villageois ont réparé les pistes pour que la production agricole puisse au moins circuler d'un village à l'autre de la région.

Dans les villes, les femmes, qui ont créé des centaines d'associations, ont pris la relève de l'économie. Elles produisent du pain, du savon, des poissons séchés, s'occupent de petit élevage domestique, de cultures maraîchères. A sa manière, en essayant de survivre malgré la crise, la population zaïroise a relevé le défi des pressions étrangères. Elle s'est recentrée sur ses propres ressources et s'est en quelque sorte décolonisée de l'intérieur.

Des régions entières — parce que l'accès en est devenu impossible, et aussi parce que leurs habitants y exercent des activités autonomes — échappent désormais autant aux effets des pressions étrangères qu'aux contraintes du pouvoir central. Cette déconnexion a accru les capacités de résistance de la population aux manipulations politiques ou ethniques impulsées depuis le sommet. Celles-ci n'en ont pas disparu pour autant. Dans la perspective des élections, bon nombre de barons du régime, qui se sont enrichis en pillant le pays, se replient désormais sur leur région d'origine avec la prétention d'en assurer le développement. Ils ouvrent des écoles privées et même des universités, soutiennent des projets agricoles, des entreprises commerciales. Au-delà du développement proprement dit, leur objectif est de s'assurer, sur le tard, la reconnaissance de leurs compatriotes. Dans les deux Kasaï, dans le Bandundu et ailleurs encore, ces dignitaires qui ont renoué avec leur base mettent en place des mécanismes de manipulations ethniques, se préparant, si nécessaire, à faire jouer des réflexes d'ordre tribal. En effet, les solidarités d'ordre familial, régional, ethnique, demeurent le seul système d'assurance sociale, et bon nombre d'associations d'entraide, qui forment le terreau de la société civile, sont aujourd'hui calquées sur le modèle des « mutuelles tribales » de jadis. Pour les élections, les candidats au pouvoir sont évidemment tentés de faire jouer à leur profit ces réseaux de solidarité. Plusieurs tentatives de manipulation de ces solidarités ethniques ont déjà eu lieu (nous y reviendrons au chapitre 5), mais elles semblent avoir fait long feu jusqu'à présent, même si de sérieux dangers pèsent sur le Kivu. En effet, la démission de l'État, la faiblesse des moyens de communication ont rendu inopérants les courroies de transmission des manipulations ethniques lorsqu'elles sont impulsées d'en haut. La population, organisée à la base, a également développé des capacités de réflexion, de résistance aux manœuvres politiciennes. Car il faut le répéter encore et encore : il n'y a pas de déterminisme menant en droite ligne de la pauvreté au génocide. Si les frustations sociales, les impasses démographiques peuvent être des circonstances aggravantes, elles ne sont jamais les facteurs déterminants : la manipulation de l'ethnicité est une manœuvre politique dirigée du haut vers le bas.

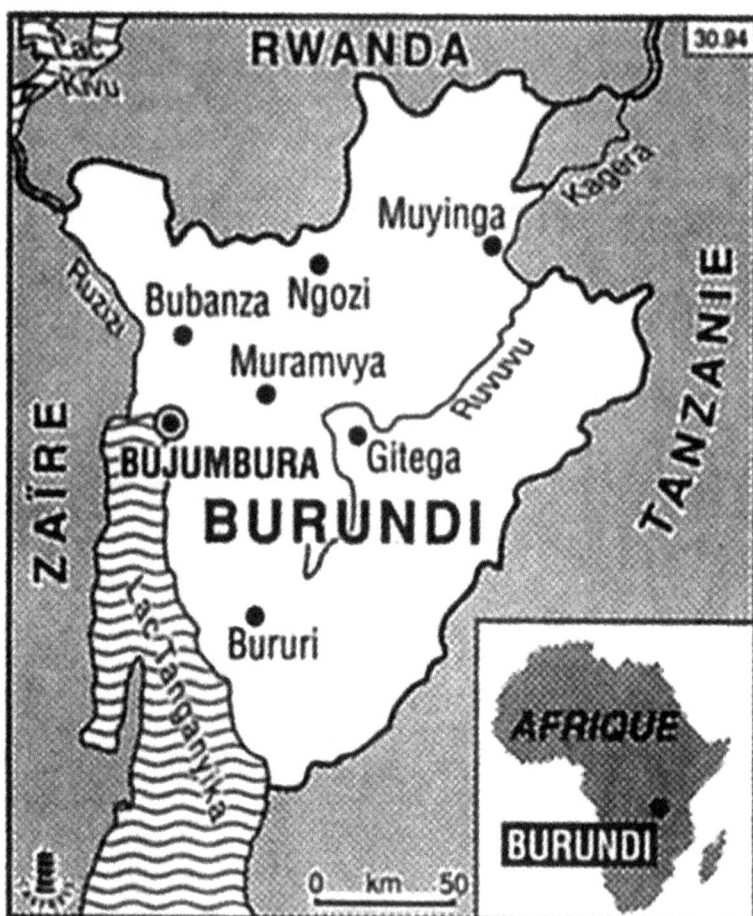

4

Le Burundi pris au piège

Mêmes paysages, mêmes peuples. La ressemblance est cependant trompeuse : le Burundi, faux jumeau du Rwanda, n'a pas la même histoire, même si la tentation de l'ethnisme a franchi la frontière.

Depuis la victoire du FPR en juillet 1994 et l'instauration d'un nouveau régime à Kigali, le Burundi a pris la place du Rwanda dans l'actualité.

Tout d'abord en raison d'un phénomène tout à fait spectaculaire. Par dizaines de milliers, des Tutsis qui étaient réfugiés au Burundi depuis trente ans ont repris le chemin de Kigali, emportant sans se retourner leurs biens, leur bétail, leurs fonds de commerce. Des centaines d'enseignants d'origine rwandaise ont quitté leurs écoles et leurs amis, et Bujumbura, en quelques jours, s'est vidée de tous ses taxis... Au même moment, des dizaines de milliers de réfugiés hutus, des Rwandais mais aussi des Burundais qui avaient longtemps vécu sous la protection du régime Habyarimana, franchissaient dans l'autre sens la rivière Akanyaru pour se regrouper dans d'immenses camps de réfugiés.

Bujumbura devint un point de passage obligé pour les journalistes qui « couvraient » la région. Bon nombre de ceux qui avaient « manqué » le génocide au Rwanda, par inadvertance ou manque de disponibilité, n'entendaient pas « passer à côté » de la tragédie qui s'annonçait dans l'autre pays des mille collines. Chaque mois ou presque, depuis 1994, la presse mondiale s'interroge sur le Burundi : « Alors, la grande explication, c'est pour demain ? » demandent les reporters pressés à des interlocuteurs locaux qui ont de plus en plus de mal à garder la tête froide. Parfois, telle agence de relations publiques parisienne s'emploie à sensibiliser la presse, à organiser des voyages sur le terrain. Les caméras sont prêtes, les magnétophones tournent déjà, et les plus déterminés se sont longtemps gaussés du représentant spécial de l'ONU, le Mauritanien Ould Abdallah, qui invectiva un jour la presse internationale en ces termes : « Vous êtes des charognards... » Il a depuis lors été rappelé, peut-être parce qu'il n'était plus dupe de personne. Aujourd'hui, Bujumbura est la capitale de la diplomatie préventive, où de multiples observateurs pratiquent la prophétie autoréalisatrice...

Il est vrai que les points de ressemblance entre le Rwanda et le Burundi autorisent toutes les craintes et toutes les comparaisons : même proportion de Hutus, de Tutsis et de Twas (respectivement 85 %, 15 % et environ 1 %), même habitat dispersé sur des collines vert tendre, même économie fondée sur le bananier et le haricot, même dépendance à l'égard du café et du thé. La langue kirundi est proche du kinyarwanda, les populations et les paysages se ressemblent, l'alternance des tragédies est d'une régularité implacable...

Les deux pays ont également été marqués par la colonisation allemande puis par la tutelle belge, qui, toutes deux, ont pratiqué l'administration indirecte.

Pour les deux pays, souvent présentés comme de faux jumeaux, ce jeu de miroir est fatal. Chacun se trouve enfermé dans le piège de l'autre, qui se révèle être le piège de l'ethnie. De part et d'autre de la frontière, la peur d'un côté se nourrit indéfiniment des massacres survenus de l'autre.

Le ventre du tambour

Les comparaisons sont cependant dangereuses. Durant des siècles, l'évolution du Burundi n'eut en commun avec celle du Rwanda que la chronique des guerres que se livraient des royaumes concurrents. Les deux pays, comme le royaume du Buganda, appartenaient à cette constellation de petits

États indépendants établis sur les rives des Grands Lacs. Ils étaient dotés de structures politiques fortes, et leurs armées avaient réussi à repousser les expéditions des esclavagistes montés depuis les côtes de l'océan Indien.

En fait, une fois dépassées les ressemblances superficielles entre les habitants et les paysages, la structure du pouvoir apparaît bien différente d'un pays à l'autre.

Durant l'époque précoloniale, le Mwami avait une fonction sacrée : il était le maître des récoltes, l'intercesseur auprès du Dieu unique Imana, le dépositaire de la justice. Il régnait sur une population composée de clans hutus et tutsis qui se différenciaient par les activités économiques. A la différence de son voisin rwandais, le Mwami du Burundi était, disait-on, d'origine hutue et il était issu d'une classe particulière, celle des Ganwas, intermédiaire entre les Hutus et les Tutsis. Cette classe, celle des princes, en quelque sorte, alliée au pouvoir royal, s'appelait à l'époque le « ventre du tambour ».

Depuis le XVIIIᵉ siècle, la succession du « tambour royal » était structurée suivant un rythme quaternaire : les quatre rois qui se succédaient étaient invariablement appelés Ntare, Mwezi, Mutaga et Mwambutsa. Les princes se contentaient de prendre place dans le cycle en cours puis, lors de la succession du roi, ils rentraient dans le rang des nobles.

Lorsque le colonisateur européen prend pied au Burundi, il ne se soucie guère de la complexité des mécanismes du pouvoir. Opérant d'après des schémas simples, il décide de se reposer sur l'autorité du Mwami et des Tutsis définis comme nobles. De puissants chefs hutus sont ainsi écartés, et en 1954 ceux qui exerçaient traditionnellement leur autorité dans la plaine de la Ruzizi et sur les anciens domaines royaux du centre et du sud-est du pays ont disparu du paysage politique, tandis que le nombre de princes du sang a été significativement réduit[1]. Dans ce qui leur apparaît

---

1. Jean-Pierre Chrétien, *L'Histoire retrouvée*, Paris, Karthala, 1993, p. 193.

comme l'« anarchie » des Burundais, les Belges mettent de l'ordre, simplifient, homogénéisent...

L'Église catholique accentue le fossé social dans la mesure où elle réserve aux seuls fils de chefs, des Tutsis donc, l'accès à ses écoles.

En outre, la monarchie est désacralisée. En 1930, l'Église parvient à faire abolir la fête royale des semailles de sorgho (le *muganuro*), qui, marquant l'année agricole, est le symbole de l'unité du pays, dans le respect des grands équilibres naturels[1]. Cette année-là, où sont abandonnés les tambours rituels, le roi Mwambutsa épouse en grande pompe une princesse chrétienne, Thérèse Karyenda, dûment préparée par les religieuses de Mugera. Lui, le roi, n'a cependant pas été baptisé parce que le vicaire apostolique, Mgr Gorju, ne lui a pas pardonné de s'être fait circoncire à 17 ans par les musulmans, d'être demeuré en très bons termes avec les Swahilis et d'avoir été un médiocre catéchumène.

Les rapports entre Mwambutsa et les missionnaires sont pour le moins fluctuants. Le vicaire apostolique refuse que le « mécréant » pénètre dans les églises, tandis que le Mwami envoie régulièrement des lettres à Bruxelles pour protester contre l'emprise des missions[2]. Il se rend compte que l'Église, à laquelle le colonisateur a confié les tâches d'enseignement et de santé, sape progressivement son autorité. Les disputes sont fréquentes avec son épouse, trop dépendante des prêtres. Le roi, soumis à une tutelle tâtillonne à l'instar d'un enfant, s'insurge de plus en plus fréquemment contre les Belges qui contrôlent ses déplacements et contre-signent ses chèques. Le Mwami pense même à démissionner, proposant de s'embaucher comme simple chauffeur !

Sa désacralisation et la perte de son aura mystique rejaillissent sur ses collaborateurs : c'est ainsi que les mandataires du roi, généralement hutus, qui sont chargés de transmettre à travers le pays les rituels agraires et funéraires, sont pro-

1. Jean-Pierre Chrétien, *L'Histoire retrouvée, op. cit.,* p. 204.
2. Jean-Paul Harroy, *Burundi, 1966-1972, op. cit.,* p. 100.

gressivement dépossédés de leur pouvoir. « Réduits à l'état laïc », ils redeviennent de simples paysans, privés de toute autorité et de tout avantage matériel. Lorsqu'ils tentent de retrouver leurs anciennes prérogatives, le pouvoir de tutelle les accuse de sorcellerie[1].

L'administration coloniale se repose sur les chefs dits coutumiers pour « organiser » la population et « mettre en valeur » un pays qui se serait bien passé d'une telle ingérence. Au XIXᵉ siècle, les explorateurs européens n'avaient-ils pas admiré la fertilité des terres et la bonne administration du royaume ? Les Belges, eux, recensent les « hommes adultes valides » et les soumettent à des corvées de plus en plus contraignantes, telles que la construction de routes, la lutte contre l'érosion, la plantation d'arbres, l'édification de bâtiments communaux. Ces corvées sont effectuées sous l'autorité de chefs tutsis qui agissent comme relais de l'autorité coloniale.

De 1940 à 1945, l'effort de guerre que la Belgique requiert du Congo et des deux territoires sous tutelle alourdit encore le poids de la colonisation. Alors que les mines du Katanga tournent à plein rendement pour alimenter les Alliés en cuivre et en uranium, le Rwanda et le Burundi sont considérés comme des réserves de vivres et, à ce titre, priés de soutenir l'effort industriel du Congo. Les paysans doivent donner des vivres et les éleveurs doivent céder des têtes de bétail afin d'assurer l'approvisionnement des cités minières.

Au Burundi, les clivages entre Hutus et Tutsis sont moins marqués qu'au Rwanda, les mariages « mixtes » ne sont pas rares et créent une ethnie que l'on appelle ironiquement « hutsis ». Au niveau de la classe dirigeante, la seule rivalité réelle oppose deux groupes concurrents parmi les princes de sang, le groupe des Bezi et celui des Batare. Aucune guerre n'avait jamais opposé les clans auxquels appartiennent les Hutus et les Tutsis, les agriculteurs et les éleveurs.

---

1. Jean-Pierre Chrétien, *L'Histoire retrouvée, op. cit.*, p. 205.

Un prince trop nationaliste

Dans ce pays qui présente une unité politique remarquable, il faudra attendre la veille de l'indépendance pour
que, de manière pratiquement fortuite, deux groupes politiques concurrents apparaissent. Une fois encore, le clivage
s'opère au sein de la classe dirigeante et non suivant une
« ligne » ethnique. Le groupe dit de Casablanca rassemble
des Tutsis nationalistes qui ont fondé l'Uprona (Unité pour
le progrès national), tandis que le groupe dit de Monrovia
réunit ceux que la tutelle belge qualifie déjà de « modérés »,
et qui ont formé le Parti démocrate-chrétien (PDC).

C'est avec réticence que le débonnaire Mwambutsa, qui
s'invitait volontiers chez les colons blancs et ne dédaignait
pas de sortir dans les boîtes de nuit bruxelloises, avait
accepté la tutelle belge qui le traitait en mineur, lui dont le
grand-père, le redoutable Mwezi Gisabo, habillé d'écorces,
entouré de devins, de prêtresses, était le garant de la fécondité des femmes et de la fertilité des sols...

Si le vieux Mwambutsa ne s'est jamais opposé ouvertement à la tutelle, il en va bien autrement de son fils aîné, le
prince Louis Rwagasore. Les photos d'époque nous font
découvrir un homme au visage poupin, aux grosses lunettes
rondes qui cachent mal la détermination du regard. Rwagasore a reçu une bonne éducation, il a été baptisé par les
missionnaires, mais il se considère avant tout comme le leader de son peuple. Un chef de droit divin, qui entend imposer
sa légitimité par les urnes. Il connaît et apprécie Patrice
Lumumba, le Premier ministre congolais, abhorré des
Belges. Il rêve d'abolir la colonisation et de rétablir l'indépendance totale du Burundi. Sur une base nationaliste, il
transforme l'Uprona en parti de masse, dans lequel les Hutus
ont une large place. Une telle évolution est dangereuse aux
yeux d'une tutelle belge déjà confrontée à la fronde indépendantiste du Rwanda.

L'histoire jusqu'ici parallèle des deux pays commence
d'ailleurs à se chevaucher sur le plan politique : au Rwanda

comme au Burundi, presque simultanément, deux dirigeants disparaissent, qui incarnent à la fois la légitimité tradition-nelle et l'aspiration nationaliste et qui aspirent à mettre fin à la tutelle étrangère. En effet, Mutara Rudahigwa, le Mwami du Rwanda, succombe en 1959 à un arrêt cardiaque lors d'une visite médicale de routine à Bujumbura. Frappé de stérilité (ce que ses compatriotes interprétaient comme un funeste présage), il devait rendre de fréquentes visites à son médecin traitant, en poste à Bujumbura. En sortant du cabi-net médical, où un remplaçant de son médecin habituel lui a administré l'habituelle dose de pénicilline, il meurt subi-tement. Arrêt cardiaque ? Subite intolérance aux antibio-tiques ? D'aucuns croiront déceler un assassinat politique, car le roi avait manifesté l'intention, toutes affaires ces-santes, de se rendre aux Nations unies pour y réclamer la fin de la tutelle belge. Il savait en effet que son autorité était sapée et que les Belges, en secret, se préparaient à céder le pouvoir aux Hutus, préparant sa destitution et l'avènement de la république.

Au Burundi également, les Belges s'emploient à contrer Rwagasore, le prince nationaliste. Ils encouragent la création du Parti démocrate-chrétien, mais ce dernier, dirigé par un autre prince, Baranyanka, appartenant à la lignée des Batare, ne fait pas le poids face à Rwagasore. Aussi bien aux yeux des princes tutsis que des paysans hutus, le fils du Mwami est le symbole de la continuité dynastique, il incarne l'unité du pays. Il s'efforce de rallier les chefs des deux grands clans rivaux et de s'appuyer sur tous ceux qui souhaitent rejeter la tutelle : les petits commerçants et les intellectuels surtout. Les gens du peuple sont séduits par l'aura du prince, et l'Église catholique locale l'appuie également, refusant de le traiter de « communiste » (elle se comporte donc différem-ment de l'Église rwandaise).

Sur le plan international, au grand déplaisir des Belges, Rwagasore est entré en contact avec d'autres partis progres-sistes et anticolonialistes, le Mouvement national congolais de Patrice Lumumba, le parti Tanu de Julius Nyerere en

Tanzanie. Il n'en faut pas plus pour que la propagande coloniale assure qu'il est téléguidé par Moscou...

Le résident belge, Jean-Paul Harroy, le décrit en ces termes : « Une nature. Une personnalité puissante, autoritaire, irradiante, aidée par un charisme indéniable et secondée par une absence complète de scrupules, qui a réussi à galvaniser les foules, à lui susciter des dévouements féminins autant que masculins, confinant au fanatisme [...]. Il m'était difficile de ne pas le comparer à son modèle Patrice Lumumba, qu'il rencontrait chaque fois que l'occasion s'en offrait à lui[1]. »

Lors des élections législatives de septembre 1961, l'Uprona, qui se bat pour l'unité nationale, emporte 58 des 64 sièges de l'Assemblée nationale, battant le Parti démocrate-chrétien qui s'est allié au PP (Parti populaire) proche des syndicats chrétiens, un parti qui rassemble surtout les petits employés des missions catholiques. Louis Rwagasore devient ainsi le Premier ministre incontesté d'un Burundi qui s'achemine vers l'indépendance prévue pour 1962.

Malgré ses déclarations rassurantes à l'adresse des Belges et des propositions de collaboration à son rival le PDC, le fils du Mwami ne savourera pas longtemps son triomphe démocratique : douze jours après les élections, alors qu'il dîne paisiblement sur la rive du lac Tanganyika, un jeune Grec sort des buissons et l'abat à bout portant d'une balle de gros calibre. Kageorgis est rapidement rattrapé, jugé et exécuté. L'assassin sera accusé d'avoir été mandaté par le parti rival de l'Uprona, le PDC « modéré », « ami des Belges », qui était prêt à tout pour barrer la route au prince.

Les Belges sont-ils impliqués dans l'affaire ? Ils s'en défendront, assurant qu'il ne s'est agi que d'un règlement de comptes entre clans rivaux. Il est cependant certain qu'ils étaient au courant des menaces qui pesaient sur le fils du roi, et ils n'ont sans doute rien fait pour dissuader les comploteurs. Au Congo voisin, n'ont-ils pas agi de la même

---

1. Jean-Paul Harroy, *Burundi, 1966-1972, op. cit.*, p. 267 et 269.

manière pour éliminer Patrice Lumumba ? Ce dernier a été livré à ses ennemis (les sécessionnistes katangais) par le colonel Mobutu, encouragé par les Belges.

Congo, Rwanda, Burundi ; Lumumba, Mutara, Rwagasore... Dans les trois pays, l'indépendance est marquée par la disparition brutale du leader qui incarne la revendication nationaliste et qui veut réaliser l'unité du pays au-delà des clivages ethniques. Il ne peut s'agir d'une simple coïncidence, et le poids de ces disparitions pèsera longtemps sur les anciennes colonies de la Belgique.

La hantise du précédent rwandais

L'assassinat de Rwagasore va largement déterminer les événements qui vont suivre au Burundi, car le jeune prince incarnait l'unité de la nation, il était le seul à pouvoir la protéger contre la contagion ethnique. Après sa disparition, l'Uprona est orpheline. Désormais, l'exemple du Rwanda voisin hante les esprits. Au Rwanda, en effet, la « révolution sociale » de 1959 a triomphé. Elle a aboli la monarchie et installé au pouvoir le Parmehutu, qui repose sur une majorité à caractère ethnique. Cette révolution a également causé des milliers de morts et provoqué l'exode vers le Burundi de dizaines de milliers de réfugiés tutsis. Leur bétail est décimé, leurs maisons incendiées, ils comptent dans leurs rangs des milliers de morts et de blessés ; les survivants ne reconnaissent pas l'autorité des nouveaux dirigeants hutus, considérés comme des usurpateurs.

Ces réfugiés introduiront au Burundi un radicalisme ethnique inconnu jusqu'alors. Désormais, la crainte de l'extermination ne quittera plus les rives des Grands Lacs. Les Tutsis venus du Rwanda ne peuvent oublier qu'en 1959 ils ont été qualifiés d'« étrangers » dans le pays de leurs ancêtres, et que les Hutus, se considérant comme les « vrais habitants du pays », les ont jetés à la rivière.

A l'époque, l'exode des Tutsis du Rwanda se déroule dans l'indifférence du monde, et seuls les Tutsis du Burundi en seront durablement impressionnés.

Les Belges, qui ont dû accepter la victoire électorale de l'Uprona, sont déçus de ne pouvoir appliquer la même politique qu'au Rwanda, ce qui les pousse à opérer un revirement brutal : Bujumbura, naguère favorisée par le colonisateur, est délaissée au profit de Kigali ; le Rwanda devient l'enfant chéri de la coopération belge.

Après l'assassinat de Rwagasore — et malgré les efforts du roi son vieux père, la violence guette, le cycle infernal s'amorce. Affaibli, peu efficace, le souverain tente de constituer des gouvernements équilibrés sur le plan ethnique, mais ses efforts se heurtent à la méfiance croissante qui sépare les deux communautés. Les Jeunesses nationalistes Rwagasore, fer de lance de l'Uprona, se radicalisent de plus en plus. En 1962, l'assassinat de quatre leaders syndicaux hutus leur sera imputé. De leur côté, les politiciens hutus, très sensibles à l'exemple du Rwanda, se laissent de plus en plus séduire par l'argument de la solidarité ethnique. Ils commencent à évaluer leur participation aux organes dirigeants en fonction de l'importance numérique de leur communauté et constatent évidemment que les postes clés demeurent aux mains des Tutsis...

Or les premières années de l'indépendance sont également celles d'une profonde modification de la société : le monde rural, jusqu'alors régi par les échanges de biens et de services par une sorte de troc, cède la place à une société moderne où tout s'évalue en termes monétaires. Et c'est en ville uniquement, par le biais de la politique, que se conquièrent le pouvoir et les revenus... C'est pourquoi des hommes politiques hutus, se fondant sur le fait qu'ils sont les plus nombreux, revendiquent l'accès au pouvoir et à l'enrichissement.

Autrement dit, dès l'indépendance, deux logiques sont en place. Les Hutus mettent l'accent sur le principe de la majorité ethnique et exigent de participer au pouvoir, tandis que les Tutsis, contre toute évidence, assurent que les différences ethniques n'ont guère d'importance et privilégient le principe de l'unité nationale, tout en veillant à s'assurer les postes de commandement.

Après les élections de 1965, l'Assemblée nationale est composée de deux tiers d'élus hutus, mais l'Uprona demeure aux commandes. En composant le gouvernement, le roi a tenté de maintenir un certain équilibre ethnique. Cependant, le processus de désintégration du Burundi ne cesse de s'accélérer.

A l'époque, toute la région est troublée. Le Congo, ravagé par les rébellions, est devenu l'un des terrains de manœuvres de la guerre froide. Depuis le Congo, la Tanzanie, l'Ouganda, les réfugiés rwandais tentent de forcer leur retour au pays. Au Burundi, les tentatives d'unité ne survivront pas à l'exacerbation des passions ethniques et politiques. Lorsque le roi nomme un Premier ministre hutu, Pierre Ngendandumwe, ce dernier est assassiné le jour même de la présentation de son gouvernement ! Les Hutus y verront la preuve que les Tutsis veulent à tout prix les exclure de la responsabilité politique.

Intellectuel, membre de l'Uprona, Pierre Ngendandumwe était lui aussi le symbole d'une relation sereine entre les deux ethnies. Il incarnait un modèle politique aux antipodes de l'« équilibre » ethnique rwandais, et c'est peut-être pour cette raison qu'il fut assassiné par un exilé rwandais qui travaillait à l'ambassade des États-Unis. D'une certaine façon, sa disparition est inspirée par les mêmes motifs et aura les mêmes conséquences que celle du prince Rwagasore. Ngendandumwe, en effet, était hutu et nationaliste, il incarnait l'unité nationale.

Après sa mort, le fossé se creuse plus encore entre Hutus et Tutsis. Le clivage ethnique n'est cependant pas le seul à miner le pays. La division régionale s'instaure à son tour.

Depuis toujours, en effet, une sourde rivalité oppose deux régions du pays, celle de Muramvya au centre (où les Tutsis forment le groupe des Banyarugu) et celle du Bururi dans le Sud. Sur les collines du Bururi, les Tutsis appartiennent à un sous-groupe, les Himas, qui ont longtemps été méprisés par leurs concitoyens car ils n'étaient pas admis à la Cour. Par la suite, ils prendront leur revanche puisque tous les présidents issus des coups d'État militaires qui se succéderont jusqu'aux élections de 1993 seront issus de la même région et du même sous-groupe ethnique.

La monarchie est abolie sous les yeux de Mobutu

La monarchie fait long feu. En octobre 1965, les Hutus, qui ont gagné les élections, considèrent que le poste de Premier ministre leur revient de droit et ils refusent la nomination par le roi de Léopold Biha, issu du groupe princier des Ganwas. Une mutinerie éclate au sein de la gendarmerie (où les Hutus sont nombreux) et s'accompagne de soulèvements paysans dans la province de Muramvya. Huttes brûlées, maisons pillées, bétail abattu, familles massacrées, la crainte de tueries à la rwandaise gagne le Burundi. Cette révolte paysanne sera brutalement matée par l'armée. Les troupes, désireuses de conjurer le « péril hutu », ne se contentent pas d'éliminer les mutins : elles massacrent indistinctement de nombreux civils. Dans la province de Muramvya, des villages sont rasés et des cadres hutus qui auraient pu prétendre au pouvoir sont liquidés par les militaires.

En juillet 1966, le roi Mwambutsa, de plus en plus souvent absent du pays et qui préfère mener grande vie en Suisse, est renversé par son fils, Charles Ndizeye, qui sera intronisé sous le nom de Ntare V.

Son règne commence mal. Les assassinats, les incendies se poursuivent. Sous la pression de son père, le jeune roi nomme au poste de Premier ministre un militaire, le capitaine Michel Micombero, originaire de la région du Bururi.

Officier sorti du rang, issu du sous-groupe des Himas, Micombero appartient à la même génération politique que Joseph Désiré Mobutu, qui vient de prendre le pouvoir au Zaïre, celle de ces militaires que les troubles de l'indépendance ont soudain projetés sur le devant de la scène. Les deux hommes se connaissent. Bientôt ils collaboreront.

Dès ce moment, on peut dire que le « grand frère » Mobutu exerce à l'égard du Burundi une vigilance sans faille. Il sera d'ailleurs soupçonné d'avoir inspiré la destitution du roi Ntare V au profit de son ami Micombero : invité à assister à la célébration du premier anniversaire de la prise de pouvoir de Mobutu, le jeune roi est déposé par son Premier ministre resté au pays, qui proclame bientôt la république.

Une page est tournée au Burundi. La monarchie, qui demeurait malgré tout un principe unificateur, est abolie. L'heure est à la « révolution » et au nationalisme. La radio devient la « Voix de la Révolution », les Jeunesses révolutionnaires Rwagasore deviennent le fer de lance de la République.

En réalité, le Burundi se transforme en dictature militaire comme il y en a tant à cette époque en Afrique, sous le regard bienveillant de Mobutu. Celui-ci, à plusieurs reprises, et notamment en 1972, enverra ses troupes au secours de son homologue burundais. (Mobutu, à sa manière, a toujours pratiqué une politique d'équilibre, soutenant les Tutsis au Burundi lorsque les Hutus étaient au pouvoir au Rwanda, et inversement.)

De 1965 à 1972, les Tutsis himas de la région du Bururi investissent tous les postes clés de l'État. Ils écartent les Hutus, mais aussi des Tutsis issus d'autres régions. Les prisons se remplissent, les partis politiques sont dissous. A l'extérieur, le jeune roi Ntare rêve de reconquête et se lance dans des achats d'armes. Intrigues et complots se multiplient, des groupes hutus rêvent de prendre le pouvoir par la force.

Le massacre de 1972

C'est en 1972 que se produit la première explosion de violence majeure.

Fin avril, des combattants hutus venus de Tanzanie s'infiltrent dans la province du Bururi, le bastion des militaires au pouvoir. Ils sont drogués au chanvre, et, comme les rebelles du Congo voisin qui se dressent face à Mobutu, ils croient que l'eau dont ils se sont aspergés les rend invulnérables ! Les tracts qu'ils distribuent appellent à l'extermination totale des Tutsis. « Tous debout comme un seul homme, armez-vous de lances, de serpettes, de machettes, de flèches et de massues et tuez tout Tutsi où qu'il se trouve ; [...] Massacrez tous les Tutsis, avec leurs femmes et enfants, n'hésitez pas à éventrer les femmes enceintes. Rivalisons de courage, de discipline, d'agilité pour exterminer tout homme, toute femme et tout enfant de l'ethnie tutsie et que l'histoire n'en parle plus[1]. » A Rumonge, à Bururi, et jusqu'à Bujumbura, des groupes équipés d'armes à feu et d'explosifs se lancent sur les Tutsis, civils ou militaires, les amputent à la machette ; des familles sont brûlées vives. Ces atrocités bouleversent l'opinion et provoquent une réaction sauvage des militaires, totalement disproportionnée. Après avoir maîtrisé les rebelles en cinq jours de combats et tué le roi Ntare, qui, depuis son retour au pays, se trouvait en résidence surveillée, l'armée décide, suivant l'expression de certains officiers, d'« administrer une leçon définitive aux Hutus ». Une leçon qui décapitera une génération d'intellectuels et de militaires et asseoira pour vingt ans l'hégémonie des Tutsis...

Ministres, directeurs généraux, prêtres, religieuses, étudiants du secondaire sont exécutés. Des candidats officiers en stage à l'étranger sont rappelés au pays pour y être liquidés. Partout, les assassins sont dotés de listes. Ils éliminent des classes entières d'élèves et des promotions

---

1. Marc Manirakiza, *Burundi : de la révolution au régionalisme, 1966-1976*, Bruxelles, Le Mât de misaine, 1992, p. 174.

d'étudiants. Chaque nuit, des camions chargés de cadavres traversent Bujumbura. La traque des Hutus ravage tout le pays et fera de 100 000 à 200 000 morts. Elle dissuadera pour longtemps, on l'a dit, les parents hutus d'envoyer leurs enfants à l'école. Elle générera également une première vague de réfugiés. Les paysans se retrouveront en Tanzanie, et bon nombre de jeunes gens poursuivront leurs études au Rwanda, où l'université de Butare leur ouvre ses portes...

Ce massacre des Hutus, auquel la presse internationale accordera peu d'importance, et dont les coupables ne seront jamais châtiés, ni les causes véritablement éclaircies, traumatisera durablement la région et y renforcera considérablement les tensions ethniques. Tout s'est passé comme si les Tutsis s'étaient employés à éliminer systématiquement les élites hutues susceptibles de s'appuyer sur la majorité paysanne et de revendiquer le pouvoir. Il se serait agi de gagner du temps en supprimant une génération. Un tel plan aurait été explicitement formulé par Arthémon Simbananye, un proche du président Micombero.

Même si la preuve de cette machination ne put jamais être fournie, tous les Hutus du Burundi estiment avoir été ou être encore menacés par ce complot diabolique. A ceux qui rappellent que les rebelles venus de Tanzanie avaient été les premiers à déclencher les hostilités — et de quelle façon —, les Hutus rétorquent que le gouvernement était au courant et les a laissés pénétrer dans le pays, afin de pouvoir saisir l'occasion de pratiquer une répression depuis longtemps préparée... Du reste, il fallut effectivement attendre le temps d'une autre génération pour qu'en 1993 les Hutus reprennent pied sur la scène politique et portent Melchior Ndadaye à la présidence de la République.

Marc Manirakiza, qui fut ministre des Affaires étrangères de Micombero avant de faire une carrière de fonctionnaire international, estime qu'à l'origine des événements tragiques de 1972 il y eut une manipulation qui dressa les uns contre les autres non seulement Hutus et Tutsis engagés dans le jeu des massacres et des représailles, mais aussi des éléments

monarchistes et le pouvoir militaire. Quel était le dessein du
« Maître », selon Manirakiza ? Rien d'autre peut-être qu'ins-
taurer l'instabilité dans la région. Un scénario qui se repro-
duira vingt ans plus tard, lors de la crise de 1993. Est-il
interdit d'y voir, déjà, la main du « grand frère » de
Kinshasa ?

Quoi qu'il en soit, dans le Rwanda voisin, les événements
du Burundi suscitent une véritable chasse aux Tutsis. Des
« comités de salut public » se multiplient en 1972, veillant
à ce que les Tutsis soient chassés de l'administration. Un
certain Juvénal Habyarimana, considéré à l'époque comme
un « modéré », prend alors le pouvoir pour endiguer ces
excès.

Le Burundi, lui, baignera désormais dans une atmosphère
de complots, d'intrigues de palais, avec, au cœur de chaque
citoyen, la hantise du massacre des siens.

La « pensée historico-mythique » des réfugiés

Les massacres de 1972 engendrent le second grand exode
de réfugiés dans la région (après celui des Tutsis rwandais
dans les années soixante). Plus de 100 000 Hutus prennent
le chemin de la Tanzanie et y sont rassemblés dans les vastes
camps dépendant de l'aide internationale. Deux mouvements
d'opposition armée y prennent racine, le Palipehutu (Parti
pour la libération du peuple hutu) et le Frolina (Front de
libération national).

Ces camps deviennent aussi un creuset pour l'idéologie
ethniste, qu'une chercheuse américaine appelle la « pensée
historico-mythique[1] ». L'enquêtrice constate que, dans les
immenses camps établis dans la campagne tanzanienne, à
Mishamo entre autres, les réfugiés, indéfiniment, reconstruisent l'histoire de leur peuple autour de thèmes cons-

1. Lisa H. Malkki, *Purity and Exile, Violence, Memory and National Cosmology among Hutu Refugees in Tanzania,* University of Chicago Press, 1995.

tants : les Twas et les Hutus étaient les premiers occupants
d'un pays appelé le Burundi, les Tutsis, venus plus tard, les
auraient réduits en esclavage en les rendant dépendants de
leurs vaches ; les Tutsis sont donc des usurpateurs étrangers,
d'ailleurs le colonisateur belge avait protégé les Hutus des
abus des seigneurs tutsis, etc. Parmi ces réfugiés, nul souvenir d'une histoire partagée avec des compatriotes tutsis,
nul sentiment d'allégeance ou de respect à l'égard de la
monarchie désormais qualifiée d'étrangère, rien d'autre que
le désir de rentrer au pays, d'en chasser les « occupants » et
d'y reprendre un pouvoir sans partage...

Diabolisation de l'autre, refus de reconnaître ses propres
responsabilités, autovictimisation des réfugiés, qui, à
l'époque déjà, se considèrent comme les cibles d'un complot
international, assimilation des Tanzaniens eux-mêmes aux
Tutsis oppresseurs puisque les autochtones proposent aux
réfugiés de travailler sur leurs terres... Tous les thèmes qui
plus tard seront ressassés à l'infini dans les camps de réfugiés rwandais au Zaïre sont déjà décelables dans les entre-
tiens menés par l'anthropologue américaine !

Ses conclusions, passées inaperçues voilà vingt ans,
montrent « les effets secondaires » qu'entraîne la création de
camps de réfugiés : idéalisation du pays perdu, réécriture de
l'histoire, radicalisation des sentiments ethniques.

La présence de ces importantes concentrations de réfugiés
non loin des frontières devait également renforcer le sentiment d'insécurité du pouvoir tutsi au Burundi même, et donc
son durcissement. En 1976, le remplacement de Micombero,
devenu brutal et alcoolique, par un militaire d'allure beaucoup plus policée, Jean-Baptiste Bagaza, est accueilli dans
le soulagement général.

Bagaza, qui, lui aussi, appartient au sous-groupe hima du
Bururi, s'engage à restaurer la paix entre les ethnies. D'ailleurs, il décrète que ces dernières n'existent pas et que le
sujet est tabou. Son volontarisme ne réussira cependant
jamais à effacer le racisme diffus qui imprègne la société
burundaise, et qui se manifeste à travers certaines plaisan-

teries à propos des nez fins et des nez larges, ou certaines injonctions adressées aux enfants (« ne soit pas sale, ou négligé comme un Hutu », « ne soit pas fourbe comme un Tutsi », etc.).

Il ne suffit pas de bannir l'évocation d'une réalité pour qu'elle disparaisse. Au Burundi, les Hutus ont été chassés de l'armée (les officiers sont tutsis à 100 %), écartés de la fonction publique et des postes de direction. Ils n'osent plus fréquenter les établissements scolaires et envoient en exil les plus militants des leurs. Comment l'ethnie ne demeurerait-elle pas omniprésente dans l'esprit de chacun, avec son cortège de mépris, de peur et de haine ?

Ce refus d'aborder le vrai problème du Burundi, celui des relations ethniques, est au cœur du conflit qui, finalement, sera fatal à Jean-Baptiste Bagaza : l'affrontement avec l'Église catholique[1].

Jouissant d'un quasi-monopole en matière de santé et d'enseignement, l'Église catholique est demeurée une puissance temporelle non négligeable, même si elle non plus n'échappe pas à la division ethnique. La plupart des évêques burundais sont des Tutsis, mais certaines congrégations étrangères ont pris fait et cause pour la majorité hutue. Certains prêtres étrangers ont défendu les droits des « petits » dans leurs sermons. Parfois, ils ont manifesté leur solidarité à travers des actes plus concrets encore. Lors des événements de 1972 déjà, le procureur général avait révélé que 1 900 machettes achetées sur le budget de l'État avaient été saisies chez les Frères de la Charité à Kamenge[2].

Depuis les massacres de 1972, nous l'avons dit, les paysans répugnent à envoyer leurs enfants dans les établissements officiels. L'Église met donc en place un réseau d'enseignement alternatif, et, dans les paroisses, ouvre des centres d'alphabétisation. En outre, elle suscite parmi les paysans une mobilisation sociale qui concurrence dangereu-

---

1. Marcel Niemegeers, *Les Trois Défis du Burundi*, Paris, L'Harmattan, 1995.
2. Marc Manirakiza, *Burundi : de la révolution...*, *op. cit.*, p. 136.

sement la propagande de l'Uprona, parti unique. Une théologie de la libération à la burundaise commence ainsi à se propager sur les collines, ce qui indispose fortement le président Bagaza, qui lui reproche son contenu « tribaliste ». De plus, dans ce pays secret et fermé, le réseau des missionnaires étrangers demeure une source d'informations sur la situation réelle à l'intérieur du pays. Le président tente donc de mettre l'Église au pas, de lui ôter son monopole en matière d'éducation. Il confisque ses biens fonciers et expulse la presque totalité des missionnaires étrangers.

Malgré la proclamation d'une nouvelle Constitution, le président Bagaza voit sa situation se détériorer de jour en jour. Les Hutus le détestent, bon nombre de Tutsis le critiquent pour son autoritarisme, et l'opinion internationale ne lui pardonne pas son conflit avec l'Église, les violations des droits de l'homme, l'existence de prisonniers politiques, la torture.

L'aide étrangère s'en trouve même hypothéquée. C'est ainsi que la Belgique suspend sa coopération militaire et privilégie plus que jamais le « bon élève » rwandais, sans que la coopération française parvienne pour l'heure à prendre la place des Belges.

Pourtant, la France joue déjà un rôle important au Burundi : des pilotes français ne se trouvaient-ils pas aux commandes des avions utilisés lors de la grande répression de 1972 ? Contrastant avec la relative froideur des Belges, le soutien accordé par la France au régime Micombero, puis à son successeur Bagaza, ne se démentira jamais.

La mauvaise réputation du régime Bagaza occulte quelques réels succès, tant au plan économique que dans l'enseignement. Les Hutus, avec les années, ont réussi une certaine percée dans ce dernier domaine, malgré une subtile discrimination (les copies des examens d'admission au cycle secondaire sont discrètement marquées des lettres u et i afin d'« affiner » la sélection...).

Même si le Burundi est calme, le président s'est fait trop d'ennemis. Les organisations de défense des droits de l'homme critiquent le régime, l'Église catholique mobilise l'opinion internationale. Bagaza, en outre, a indisposé son puissant voisin Mobutu en invitant à Bujumbura le président Kadhafi, qui est encore le « bouillant colonel ». Ce dernier, dans un discours improvisé sur les ondes de la radio nationale (captée dans l'est du Zaïre), n'a-t-il pas appelé les Zaïrois à se soulever contre leur président ? C'en est trop. Le 7 septembre 1987, le président Bagaza est renversé alors qu'il assiste à un sommet de la francophonie au Québec. A Montréal, le président Mobutu, qui a été tenu informé des événements de Bujumbura au cours de la nuit du putsch, ne daigne même pas en avertir son homologue burundais, qui n'apprendra qu'en séance plénière la nouvelle de sa destitution !

Au Burundi, ce sont les officiers de rang subalterne qui organisent les putschs et défont les présidents. Pierre Buyoya ne fera pas exception à la règle. Ainsi, lorsque des capitaines et des soldats décident de destituer Bagaza, qui avait eu l'imprudence de bloquer leurs soldes, Pierre Buyoya n'est qu'un simple major très populaire dans les casernes ; or c'est à lui que les hommes du rang font appel pour prendre la relève.

A Bruxelles, mais surtout à Washington — où l'on n'a pas été autrement surpris par les événements —, la personnalité du nouveau maître du Burundi suscite un certain optimisme parce que cet officier sorti du rang, quoique originaire lui aussi de la « colline sacrée » de Rutovu, dans le Bururi, pépinière de chefs d'État, jouit d'une réputation d'homme intègre et modéré. Après avoir quitté en hâte le sommet de la francophonie, Bagaza, quant à lui, se voit interdire de rentrer au pays et, alors qu'il n'a guère de ressources à l'étranger, il entame une longue errance, recherchant des appuis en Ouganda et en Libye. Il ne sera autorisé à revenir qu'après les élections de 1993 et se relancera alors dans la politique, créant le Parena (Parti pour la rénovation nationale), considéré comme une organisation tutsie pure et dure. Malgré le radicalisme qu'il professe, il peut se targuer du fait que, sous sa présidence, le Burundi n'a connu aucun massacre.

Il n'en va pas de même sous le règne de Buyoya, le « modéré ». Lui aussi nie l'importance de l'appartenance ethnique et proclame sa volonté d'unité. L'histoire cependant le rattrape. Provocation, répression : un engrenage devenu familier se déclenche une fois de plus.

En 1988, un nouveau drame éclate dans deux communes proches de la frontière rwandaise, Ntega et Marangara. Des tracts, vraisemblablement distribués par le mouvement armé Palipehutu soutenu par Kigali, préviennent les paysans de l'imminence d'une attaque de l'armée. Convaincus de la nécessité de se défendre préventivement, les paysans massacrent alors des civils tutsis et brûlent leurs maisons. Lorsqu'elle arrive sur les lieux, l'armée se livre à une répression brutale qui engendre un nouveau flot de réfugiés en direction du Rwanda[1]. Les violences, que l'intervention militaire parvient à circonscrire au nord du pays, font 20 000 morts. Aucune enquête impartiale n'identifiera exactement les fauteurs de troubles.

Une démocratie venue d'en haut

Le drame de Ntega et Marangara suscite une sorte de fuite en avant. Poussé par les Occidentaux, qui insistent pour la tenue rapide d'élections, Buyoya engage son pays dans une démocratisation à marche forcée. Brisant enfin le tabou du non-dit qui a régné jusque-là, il accepte d'évoquer la question ethnique et nomme une Commission nationale de réflexion sur le thème de l'unité nationale, composée de douze Hutus et de douze Tutsis. Il met par ailleurs en place un cabinet dirigé par un Premier ministre hutu membre de l'Uprona, Adrien Sibomana, le nouveau gouvernement étant

---

1. J.-P. Chrétien, A. Guichaoua, G. Le Jeune, « La crise d'août 1988 au Burundi », *Cahiers du CRA,* n° 6, 1989.

lui aussi composé à parité de Hutus et de Tutsis. Les conclusions de la Commission de réflexion serviront de base à la Charte de l'unité nationale qui sera approuvée par référendum en février 1991. Le président Buyoya se réconcilie à cette occasion avec l'Église, et les évêques participent à la réflexion sur l'unité nationale.

Une fois de plus, présenté comme la cause de tous les maux qui ont frappé le Burundi, l'ethnisme est officiellement banni. Désormais, le gouvernement doit représenter tous les citoyens, toutes les régions... L'ouverture se traduit enfin dans les actes : on décide que l'examen qui permet l'accès aux études supérieures sera organisé dans la transparence, les copies des élèves seront débarrassées des discrètes mentions qui favorisaient la discrimination. Les élèves hutus ont à nouveau leur chance. L'accès à la fonction publique s'ouvre à son tour, et le gouvernement adopte même des mesures de « discrimination positive » afin d'accélérer l'avancement des Hutus...

L'armée échappe cependant au mouvement d'ouverture. Si elle recrute des soldats hutus, peu d'entre eux accèdent aux grades d'officiers. Interrogé à ce sujet, le président Buyoya répond qu'en matière militaire la voie hiérarchique est incontournable et qu'il ne peut y avoir de passe-droits pour raisons politiques. En réalité, la hiérarchie militaire n'est guère soucieuse d'ouvrir ses rangs aux Hutus. Un jour, le premier ministre Sibomana se verra même refuser l'accès à une caserne.

En politique aussi, les Hutus font une percée : Robert Mayugi puis Charles Mukasi, hutus tous les deux, se succèdent à la présidence de l'Uprona, tandis que Sylvestre Ntibantunganya, qui est journaliste à l'époque (il deviendra plus tard président de la République, après la mort de ses prédécesseurs), accède au poste de directeur du centre de formation des cadres[1].

---

1. Voir Michel Elias dans *Les Temps modernes*, juillet-août 1995, p. 52.

Cette entrée des Hutus dans l'Uprona ne va pas sans arrière-pensées. Certains jouent double jeu. Des intellectuels hutus choisissent ainsi d'investir le parti unique, alors même que certains d'entre eux sont déjà membres du Frodebu (le Front pour la démocratie au Burundi), créé au Rwanda par des exilés en 1988. D'autres, qui ont rejoint un parti qui se proclame toujours défenseur de l'unité nationale, sont qualifiés par leurs compatriotes de « Hutus de service », d'opportunistes. Des citoyens qui ne se définissent pas par leur appartenance ethnique peuvent-ils, sans être qualifiés de fantoches, rejoindre une formation politique à prétention nationale ?

Le Burundi avance prudemment vers l'équilibre ethnique, vers l'ouverture démocratique. Mais en ce début des années quatre-vingt-dix, le climat n'est pas à la prudence. Les Européens ont décrété que l'Afrique devait se mettre à l'heure du multipartisme. Le Zaïre et le Rwanda ayant déjà franchi le pas, le Burundi est prié lui aussi de se démocratiser à la manière occidentale.

Lors du sommet franco-africain de La Baule, en 1990, François Mitterrand pousse les feux : il promet une « prime à la démocratie » et une aide au développement plus importante pour les « bons élèves ». C'est l'heure de la conditionnalité démocratique, l'aide est liée à l'évolution vers le multipartisme. Le Burundi applique les consignes et envisage d'organiser des élections. Cette perspective soulève pourtant des réticences, y compris parmi ceux qui croient en leurs chances de succès.

Au sein du Frodebu, les éléments modérés comme Melchior Ndadaye estiment que leur parti, à peine rentré d'exil et sorti de la clandestinité, n'est pas réellement en mesure d'assumer la totalité du pouvoir. Ils souhaitent que la transition soit plus longue et qu'elle comporte une sorte d'initiation à l'exercice du pouvoir.

En face, les craintes ne sont pas moindres. Au sein de l'Uprona, de l'armée et de la classe dirigeante tutsie, nombreux sont ceux qui craignent que, malgré leurs engagements, les nouveaux partis ne privilégient la référence ethnique, qu'ils ne fassent coïncider majorité politique et majorité démographique.

Une parade sera trouvée pour évincer les formations dites « ethnistes » : seront interdits les partis qui font référence au tabou de l'ethnie.

C'est ainsi que le Palipehutu, qui, depuis 1980, recrute ses adhérents dans les camps de réfugiés de Tanzanie et dans les régions frontalières, se retrouve hors course. Un autre mouvement, Unité pour le peuple burundais et sa branche armée le Frolina renoncent à se présenter. Quant au Frodebu, il n'est lui-même agréé que de justesse, à la veille de l'expiration du dernier délai. Le bannissement des partis « ethnistes » se justifie dans le contexte de cette unité nationale que Buyoya veut à tout prix maintenir. Cependant, il aura des conséquences imprévues : les formations interdites tenteront de phagocyter le Frodebu, elles feront campagne en sa faveur et leurs militants se feront élire sur ses listes.

A l'origine, toutefois, le Front pour la démocratie au Burundi n'était pas la formation « tribaliste » que décriront ses adversaires. Ce mouvement composite rassemblait sous une même bannière des personnalités et des courants très divers. Certes, la plupart de ses fondateurs avaient fait leurs classes au Rwanda et subi l'influence idéologique du régime Habyarimana, mais plusieurs avaient été réfugiés en Belgique ou dans d'autres pays occidentaux, notamment l'Allemagne et le Danemark.

Même si le président rwandais se présentait volontiers comme le « parrain » du Frodebu, et rêvait de devenir le leader de tous les Hutus de la région, son emprise sur le jeune parti n'était pas totale. Ainsi, Melchior Ndadaye, qui sera désigné comme candidat à la présidence, l'emportant d'une seule voix sur son rival Léonard Nyangoma, avait une vision politique qui dépassait l'ethnisme et entendait jeter les bases d'une véritable démocratie. Son directeur de campagne et rival malheureux, Léonard Nyangoma, avait cependant d'autres vues. Originaire de la région du Bururi, pépinière

de présidents, ancien professeur de mathématiques et fils de
Gervais Nyangoma, un leader hutu assassiné au moment de
l'indépendance, Léonard Nyangoma est un organisateur-né,
le véritable homme fort du jeune parti. Il a des liens à l'étranger, surtout dans les milieux démocrates-chrétiens, il est
proche du président rwandais et organise une campagne électorale ambiguë. Si en français le candidat Ndadaye parle de
démocratie et de tolérance, les discours en kirundi ont une
autre teneur. Ils évoquent la revanche du peuple hutu, tandis
que Nyangoma diffuse parmi les paysans un slogan simple :
« Vote pour le tien », autrement dit, vote pour un Hutu...

Pour les cadres et les militants du Frodebu, la « revanche »
a une connotation très concrète. Les exilés rentrés d'Europe
ou du Rwanda, dont certains ont gardé la nationalité de leur
pays d'accueil, se battent aussi pour des postes et des responsabilités et seront quelquefois perçus comme des étrangers par leurs compatriotes. De la même manière que plus
tard, au Rwanda, les cadres du FPR rentrés d'exil seront eux
aussi considérés comme des étrangers par leurs compatriotes ! Cependant, à côté des militants du Palipehutu qui
infiltrent le nouveau parti, un grand nombre d'adhérents,
Hutus et Tutsis, sont tout simplement animés par une volonté
de changement démocratique. Ils considèrent qu'après trente
années de pouvoir exclusif l'Uprona est usée, que l'heure de
l'alternance a sonné.

Plusieurs Tutsis se verront confier des postes clés au sein
du Frodebu, et de nombreux Hutus désertent l'ancien parti
unique pour rejoindre la nouvelle formation.

Une campagne électorale passionnée

Durant les mois qui précèdent l'élection présidentielle du
1er juin 1993, il règne au Burundi une atmosphère particulière. Sous le regard ébahi des observateurs étrangers qui
se pressent dans ce pays transformé en laboratoire de la
démocratie, il y a foule à tous les meetings politiques. Les

réunions publiques de l'Uprona rassemblent bon nombre de Hutus que l'on retrouve également quelques heures plus tard dans les réunions du Frodebu : ils ont alors troqué le foulard rouge pour le foulard vert, le poing levé, un sifflet à la bouche.

En réalité, les militants du Frodebu ont craint jusqu'au bout que, doutant de son succès, l'Uprona ne décide en dernière minute d'annuler l'élection. Pour rassurer l'ancien parti unique, lui faire croire à la probabilité de la victoire de son candidat, le Frodebu a demandé à ses sympathisants d'aller grossir la foule de ses meetings. D'autres Burundais ont été tout simplement payés pour assister aux réunions de l'Uprona, même si leurs sympathies vont à l'opposition.

A la veille du scrutin, le Frodebu, optimiste, constate que des foules considérables ovationnent Melchior Ndadaye, dont le charisme est indéniable. Les yeux pétillants de malice, le jeune dirigeant (il n'a pas quarante ans) promet en français la démocratie, et en kirundi la libération d'un peuple trop longtemps opprimé.

Tous ceux qui ont suivi cette campagne fiévreuse — une centaine d'observateurs étrangers, plus de mille Burundais — estiment qu'une sorte de miracle est en train de s'accomplir. Un peuple longtemps contraint au silence, écarté de la conduite des affaires, s'est repris à espérer. Melchior Ndadaye est hutu, certes, et il parle au nom des siens. Mais il est avant tout un démocrate, un civil, qui rompt avec la tradition militaire. Licencié en psychologie et cadre à la banque Méridien, il est désireux d'engager enfin son pays sur la voie de la modernité.

Le scrutin lui-même est marqué par l'émotion de ces paysans descendus des collines, dont les mains tremblent un peu en tenant leur crayon, et qui se dirigent vers l'isoloir avec la même solennité que s'ils se rendaient à la messe. Comment croire que tout cela ne soit que recensement ethnique ou simulacre de démocratie, comme l'affirmera la presse burundaise de l'époque ? La ferveur des Burundais, lors de cette première élection démocratique jamais organisée dans le pays, ne peut se comparer qu'à celle des électeurs sud-africains qui, un an plus tard, porteront Nelson Mandela à la présidence.

Cette élection représente un moment clé dans l'histoire du Burundi. Elle frappe la mémoire collective de manière aussi forte que la déposition du roi ou les massacres de 1972. Pour les paysans burundais, ce scrutin est en quelque sorte un acte fondateur, l'acte par lequel ils ont librement exprimé leur appartenance, leur choix, et légitimé le Frodebu.

Les chiffres démontrent d'ailleurs que le réflexe ethnique a perdu de sa vigueur : Pierre Buyoya, le président tutsi sortant, recueille en effet 32,39 % des voix (des Hutus ont donc voté pour lui) ; Pierre Claver Sendegeya (un Tutsi indépendant qui est présenté par une liste monarchiste) obtient 1,44 % des voix ; Melchior Ndadaye, quant à lui, l'emporte avec 64,75 % des suffrages. Il apparaît donc que des Tutsis, optant pour le changement démocratique, ont également voté pour lui.

Les élections législatives qui suivront seront plus conformes au clivage ethnique, puisqu'elles donneront — avec 65 sièges contre 16 — la majorité absolue au Frodebu.

Ce scrutin législatif massif, sans équivoque, réveille la grande peur des Tutsis. Ils s'aperçoivent qu'ils ne disposent même pas de la minorité de 20 % qu'ils estiment indispensable à la protection de leurs droits. Dès ce moment, parmi les plus radicaux d'entre eux, se développe la terrible tentation d'arracher ces garanties par la force s'il le faut. L'idée de céder le pouvoir à un président hutu qu'ils connaissent mal leur paraît inconcevable.

Fort de sa victoire éclatante, Ndadaye se montre généreux. Il multiplie les propos rassurants à l'égard des Tutsis et de l'Uprona. Il nomme une femme, Sylvie Kinigi (tutsie et membre de l'ancien parti unique) au poste de Premier ministre, choisit six de ses ministres dans l'opposition et promet de défendre les droits de la minorité.

Le major Buyoya, vivement surpris par sa défaite, se montre beau joueur malgré les réticences de son entourage :

il cède sans barguigner le pouvoir à son successeur et dissuade certains officiers de se lancer dans un putsch. Les ambassadeurs occidentaux s'avouent surpris par la victoire totale du Frodebu, eux qui avaient espéré que la population récompenserait Buyoya d'avoir conduit le pays à la démocratie, rêvant secrètement d'un partage du pouvoir temporaire entre le président sortant Buyoya et une Assemblée contrôlée par le parti majoritaire.

En Afrique aussi, la défaite de Buyoya surprend. La rumeur dit qu'en ces journées-là, à Gbadolite, Mobutu traite son collègue burundais d'imbécile et se demande comment « il a réussi à perdre »...

Buyoya, en tout cas, sort de l'épreuve la tête haute. Les Américains, qui ont financé à Bujumbura de nombreux séminaires autour du thème de « l'implication des forces armées dans le processus démocratique » et qui ont fait du Burundi le laboratoire de leur politique de défense des droits de l'homme en Afrique (s'opposant à une France beaucoup plus laxiste), congratulent leur poulain. Les Européens, non sans quelques appréhensions, se félicitent eux aussi du bon déroulement de ces élections qu'ils ont parrainées et financées. Les Burundais eux-mêmes, cités en exemple dans toute l'Afrique, s'abandonnent à la fierté nationale, qui, un temps, leur fait oublier la peur. On observe même une certaine embellie économique.

Réticences et sabotages

L'euphorie ne dure pas longtemps. Dès le lendemain de l'élection présidentielle, la presse de ce qui est devenu l'opposition repart à l'assaut : elle dénonce le « vote ethnique », attise les peurs et les haines. Dès le 4 juin, les étudiants manifestent en criant : « Oui à la démocratie, non à l'ethnisation du pouvoir. » Quelques jours plus tard, des mouvements suspects sont enregistrés dans l'armée. Dans la nuit du 16 au 17 juin, puis dans celle du 2 au 3 juillet, des soldats originaires du Bururi tentent de s'emparer de la résidence du président élu, et une première tentative de coup d'État n'est déjouée qu'en dernière minutre par des forces loyalistes. L'un des officiers arrêtés est le directeur de cabinet de l'ex-président Buyoya, Sylvestre Ningaba.

Dès l'élection de Ndadaye, les cercles dirigeants tutsis, civils et militaires, ont le sentiment d'avoir été pris au piège de la démocratie et rechignent à partager la suprématie sociale et politique avec les cadres du Frodebu qui viennent de rentrer d'exil. Les propos conciliants de Ndadaye ne suffisent pas à les rassurer, car entre-temps le Frodebu, néophyte au pouvoir, a multiplié les gestes en direction de son électorat.

Sans transition, Ndadaye remplace la plupart des gouverneurs de province et des administrateurs locaux. Les nouveaux fonctionnaires licenciés viennent grossir la masse des inquiets, des mécontents[1]. Le gouvernement décide aussi d'encourager le retour des réfugiés qui se sont établis dans les pays voisins. Dans ce petit pays surpeuplé, un problème d'espace se pose et la perspective du retour de 50 000 rapatriés au cours des douze prochains mois inquiète l'opinion. En réponse à ce défi, les autorités prévoient d'installer les nouveaux venus dans le sud du pays, dans la région de Cankuzo, sur des terres d'État encore vierges mais qui étaient considérées comme des réserves pour les militaires retraités. Cette mesure, que l'on peut comprendre, heurte de front une armée déjà nerveuse. En outre, les réfugiés ne veulent pas de ces terres incultes. Bon nombre d'entre eux, revenus de Tanzanie ou du Rwanda, exigent en effet de réintégrer leurs anciennes propriétés, qui ont entre-temps été occupées et cultivées.

Durant ce premier été, le Frodebu tente aussi, maladroitement, de mettre au pas une presse qu'il ne contrôle pas et qui lui est hostile. Des actes de censure, des consignes don-

---

1. Gaëtan Sebudandi et Pierre-Olivier Richard, *Le Drame burundais. Hantise du pouvoir ou tentation suicidaire*, Paris, Karthala, 1996.

nées à la radio et à la télévision soulèvent un tollé de protestations. Dans les campagnes, les responsables locaux du
Front multiplient les actes d'intimidation. Des paysans, y
compris des Hutus qui ne soutiennent pas le parti vainqueur,
sont accusés de sorcellerie, certains d'entre eux sont ran-
çonnés ou même assassinés. De nombreuses forêts sont
incendiées, et des agents de l'État, qui avaient été mis en
place par les gouvernements précédents, voient leur autorité
contestée par leurs administrés. Tout se passe comme si des
militants du Palipehutu, qui avaient mené campagne pour la
victoire du Frodebu, jettent le masque après les élections et
tentent d'imposer une politique de revanche ethnique, aux
antipodes des promesses de modération du nouveau
président.

Le vent des réformes passe sur l'armée également, suscitant l'inquiétude des Tutsis, qui considèrent que l'armée
représente désormais la seule garantie pour leur sécurité. En
août 1993, le concours d'entrée à l'Institut supérieur des
cadres militaires (Iscam) s'ouvre à des réfugiés hutus revenus du Zaïre. En outre, Kabura Kossan, chef de la branche
armée du Palipehutu, exige publiquement l'intégration de ses
hommes, sortis de la guérilla, dans l'armée burundaise, une
perspective qui révulse des officiers fiers de leurs beaux uniformes et de leur formation classique.

Durant l'été 1993, le Burundi est donc partagé entre
l'euphorie démocratique et la crainte. Les bruits de bottes se
multiplient et le nouveau pouvoir, auquel se sont ralliés de
nombreux exilés, éprouve quelque peine à s'ajuster aux
normes démocratiques et aux exigences d'efficacité d'un
État moderne. Mais il ne s'agit encore que de péchés de
jeunesse et d'erreurs aisément rectifiables. Lorsqu'en octobre
1993 le président Ndadaye s'envole pour le sommet de la
francophonie, à l'île Maurice, il balaie l'hypothèse d'un coup
d'État, dont la rumeur, à Bujumbura, est devenue
quotidienne : « Je n'y crois pas : personne ne pourrait être
assez fou pour s'opposer à la volonté d'un peuple désormais

conscient et organisé. Un tel geste plongerait le pays dans un immense chaos. »

Les dernières heures d'un président

« Un président hutu ne vaut même pas une balle de fusil » : le matin du 22 octobre 1993, le Burundi s'est brisé lorsque les parachutistes du 1er bataillon ont tué à coups de baïonnette le premier président hutu élu au suffrage universel.

Deux jours auparavant, le chef de l'État était rentré du sommet, où il avait été en quelque sorte adoubé par François Mitterrand, qui l'avait reçu en présence de ses voisins, les présidents Mobutu et Habyarimana.

Glacial, le président français avait admonesté Mobutu en présence de ses deux cadets, lui demandant de progresser plus rapidement sur la voie de la démocratie. Il avait cité en exemple le jeune président du Burundi envers lequel il s'était montré d'une amabilité extrême, lui déclarant : « Je n'ai pas encore eu le plaisir de vous rencontrer, mais pour moi, vous êtes le symbole d'une nouvelle génération de dirigeants politiques, celle des démocrates. »

Les éloges n'avaient cependant pas empêché Ndadaye de penser à l'avenir. Il songeait d'abord à réformer son armée, et s'était entretenu avec la délégation française de la possibilité de renforcer la gendarmerie et d'en faire une sorte de garde personnelle. Selon certaines sources, une mallette contenant les plans de réforme de l'armée lui aurait été dérobée à l'île Maurice, puis se serait retrouvée entre les mains de l'état-major. C'est peut-être alors que l'armée, hostile à toute idée de réformes imposées de l'extérieur, aurait décidé de prendre les devants.

Lorsque Ndadaye regagne Bujumbura et préside son dernier Conseil des ministres, il est confiant, sûr de lui, et minimise les rumeurs de coup d'État qui alertent une fois de plus son entourage. Il refuse même de renforcer sa garde personnelle. Bien à tort puisque, dans la nuit, le palais présidentiel est encerclé par des mutins. Ces derniers, menés par le lieutenant Jean-Paul Kanama, du 11e bataillon blindé, sont rejoints au cours de la nuit par des centaines de soldats, des fantassins, des commandos et même des gendarmes. Tous se rassemblent autour du palais présidentiel, renouant avec la vieille tradition de l'armée burundaise selon laquelle ce sont les officiers subalternes et les hommes de troupe qui font les coups d'État. Au milieu des putschistes, ce sont cependant des officiers membres du cabinet de Buyoya, chargés naguère de la sécurité de l'ancien président, qui dirigent les opérations. Alors que bon nombre d'entre eux avaient été mutés en province, ils se sont arrangés cette semaine-là pour être en congé dans la capitale. Aucun des militaires de la garde personnelle du président ne tente de défendre le chef de l'État. A l'aube, alors que Mme Ndadaye a la présence d'esprit de prévenir plusieurs ministres, la famille présidentielle est embarquée dans un blindé qui prend la direction du camp Muha, encerclé de militaires putschistes et de chars. Auparavant, Mme Ndadaye a appelé le président Habyarimana pour l'informer de la tentative de coup d'État, mais il était déjà au courant. Ce qui explique pourquoi Radio Rwanda, dès l'aube, sera la première à diffuser la nouvelle. C'est d'ailleurs l'appel de Mme Ndadaye qui sauvera la vie des ministres de l'Agriculture, des Affaires étrangères, de l'Information, de l'Intérieur : « Jamais nous n'avons cru que le pire était possible, se souvient Laurence Ndadaye, même le président a cru jusqu'au bout qu'en parlementant il arriverait à calmer les soldats. »

Il devient bien vite évident que le chef de l'État a été pris au piège. Toute fuite est impossible : les conducteurs du blindé ont disparu, les pilotes de l'hélicoptère présidentiel ont été arrêtés, l'idée d'envoyer une file de blindés forcer la sortie du camp, comme le suggère l'épouse du président, n'est pas retenue. Ndadaye cependant ne perd pas son calme.

Alors que des militaires frappent du poing sur le blindé, tentent d'en faire sauter la porte et de forcer la tourelle, il choisit de descendre, face aux soldats surexcités qui l'interrompent par des cris et des invectives. Il leur déclare, d'une voir posée : « Mes chers militaires, exprimez ce que vous pensez et ce que vous souhaitez. Pensez à votre pays, à vos familles, ne versez pas le sang... »

Pour toute réponse, les soldats crient : « On s'en fout. »

D'après le témoignage de Laurence Ndadaye, c'est alors qu'intervient le colonel Bikomagu, chef d'état-major, qui s'adresse aux mutins : « Voici celui que vous cherchez. Moi, je prends la famille[1]. » L'officier emmène alors Mme Ndadaye et ses enfants vers l'ambassade de France où, jusqu'au lendemain matin, l'épouse du président sera laissée sans nouvelles. Au camp Muha, dès le départ de la famille, les soldats deviennent plus agressifs, ils injurient et frappent le chef de l'État sous le regard impuissant du colonel Bikomagu. Melchior Ndadaye sera alors emmené dans un autre camp militaire, le camp Para, où il trouvera la mort.

Le rapport d'autopsie mentionnera que Ndadaye a été tué à coups d'instruments tranchants, des baïonnettes vraisemblablement, et qu'on lui a peut-être aussi placé une corde dans la bouche... Assassiné dans le camp du 1er bataillon des parachutistes vers 10 heures du matin, le président est enterré sur place, et son corps ne sera retrouvé que quelques jours plus tard.

Même plusieurs années après les faits, ce récit de la mise à mort d'un président élu demeure important. Cet assassinat ne fait-il pas désormais partie du contentieux entre Hutus et Tutsis au Burundi ? Il explique pourquoi les premiers refusent d'accorder leur confiance à une armée qu'ils qualifient de putschiste. Mais, en définitive, ce coup d'État qui tournera court face au désaveu total de l'opinion nationale et internationale (les militaires ne prendront pas le pouvoir) demeure une énigme. De nombreux points d'ombre subsis-

---

1. L'intéressé contestera cette version, ce qui ne l'empêchera pas d'être limogé après la publication du rapport d'enquête des Nations unies, en août 1996.

tent, qu'il s'agisse de ses motivations ou de ses commanditaires réels.

Le rapport d'enquête, réalisé par une mission commanditée par quatre ONG, relève que la venue du président au camp Muha, où se trouvaient les parachutistes excités, mutins, « relève d'une grande improvisation[1] ».

L'observateur Filip Reyntjens relève quant à lui que c'est avec une précision de constitutionnalistes que les mutins ont assassiné, la même nuit, toutes les personnalités qui incarnaient la relève démocratique : le président et le vice-président de l'Assemblée nationale, l'administrateur général de la documentation nationale et de l'émigration ainsi que le ministre de l'Administration territoriale et du Développement communal[2].

Analysant le comportement de l'armée, le rapport des Nations unies[3] conclut pour sa part que, « au moment des événements, la majorité des officiers de la garnison de Bujumbura se trouvait au mess » et qu'« une telle conduite, de la part d'un groupe important d'officiers, ne peut être interprétée que comme de la complicité, de l'extrême négligence ou de la lâcheté ». Le rapport met également en cause le chef d'état-major, le colonel Bikomagu, soulignant qu'il contrôlait le « comité de crise » mis en place dès la mort du président. Le rapport se termine en soulignant que « l'assassinat du président Ndadaye ainsi que des personnes légalement habilitées à lui succéder a été planifié à l'avance et fait partie intégrante du coup d'État. La planification et l'exécution de ce coup ont été menées par des officiers haut

1. Commission d'enquête sur les violations des droits de l'homme au Burundi depuis le 21 octobre 1993, Human Rights Watch Africa, Fédération internationale des droits de l'homme, Ligue des droits de l'homme des Grands Lacs, Centre national de Coopération au développement, NCOS, INET, Bruxelles, juillet 1994, p. 21.
2. Filip Reyntjens, *L'Afrique des Grands Lacs en crise, op. cit.*
3. Commission d'enquête internationale des Nations unies pour le Burundi, Rapport final, New York, 23 juillet 1996, p. 34.

placés dans la chaîne de commandement de l'armée burundaise ».

L'enquête des Nations unies se limite cependant à la description du coup d'État et de l'assassinat, sans chercher à savoir si l'opération avait des commanditaires ou des complices extérieurs à l'armée burundaise. Cet écueil de l'enquête est d'autant plus regrettable que, dès le lendemain du putsch, des informations de source zaïroise nous ont appris qu'un commando zaïrois, venu du camp de Luberizi, proche d'Uvira, aurait prêté son appui technique aux mutins tandis que par la suite, l'un des assassins en fuite aurait transité par Bukavu et Goma, d'où il aurait pris un avion pour Gbadolite. Mais l'information n'est pas confirmée. Il faut tout de même observer que, dès l'aube, des voyageurs zaïrois qui se trouvaient à Bujumbura furent évacués sans problèmes par des militaires qui, en les conduisant à l'aéroport, leur déclarèrent : « Nous avons des consignes pour qu'il ne vous arrive rien. »

Dès l'annonce du drame, Habyarimana remet en cause les accords d'Arusha prévoyant le partage du pouvoir avec le FPR et il accuse les Tutsis du FPR d'avoir prêté main forte aux putschistes burundais. Il est évident que l'assassinat de Ndadaye va durablement relancer les tensions entre Hutus et Tutsis dans toute la région.

Depuis son quartier général, à Mulindi, le FPR diffuse un communiqué rédigé par Paul Kagame qui souligne que « pour Habyarimana et sa clique », l'assassinat de Ndadaye n'aurait pu survenir à un meilleur moment. Le texte appelle également les Rwandais à soutenir les accords d'Arusha et dénonce, à propos du Burundi, « le piège tendu par les putschistes et les politiciens réactionnaires ».

De nombreux observateurs estiment que l'assassinat de Ndadaye n'a pas été commis avec l'approbation, ou la complicité passive, de toute l'armée burundaise (même si aucun militaire n'a défendu le président élu), mais qu'il s'est agi d'une opération commanditée de l'extérieur. Le colonel rwandais Ndengeyinka, qui, à l'époque, se trouvait à l'état-major des forces armées rwandaises, devait souligner plus tard que « l'assassinat de Ndadaye était une répétition générale des événements qui devaient se produire au Rwanda ».

En effet, sous certains angles, la ressemblance est frappante entre le coup d'État qui décapite la démocratie au Burundi et l'attentat contre l'avion présidentiel qui déclenchera le génocide au Rwanda. Ainsi, à Bujumbura comme plus tard à Kigali, les conjurés tentent d'abord de créer un comité de crise, auquel participent des officiers supérieurs de l'état-major. Afin de sauver les apparences, ils vont chercher chez lui un ancien ministre de l'Intérieur, François Ngeze, un Hutu membre de l'Uprona, et l'invitent à prêter serment. Apparemment surpris et contraint, l'intéressé accepte... mais sans consentir à quitter sa tenue de jogging.

Les insurgés ne tardent cependant pas à découvrir qu'ils se trouvent dans une impasse politique. Le président de l'Uprona, qui est devenue le principal parti d'opposition, insiste sur la nécessité de rétablir la légalité constitutionnelle. Les ambassadeurs occidentaux ne mâchent pas leurs mots. Ils condamnent les mutins, menacent de rompre toute relation économique avec le Burundi. Plusieurs missions diplomatiques, dont en premier lieu l'ambassade de France, accueillent des ministres hutus en fuite. En quelques jours, le putsch sans visage, dont nul n'a revendiqué la paternité jusqu'à ce jour, semble échouer totalement. Les insurgés se retrouvent isolés, face au désaveu unanime de la société civile, du monde politique et de l'opinion internationale. D'autant que le gouvernement, même affaibli par la mort de plusieurs ministres, a refait surface : le Premier ministre Sylvie Kinigi parvient en effet non seulement à tenir tête aux rebelles, mais à torpiller un gouvernement en exil dont plusieurs ministres ont proclamé la création depuis Kigali, appuyés dans un premier temps par l'internationale démocrate-chrétienne. En Europe, la demande d'intervention militaire lancée par le Premier ministre légal ne trouve pas d'écho. Cette dérobade annonce la lâcheté dont fera preuve la communauté internationale lors du génocide rwandais. Et plus tard, lorsqu'il sera à nouveau question d'intervention étrangère, cette occasion manquée pèsera lourd dans la balance.

Un coup de force peut en cacher un autre

Il importe de revenir sur ce putsch anonyme dont les conséquences se sont étendues à toute la région et dont on ignore toujours les véritables motivations. Avec le recul, cependant, ce coup de force apparaît une fois de plus fondé sur la manipulation de l'ethnicité, exercice dont les conséquences dévastatrices étaient prévisibles par ses auteurs.

L'assassinat d'un chef d'État élu, le sabordage d'une expérience démocratique présentée comme exemplaire, la traque des ministres hutus et l'élimination par les putschistes de nombreux cadres du Frodebu ne sont que le premier volet de la tragédie. Une deuxième phase de l'opération commence dans les minutes qui suivent le putsch : les violences à l'encontre des Tutsis. Comme au Rwanda quelques mois plus tard.

Dès le matin, sitôt que Radio Rwanda diffuse l'information de la capture et de la mort de Ndadaye, plusieurs ministres burundais, Minani et Nyonkuru notamment, appellent les paysans à la résistance et à la désobéissance civile. Ils leur demandent de détruire les ponts, d'obstruer les routes afin de barrer la voie aux militaires, bref, de résister. Ces consignes sont présentées comme des mesures d'autodéfense, destinées à empêcher l'armée de se livrer à des massacres de masse. Le souvenir des tueries de 1972 est présent à l'esprit de tous, et les paysans, saisis par la peur et la colère, s'en prennent à leurs voisins tutsis, de simples villageois comme eux.

Lorsque sera confirmée la mort du président, ces paysans pris en otages seront mis à mort. Les appels lancés depuis Radio Kigali sont entendus, à tous les niveaux, et plus vite que prévu. Les gouverneurs de province, à Muramvya et

Gitega notamment, sillonnent les communes dès 3 h 30 du matin, ordonnant aux citoyens de barrer les routes[1].

Aux premières heures de la matinée, dans les provinces du Nord, du Centre et de l'Est, les paysans se mettent « au travail », afin de venger la mort du chef de l'État. Ce que le Frodebu appellera plus tard *agashavu*, la colère spontanée, apparaît en réalité comme une rage méthodique, qui obéit à des consignes et poursuit des cibles bien précises.

En fait de « spontanéité », des coopérants belges vivant dans le nord du Burundi devaient relever que les paysans avaient été mobilisés à l'aide de sifflets et de petits tambours depuis longtemps distribués et qu'ils mirent le feu aux maisons de leurs voisins avec des bidons d'essence qui avaient été soigneusement stockés.

Dans certains villages, des maisons appartenant à des Tutsis furent incendiées, d'autres non. Ces dernières portaient un signe distinctif, des branchages d'eucalyptus accrochés sur la porte...

Dans les provinces du Nord, les paysans empêcheront durant plusieurs jours l'arrivée de l'armée en barrant les routes avec des arbres abattus grâce à des tronçonneuses empruntées aux administrations communales. Certains de ces arbres avaient été marqués à l'encre rouge longtemps auparavant...

Dès le 21 octobre au matin, les équipes de tueurs sont rassemblées par les chefs de zone, les chefs de secteur et de colline, les membres des comités locaux du Frodebu, qui mobilisent leurs troupes et lancent les terribles consignes : « réchauffez-vous » *(susuruka)*, « frappez au niveau de l'oreille ». Les tueurs qui mènent l'assaut contre leurs voisins tutsis sont munis de machettes à double tranchant, de lances, de flèches empoisonnées, de gourdins garnis de clous (que l'on retrouvera plus tard au Rwanda), de marteaux. Lorsque nous les voyons défiler sur la route de Ngozi, en

1. Rapport de la commission d'enquête sur les violations des droits de l'homme au Burundi, *op. cit.*

ces jours de folie, les hommes sont coiffés de la casquette du Frodebu, ils lèvent le poing en direction des journalistes étrangers et certains sont vêtus d'écorces, la tenue de guerre d'autrefois.

Le Frodebu, pour sa part, dans un rapport consacré aux événements, s'en tient à la thèse de la « colère spontanée » et souligne que ses cadres et ses militants ont été décimés par des militaires et par des Tutsis. De nombreux observateurs sur le terrain relèveront cependant que, comme au Rwanda quelques mois plus tard, les consignes ont été diffusées de haut en bas, et le rapport des Nations unies confirmera ces observations. Ce sont les cadres, les intellectuels, qui ont organisé les paysans, leur ont donné du matériel et des directives. Les rapatriés, rentrés d'Europe ou du Rwanda à la veille des élections, ont également joué un rôle, et bon nombre d'entre eux semblent avoir appliqué les consignes du Palipehutu, dont ils étaient membres. Des témoins se rappellent avoir entendu un rapatrié, en costume de ville, réclamer bien avant le mois d'octobre « la machette et le bidon qu'il n'avait pas encore reçus ».

Comme au Rwanda par la suite, le mot d'ordre est de tuer l'« autre », d'éradiquer les Tutsis par familles entières — « Mon père, j'ai nettoyé toute la colline, il n'en reste plus un », assurera un paysan de Ntita à un missionnaire effondré ; le mode d'emploi est laissé à la discrétion des exécutants. Ces derniers rivalisent de cruauté. Des familles entières sont brûlées vives, battues à mort, décapitées. Des bébés sont écrasés dans un pilon, des femmes enceintes sont éventrées. Les corps des victimes sont jetés dans les rivières et l'Akanyaru, sur la frontière rwandaise, charrie une nouvelle fois des cadavres. Dans les latrines ou les fosses communes, les corps s'empilent également. Un délégué du CICR, nouveau venu dans la région, est pris de nausée en voyant des corps cruxifiés, qui portent encore la casquette de l'Uprona qu'on leur a cyniquement enfoncée sur la tête.

Les Tutsis, simples éleveurs et paysans, ne sont pas les seules victimes. Les Hutus partisans de l'Uprona ou soupçonnés de tiédeur à l'égard de la « cause » hutue sont pour-suivis avec rage. Que reproche-t-on aux victimes ? D'être des sympathisants du parti adverse, ou, dans le cas des Tut-sis, d'avoir des militaires parmi les membres de leur famille.

« Pourquoi vous en prendre à un paysan tutsi, aussi pauvre que vous ? » demandent les journalistes à des tueurs au repos. « Parce que, étant tutsi, il se sent supérieur à nous. Il se vante d'avoir de la famille en ville, des parents dans l'armée. Parce que, grâce à de telles protections, ses enfants pourront étudier et les nôtres non. Parce que les Tutsis sont des étrangers et qu'ils doivent quitter le pays... »

Les tueries ne sont cependant pas systématiques, ce qui tend à prouver qu'elles sont organisées. La région du Bururi, dans le sud du pays, restera calme, et, près de Muramvya, la colline natale de Ndadaye sera épargnée. Son vieux père s'était mis en route et avait imploré ses voisins : « Au nom de mon fils, que vous aimiez tant, ne tuez pas. » Laurence Ndadaye elle-même, réfugiée à l'ambassade de France, ten-tera de dominer son chagrin, et se rendra à la radio pour y lancer un message de paix. Elle demandera à ses compa-triotes de cesser de tuer, mais il faudra attendre la fin de novembre pour que le gouvernement l'autorise à diffuser le message.

Durant les quarante-huit heures qui ont suivi le putsch du 23 octobre, le pays plonge dans la confusion la plus totale. Il faudra plusieurs jours pour que l'armée réussisse à dégager les routes et à rejoindre les villages de l'intérieur. Les soldats découvrent alors les cadavres de leurs proches. Ils embar-quent dans leurs camions quelques survivants, et les res-capés, plus morts que vifs, leur racontent les horreurs qu'ils ont vécues.

Vient alors le temps de la vengeance. Les militaires emmènent les Tutsis qu'ils rencontrent, les installent dans les écoles et les centres administratifs pour les protéger. Ensuite ils pourchassent les tueurs, massacrant tous les Hutus qui passent à leur portée. Les soldats, au cours de leurs opé-rations de ratissage, bombardent les villages depuis les blindés et les hélicoptères. Ils tirent au canon sur des maisons de terre battue. Par milliers, les paysans se cachent dans les marécages, les forêts. Ils creusent aussi des trous dans le sol de leurs plantations, des *handags*, et demeurent tout le jour enfouis sous les feuilles. Lorsqu'ils sortent pour chercher de la nourriture dans leurs champs ou dans leurs maisons, les militaires les capturent et les tuent.

La rage des militaires est à la fois aveugle et systématique. Comme en 1972, les soldats tentent de « décapiter » l'élite hutue, ils s'en prennent surtout aux intellectuels et abattent des gouverneurs de province, des cadres locaux...

Dans les centres de déplacés, les jeunes Tutsis sont pétris de haine. A Gitega, devant l'archevêché, des étudiants, sans nouvelles de leur famille sur les collines, errent les bras ballants. De temps en temps, ils se jettent sur un passant et l'abattent au bord du chemin comme un chien. Terrorisés, des civils se pressent dans les couloirs de l'épiscopat où les blessés et les morts sont enchevêtrés à même le sol. Par les fenêtres étroites, on aperçoit des garçons en tenue de sport qui battent le pavé. Ils dénoncent le rôle des Occidentaux qui, par leurs pressions et leurs conseils, ont conduit le pays au bord du gouffre : « La démocratie ? C'est un fruit amer que vous nous avez donné. »

Non seulement les militaires laissent opérer les bandes de jeunes, mais ils les encouragent. Dans certaines écoles secondaires, des étudiants tutsis tuent leurs condisciples, et ceux qui parviennent à s'échapper fuient en masse vers la campagne ou les pays voisins.

C'est la première fois que les Tutsis du Burundi ont été massivement victimes de massacres, que le rapport des Nations unies qualifiera d'« actes de génocide ». Chaque famille est touchée, les déplacés qui se mettent sous la protection de l'armée dans les centres urbains se chiffrent par centaines de milliers. Parmi les Hutus, la répression sauvage de l'armée fait des milliers de victimes, tandis que 600 000 réfugiés franchissent la frontière rwandaise et s'installent au sud de Butare. Ils y resteront jusqu'en avril 1994. Des entraî-

nements militaires et des distributions d'armes seront organisés dans leurs camps, où le Palipehutu bénéficient d'une
large audience. Lors des entraînements, les exilés burundais
seront d'ailleurs rejoints par des miliciens rwandais.

Lorsque, fin avril 1994, les tueries commenceront dans la
ville de Butare, des réfugiés burundais prêteront main forte
aux tueurs et se montreront beaucoup plus efficaces que la
population locale, connue pour sa modération...

Le temps des soupçons

Fin octobre 1993, la manipulation ethnique a pleinement
joué son rôle : le Burundi est à genoux. La violence a fait
entre 50 000 et 100 000 morts, plus de 500 000 réfugiés ont
gagné le Rwanda, la Tanzanie et le Zaïre, plus de 500 000
citoyens sont devenus des réfugiés dans leur propre pays. On
les appelle des « déplacés » s'ils sont tutsis et vivent dans
des centres administratifs, des « dispersés » s'ils sont hutus
et se cachent sur les collines, dans les bois, les marécages.

Défiant les ordres, les soldats ont tardé à regagner leurs
casernes, et bien souvent ils ont tué pour leur propre compte.
La répression n'a pas seulement été aveugle, elle a aussi été
sélective. Des gouverneurs hutus et des administrateurs ont
été exécutés par l'armée qui les soupçonnait d'avoir entraîné
les équipes de tueurs, ce qui était parfois le cas. A Ngozi,
en revanche, c'est peut-être parce qu'il essayait de prêcher
le retour au calme, d'apaiser les esprits, que le gouverneur,
un Tutsi membre du Frodebu, a été abattu à bout portant.

Ceux qui, en octobre 1993, ont guidé la main des assassins
savaient-ils qu'ils marquaient pour longtemps le Burundi du
sceau de la haine ? Savaient-ils qu'ils déstabilisaient durablement toute une région ?

Désormais, de part et d'autre, on s'observe, et on relève
de bien étranges comportements. Du côté des Tutsis profondément traumatisés, de l'Uprona et des petits partis d'opposition, les manifestes se succèdent, qui soulignent l'atti-

tude équivoque des ministres du Frodebu. Durant quarante-huit heures, leur reproche-t-on, certains d'entre eux ont lancé des appels à la résistance, ensuite ils sont demeurés terrés à l'ambassade de France. Au lieu de tenter de rétablir le calme, de demander que cessent les tueries, ils ont répandu le bruit que Ndadaye avait été torturé, mutilé, ce qui a accru encore la colère des paysans. Le gouvernement a également censuré des journalistes qui relataient les événements à l'intérieur du pays. Plus tard, durant de longs mois, les ministres du Frodebu, craignant pour leur sécurité, logeront au club de vacances, au bord du lac Tanganyika, sous la protection d'une poignée de gendarmes français. Mais ces derniers seront bien plus que de simples gardes du corps : ils entraîneront les futurs cadres militaires hutus.

Invoquant l'insécurité généralisée, les ministres, durant de longues semaines, refuseront de se rendre à l'intérieur du pays pour tenter d'y rétablir le calme.

Dès le lendemain du putsch, le Frodebu fait une déclaration dans laquelle il déclare souhaiter qu'une intervention étrangère vienne mettre au pas l'armée burundaise, qu'il qualifie de mono-ethnique, de putschiste, et qui n'a rien fait pour défendre le président élu. Les officiers, de leur côté, font savoir que si des soldats étrangers tentent de prendre pied dans leur pays, ils les accueilleront à coups de canon...

Si l'opposition tutsie souligne l'attitude ambiguë des membres du gouvernement, du côté du Frodebu, les dénonciations ne sont pas moins virulentes. Chacun relève avec amertume que, pour les Tutsis, il n'est question que des massacres qui ont frappé leur communauté, que l'assassinat du président élu est présenté comme un simple fait divers, que l'extraordinaire brutalité de la répression militaire (il n'y a eu ni blessés ni prisonniers) est considérée comme normale, et surtout qu'aucune sanction n'a été prise à l'égard des insurgés, qu'il s'agisse des cerveaux du crime ou de leurs complices. La hiérarchie militaire, quant à elle, joue la carte de la légalité, comme si rien ne s'était passé ! Faut-il relever aussi que toutes les victimes sont des civils ? Aucun militaire burundais n'a perdu la vie pour défendre le président élu ou la démocratie...

Lorsque, fin novembre, dominant sa peur, le gouvernement autorise enfin les obsèques du président Ndadaye, Bujumbura vit des scènes que nul témoin n'oubliera. Durant une journée entière, des paysans défilent devant les cercueils du président et des ministres assassinés. Ils sont des milliers à descendre des collines en longues files muettes, la peur au ventre mais les yeux secs, s'inclinant, impassibles, devant les cercueils couverts de fleurs. Pas une larme, pas un geste, pas un cri. La violence retenue qu'expriment ces corps crispés, impassibles, est bouleversante. Plus tard, lors des interminables obsèques, l'élégance, la correction des militaires seront perçues par eux comme une provocation. En grand uniforme, les paras au béret vert ou rouge, ceux-là mêmes qui, au camp Muha, insultaient le président hutu, portent son cercueil sur leurs épaules. Certains d'entre eux ont gardé leurs casques, comme si le combat devait reprendre sitôt terminée la comédie des obsèques. Les officiers entourent les ministres au costume étriqué, ils les dominent de leur haute taille, de leur prestance. Ils ont mis un point d'honneur à ce que l'inhumation du chef de l'État se déroule dans les règles. Lorsque le colonel Bikomagu se penche vers le cercueil pour y déposer une couronne, Laurence Ndadaye, qui n'a plus revu l'officier depuis le camp Muha, se voile soudain les yeux, secouée par un bref sanglot de répulsion. Par la suite, lorsque le ministre des Affaires étrangères, Sylvestre Ntibantunganya, dit adieu à son épouse, sa voix se brise. C'est alors seulement que la foule jusquelà impassible s'autorise une larme.

Les Burundais, Hutus comme Tutsis, prennent le monde à témoin de leur malheur, de la trahison dont tous affirment avoir été l'objet. Mais mesurent-ils seulement à quel point ils sont seuls ?

Durant des années, la communauté internationale les a poussés à s'engager dans la voie démocratique, elle a loué le succès des vainqueurs et la magnanimité des vaincus.

Mais lorsque Ndadaye, le premier président hutu élu au Burundi, défi aux dictateurs voisins, a été assassiné par des mains connues et des commanditaires à propos desquels on s'interroge toujours, ladite communauté internationale a brillé par son absence. Personne ne la représente aux funérailles, aucune intervention militaire n'est envisagée pour rétablir le droit.

Le règne de l'impunité

Depuis lors, le Burundi vit à l'heure du mensonge et de l'impunité. Personne, jamais, ne sera inquiété, comme si les tueurs étaient protégés. Par exemple, le lieutenant Jean-Paul Kanama s'est enfui au Zaïre, où il sera emprisonné à Makala, la prison centrale de Kinshasa, en compagnie d'un complice, sans que jamais une commission rogatoire ait autorisé son interrogatoire. L'Assemblée nationale, où le Frodebu est majoritaire, aurait cependant pu en prendre l'initiative, tout comme le gouvernement d'ailleurs.

Par ailleurs, huit autres soldats burundais seront emprisonnés à Kampala, en Ouganda, d'où ils enverront des messages à Bujumbura, assurant qu'ils sont prêts à répondre à toutes les questions. Des questions qui ne viendront jamais. Sans inculpation ni jugement, ils seront relâchés. Certains des putschistes seront même aperçus plus tard à Kigali, et l'un d'entre eux, ayant changé de nom, se retrouvera officier dans les rangs du FPR !

A Bujumbura, l'opposition tutsie accuse le Frodebu d'avoir empêché l'auditorat militaire de poursuivre son enquête sur le coup d'État. Trois militaires emprisonnés à Bujumbura sont par ailleurs tués à la veille d'une rencontre avec la commission d'enquête envoyée sur place par les Nations unies. Le quatrième, qui a échappé au piège, met en cause des officiers de rang supérieur.

La seule perspective de voir la justice faire son travail, la vérité être publiée, suffit à provoquer des tensions au

Burundi, qu'il s'agisse de menaces de procès intentés à des militaires ou de procédures lancées contre des administrateurs et des cadres du Frodebu accusés d'avoir organisé les tueries de civils tutsis. Il faut noter à ce propos que l'appareil judiciaire ne comporte pratiquement que des Tutsis, et qu'aucun avocat national n'a accepté de défendre les accusés. C'est pourquoi, comme au Rwanda, un appel a été adressé à des avocats étrangers.

Il faudra attendre août 1996 pour que soit enfin rendu public le rapport réalisé par la commission d'enquête des Nations unies[1], qui avait d'abord été tenu sous le boisseau par le secrétaire général de l'ONU. Ce rapport, nous l'avons dit, met en cause la hiérarchie militaire dans l'assassinat du président, mais il jette également une lumière crue sur le caractère prémédité des massacres de Tutsis qui suivirent. L'enquête met l'accent sur la « prise d'otages » de tous les Tutsis mâles, quelle que soit leur appartenance politique, qui eut lieu dès que des dirigeants locaux et des fonctionnaires du Frodebu eurent été informés du coup et de la mise en captivité du président. « Il est impensable, souligne le rapport, qu'une telle réaction ait pu être une invention locale, spontanée. » Le point 481 du rapport souligne également le fait que « lorsque le massacre des Tutsis commença, il ne pouvait s'agir simplement d'un acte d'hostilité mené par un groupe ethnique contre un autre, mais bien d'un effort pour détruire complètement le groupe ethnique tutsi. Ces derniers ne furent pas seulement tués dans un accès de violence, mais systématiquement pourchassés ; [...] Les leaders qui avaient entamé les massacres en un endroit les répandirent en d'autres lieux encore, au long de leur fuite. »

Sans se prononcer sur le fait de savoir si ces « actes de génocide » avaient été ordonnés à un niveau supérieur, la commission d'enquête considère cependant qu'il est probable que « des membres haut placés du Frodebu aient pla-

---

1. Commission d'enquête internationale des Nations unies pour le Burundi, Rapport final, *op. cit.*

nifié à l'avance une réponse à l'éventualité bien réelle d'un coup mené par l'armée, que cette réponse comprenait, en même temps, l'obstruction des routes, l'armement des Hutus, la prise en otages des hommes et des jeunes Tutsis. Un tel plan était connu par certains membres du Frodebu qui avaient des positions dirigeantes au niveau des communes. »

La commission met également en cause les forces armées et des civils tutsis, accusés d'avoir tué indistinctement des Hutus, hommes, femmes et enfants, et souligne que si l'on ne peut établir que la répression a été planifiée ou commandée depuis le sommet, les autorités militaires n'ont fait aucun effort pour prévenir, stopper ou punir de tels actes, ce qui engage la responsabilité des autorités militaires.

Si ce rapport tarda à être divulgué, c'est parce que les Nations unies craignaient que l'établissement de certaines responsabilités n'aiguise plus encore les tensions. En fait, si la responsabilité de l'armée n'a jamais fait de doute, la mise en cause de dirigeants du Frodebu est plus troublante, car elle confirme les ambiguïtés de ce parti dont certains membres, tout en se réclamant de la démocratie, ne reculent pas devant des pratiques génocidaires. Même si le rapport ne nomme aucun responsable à un niveau supérieur, il oblige cependant à se rappeler que le ministre de la Fonction publique qui nomma bourgmestres, chefs de zone et autres responsables administratifs impliqués dans le massacre des Tutsis s'appelait Léonard Nyangoma, celui-là même qui plus tard devait prendre la tête de la guérilla.

La presse de la haine

Durant les mois qui suivent l'assassinat de Ndadaye, le massacre des Tutsis et la répression des Hutus, la société burundaise, comme jamais au cours de son histoire, se cristallise en groupes antagonistes. Les pamphlets, lettres ouvertes, manifestes et autres dénonciations se succèdent, la presse publie des textes d'une violence incroyable, ne reculant pas devant les appels au meurtre et les incantations racistes.

Une étude publiée par Reporters sans frontières[1] a analysé le contenu de ces médias de la haine, et relevé quelques « perles » consternantes. C'est ainsi que le quotidien *La Nation* écrit froidement, à propos de l'ambassadeur américain Krueger et du représentant spécial de l'ONU : « deux diplomates à battre ou à abattre » ; que le journal extrémiste hutu *Le Témoin* représente le chef d'état-major de l'armée en compagnie du ministre de l'Intérieur, en train de boire une cruche de sang hutu ! Un autre journal, hutu lui aussi, *Miroir Nankana,* nourri du même extrémisme que *Kangura* au Rwanda, montre le député hutu de l'Uprona François Ngeze et le ministre de la Fonction publique, Claudine Matuturu, conversant en tenue pour le moins indécente. Pour sa part, la presse extrémiste tutsie traite régulièrement le président Ntinbantunganya de « chacal de Gishubi » ou de malade mental. Dénonciations internationales, plaintes, critiques n'y changent rien ; la presse burundaise extrémiste se veut « de combat », et elle affiche sa volonté de poursuivre la guerre des ondes et des mots, s'en prenant si nécessaire aux journalistes étrangers soupçonnés d'être trop proches de l'un ou l'autre camp.

Le journal *L'Étoile* n'hésite pas, quant à lui, à publier des listes d'« extrémistes hutus », avec noms et adresses...

Pour cette presse-là, seul compte ce que l'historien Jean-Pierre Chrétien appelle le levier ethnique, la victimisation de son camp et la dénonciation des « autres »[2].

Principe majoritaire chez les Hutus, obsession sécuritaire chez les Tutsis, chacun souffle sur les brûlures du passé et rappelle à l'infini le souvenir du sang versé, rejetant sur l'ensemble du groupe adverse la responsabilité des crimes commis par quelques-uns.

---

1. Reporters sans Frontières, *Burundi, le venin de l'intolérance, Étude sur les médias extrémistes,* Paris, 1995.
2. Jean-Pierre Chrétien, *Les Médias du génocide,* Paris, Karthala, 1995.

Pourtant, il faudra attendre 1996 pour que six journaux extrémistes soient interdits et que quelques journalistes soient emprisonnés. Mais leur crime était moins d'avoir appelé à la haine ethnique que d'avoir osé souligner la « complicité objective » entre des membres du Frodebu, qualifiés de génocidaires, des putschistes et des milieux corrompus, appelés « ventriotes ».

Une réaction est cependant perceptible au niveau de l'audiovisuel : un certain nombre de journalistes, refusant de se laisser manipuler, créent une association, l'APPLE (Association pour la promotion et la protection de la liberté d'expression au Burundi), et décident... de censurer les personnalités politiques quelles qu'elles soient dont les déclarations sont susceptibles de mettre des vies en danger. Pourtant, alors que le rôle néfaste de la radio des Mille Collines a été maintes fois souligné au Rwanda, au Burundi c'est en vain que des associations de défense des droits de l'homme demanderont que soit interdite son homologue burundaise, Radio Rutomorangingo. Cette dernière a commencé à émettre dès l'été 1994 depuis le Zaïre.

En 1995, une autre radio, tout aussi radicale, diffuse à son tour des émissions de combat, toujours depuis le Zaïre : Radio Démocratie. Les rapports de cette radio au service de la rébellion hutue avec le pouvoir de Bujumbura sont équivoques : elle aurait disposé de matériel commandé en Belgique par la radio nationale burundaise, matériel qui fut ensuite expédié vers le Zaïre.

En 1996, des Israéliens, discrètement présents à Bujumbura, devaient s'employer à brouiller les émissions de ces radios extrémistes, qui ne pouvaient plus être captées en ville. En revanche, sur les collines elles continuaient à mobiliser les paysans.

Alors que séminaires et colloques se sont multipliés pour analyser le rôle que la radio a pu jouer au Rwanda, au Burundi la guerre des ondes s'est poursuivie, non seulement à l'aide de radios pirates, mais par le biais des radios étrangères émettant en kirundi, la BBC et Voice of America notamment, qui diffusèrent régulièrement des informations alarmistes ou des déclarations politiques enflammées. En août 1996 encore, un paysan de Giheta devait assurer, sans hésiter, que l'armée avait fait 4 040 morts sur sa colline. Pressé d'en fournir la preuve, de donner le nom de ses voisins tués, il devait avouer qu'il tenait cette information de l'écoute des radios étrangères qui avaient diffusé des informations données par Amnesty International.

Ce recours aux sources d'information étrangères, censées être plus objectives, s'explique entre autres par le fait que la télévision burundaise, avant la nomination de son nouveau directeur Innocent Muhozi, devait à tout moment se ranger aux côtés des extrémistes tutsis.

En fait, depuis la mort de Ndadaye, le Burundi est le théâtre d'un double jeu permanent désorientant et décourageant les médiateurs, observateurs et autres étrangers qui tentent vainement de mettre fin à sa descente aux enfers. Qu'il soit hutu ou tutsi, chacun, tout en jurant de sa bonne foi, garde deux fers au feu. L'ethnicité, dans ce jeu de dupes, n'est plus qu'un prétexte, chacun ayant le sentiment de lutter pour sa survie et se comportant comme si la duplicité était le plus sûr moyen de l'assurer.

Alors que les Tutsis, arguant des actes de génocide dont ils ont été victimes, du fait que chaque famille a été touchée, exigent sans cesse de nouvelles concessions, des garanties supplémentaires, et tentent de récupérer le pouvoir, les Hutus, dans les mois qui suivent la mort de Ndadaye, se lancent dans un double jeu. Les uns amorcent une négociation politique, les autres (ou les mêmes ?) se préparent à l'épreuve de force militaire, sous la houlette de Léonard Nyangoma, le ministre de la Fonction publique, qui se convertit à la lutte armée.

D'étranges conciliabules ont eu lieu alors que les ministres du Frodebu étaient encore retranchés au club de vacances sous la protection des gendarmes français. Bien plus tard,

Jérôme Ndiho, un journaliste, porte-parole des Forces de défense de la démocratie, et Christian Sendegeya (un Tutsi !), ancien président de l'Assemblée nationale après avoir été l'un des candidats à la présidence qui prendra la tête de la guérilla hutue, expliqueront ce qui s'est passé sur les rives du lac Tanganyika.

« Fin novembre 1993, raconte Jérôme Ndiho, un mois à peine après l'assassinat de Ndadaye, dans une réunion du bureau politique du Frodebu présidée par Ntibantunganya, il a été décidé de créer et d'armer un détachement de résistance populaire, mais de manière structurée, pour éviter les anarchies et les tueries interethniques tous azimuts. [...] Cela a abouti à la création des Forces pour la défense de la démocratie, qui actuellement ont déjà réussi ce que l'armée monoethnique tutsie n'a pas réussi à faire, désarmer pacifiquement la population et concentrer presque toutes les armes dispersées[1]. »

Dans une longue lettre adressée le 5 janvier 1995 au procureur général de la République, Christian Sendegeya, de son côté, explique qu'effectivement la création de « bandes armées » a été décidée par l'ensemble du bureau politique du Frodebu, lors de sa retraite dans le club de vacances. Avec l'appui de ses pairs, Léonard Nyangoma, ministre de la Fonction publique, fut alors chargé de mettre sur pied cette armée parallèle. Ses collègues, qui lui devaient leur poste de ministre ou leur siège à l'Assemblée nationale, récompensaient ainsi les talents d'organisateur dont il avait fait preuve durant la campagne électorale, lorsqu'il s'occupait de la propagande et du recrutement.

En fait, l'assassinat de Ndadaye a marqué l'heure de Nyangoma, qui est le véritable homme fort du Frodebu. Lorsque Cyprien Ntaryiamira fut désigné à la présidence pour remplacer Ndadaye, nul ne se faisait d'illusions : il n'était qu'un homme de paille, et sa mort, survenue dans

---

1. Interview publiée par l'hebdomadaire *Panafrika*, 7 juin 1995.

l'attentat qui emporta son collègue rwandais Habyarimana, ne suscita guère de remous.

Lorsque Nyangoma passa à la clandestinité, la plupart de ses anciens collègues lui demeurèrent fidèles, malgré son parcours pour le moins surprenant : initialement soutenu par l'internationale démocrate-chrétienne et par l'ensemble des mouvements catholiques, il n'hésita pas, une fois au Zaïre, à se lancer dans la lutte armée avec la protection de Mobutu, et se convertit même à la religion musulmane. A Bukavu, où il se réfugia, il s'acoquina avec une trafiquante de cigarettes d'origine asiatique, très introduite auprès de la cour mobutiste. Par la suite, il devait passer une alliance tactique avec les anciennes forces armées rwandaises, qui l'approvisionnèrent en armes et en munitions. Il devait même nouer des contacts avec le mouvement sud-africain Inkhata, qui mena la guerre des Zoulous au Transkei, et solliciter un appui militaire auprès du chef zoulou Buthelezi.

Mais la force de Nyangoma venait surtout des appuis dont il disposait à l'intérieur du Burundi : une bonne partie de l'appareil d'État, aux mains du Frodebu, lui était acquis. Dans les premiers mois de son passage au Zaïre, il a même continué à percevoir son traitement de ministre !

C'est en mars 1994 que Nyangoma crée le Conseil national pour la défense de la démocratie (CNDD), une coalition de partis hutus qui comprend, outre les radicaux du Frodebu, d'autres formations qui n'avaient pu participer aux élections, dont le Mouvement pour la paix et la démocratie. Les Forces pour la défense de la démocratie (FDD) constituent la branche militaire d'un mouvement qui ne tarde pas à entrer en concurrence avec des mouvements armés hutus plus anciens, le Frolina et le Palipehutu.

Officiellement, le maître mot du CNDD est la « démocratie », le retour à l'arithmétique des élections de juin 1993. Le mouvement se défend d'être ethniste, assurant qu'il fait place aux Tutsis dans ses rangs et que son seul adversaire est l'armée burundaise, invariablement qualifiée de « mono-ethnique » et de « putschiste ». En réalité, l'alliance qui se nouera sur le terrain avec les auteurs du génocide rwandais, les pratiques des combattants du FDD, qui attaquent les populations civiles bien plus que les positions militaires, ne tarderont pas à révéler les pratiques réelles et l'idéologie de cet étrange « mouvement de libération ».

Depuis la création des FDD, rejointes par 30 000 jeunes Hutus qui s'initient à la guérilla depuis la région d'Uvira au Zaïre, le Burundi vit dans la confusion la plus complète.

Nyangoma et Sendegeya sont officiellement des dissidents, ils ont rompu avec le gouvernement, avec leurs anciens collègues du Frodebu, ils engagent des combats avec l'armée nationale, ils sont publiquement désavoués.

En réalité, les fonds de l'État, détournés par leurs anciens collègues, financent en sous-main la guérilla. La base du parti est acquise à cette dernière, de même qu'un certain nombre d'ambassadeurs en Europe. Parfois, l'audace des « assaillants » hutus surprend : ils lancent des coups de main dans Bujumbura, attaquent l'armée puis se volatilisent, semblent toujours informés des mouvements des militaires pour avoir le temps de disparaître. La réalité apparaîtra bientôt : la force des FDD, ce sont leurs complicités sur le terrain. Les téléphones portables de leurs collègues restés au gouvernement les avertissent en temps utile de toute opération militaire, et parfois même des députés du Frodebu, arguant de leur immunité, franchissent les barrages militaires pour réapprovisionner la guérilla !

Reconnaissant que la guérilla évolue au sein de la population comme un poisson dans l'eau, l'armée admettra que dans chaque province des stocks d'armes ont été constitués en 1995, avec l'aide du chef de la sécurité présidentielle Audifax Ndabitoreye, qui a d'ailleurs rejoint les rebelles du Zaïre en août 1996. Les militaires assurent même que les responsables de la sécurité présidentielle aidèrent les Forces pour la défense de la démocratie à voler un lanceur de missiles en 1995.

Au début, les Français ne sont pas loin des terrains d'opérations. Le capitaine Paul Barril devient un familier de

Bujumbura, et ses supergendarmes assurent, on le sait, la protection du club de vacances. Plus tard, la France formera et encadrera l'Unité de sécurité des institutions (USI), composée d'un demi-millier de soldats hutus chargés d'assurer la protection personnelle des dignitaires du régime et dont les relations réelles avec la guérilla seront extrêmement ambiguës. Ce programme de formation prendra fin en juin 1996, lorsque la France mettra un terme à sa coopération militaire avec le Burundi.

Malgré leurs professions de foi « démocratiques », les combattants hutus ont d'étranges méthodes. Dans leur fief de Kamenge, on découvre des prisons clandestines, des caches d'armes, des fosses communes dans lesquelles ils retiennent des suspects. Ils multiplient les provocations, les actes de terreur délibérée. Lorsqu'ils tuent le lieutenant-colonel Sakubu, l'ancien maire de la capitale, ils abandonnent délibérément sa dépouille décapitée en pleine ville. La télévision retransmettra ces images atroces, décuplant du même coup la rage des bandes tutsies. Les « assaillants » n'hésitent pas non plus à déchaîner sur les populations civiles les représailles de l'armée.

La chronologie des événements démontre que cette région subit une stratégie de la tension mûrement pensée : chaque accalmie est suivie de nouvelles provocations qui réduisent à néant tous les efforts de conciliation.

Au Zaïre, des rapports de l'organisation Human Rights Watch et d'Amnesty International font état de la jonction qui s'est opérée entre les combattants hutus de Nyangoma, les Intagohekas (ceux qui ne dorment jamais) et les Interhahamwes du Rwanda, avec la bénédiction des Français, qui leur livrent des armes depuis l'été 1994. Amnesty International, par exemple, écrit ceci : « Des armes destinées aux groupes armés hutus seraient fournies par les mêmes réseaux que celles utilisées par leurs homologues rwandais en exil avec lesquels ils s'entraîneraient. Des informations répétées font état de vols de nuit à destination de Goma, pour fournir aux groupes armés hutus des armes en provenance d'Albanie, de Bulgarie, de Chine, d'Égypte et d'Israël. Selon certaines sources, l'Unita angolaise a fourni aux groupes armés hutus des grenades de fabrication américaine. Selon l'armée burundaise, des noms rwandais sont gravés sur certaines des armes saisies sur les rebelles hutus[1]. » Nous y reviendrons au chapitre 6.

La guérilla hutue apparaît d'ailleurs comme une nébuleuse dont les diverses composantes sont difficiles à cerner : les deux mouvements les plus anciens sont le Parti pour la libération du peuple hutu (Palipehutu), fondé en 1980 par Remy Gahutu, et le Front de libération nationale (Frolina) formé en Tanzanie. Les Forces pour la défense de la démocratie, de Nyangoma, apparues après l'assassinat de Ndadaye, ont voulu se démarquer des deux groupes précédents en accueillant des Tutsis dans leurs rangs, mais à quelques nuances près, c'est la même idéologie ethniste qui inspire l'ensemble de ces mouvements. Plusieurs factions devaient apparaître au sein des FDD, menant des opérations autonomes et quelquefois se battant entre elles. C'est ainsi que plusieurs opérations particulièrement atroces visant des civils tutsis ont pu être conduites par des groupes indépendants. Et cette fragmentation de la guérilla hutue rend très hasardeuse la tenue de négociations, car il est malaisé de déterminer l'autorité réelle des divers porte-parole de la guérilla.

La convention de gouvernement

Alors que se mettent en place la guérilla hutue et les milices tutsies, tout espoir n'est pas perdu sur le plan politique. En septembre 1994, sous la pression du représentant spécial de l'ONU, le Mauritanien Ould Abdallah, et avec la garantie de la communauté internationale, traumatisée par le génocide qui vient d'avoir lieu au Rwanda, un compromis a été trouvé. Une « convention de gouvernement » est signée

---

1. Amnesty International, rapport de juin 1995.

par le Frodebu et par l'ensemble des partis d'opposition. Par cet engagement, la minorité tutsie obtient des mesures de sauvegarde. Un Conseil national de sécurité est en effet créé, qui devra donner son aval aux décisions importantes du président de la République — l'appel à des forces étrangères par exemple. Sylvestre Ntibantunganya, nouveau président, est donc placé sous étroite surveillance.

Les forces armées et les partis de l'opposition tutsie contrôlent pratiquement ce Conseil qui chapeaute le chef de l'État. En outre, d'après la convention, le Premier ministre doit nécessairement être issu de l'opposition, et son gouvernement composé à 55 % de représentants de la mouvance Frodebu, appelée Forces de changement démocratique, et à 45 % de représentants des partis politiques d'opposition.

Si l'on considère l'arithmétique électorale et ethnique, la composition du gouvernement est bien éloignée du résultat des élections qui avaient donné la majorité absolue au Frodebu. Les électeurs hutus considéreront cette convention comme une annulation du verdict des urnes, l'aboutissement du « putsch rampant » d'octobre, et le compromis renforcera l'intransigeance de la guérilla. De leur côté, les signataires de l'accord présentent la convention comme le seul accord susceptible à la fois de rassurer la minorité tutsie, de donner une chance aux modérés du Frodebu et de fournir le cadre d'un vaste débat national sur l'avenir du pays.

En réalité, la convention est venue trop tard. La stratégie de l'envoyé spécial des Nations unies, Ould Abdallah, était de rassembler les forces du centre autour d'un programme établi sur des concessions mutuelles, afin d'isoler les forces extrémistes de chaque camp. Le nouveau président, Sylvestre Ntibantunganya, l'ancien ministre des Affaires étrangères, devait être élu par consensus au terme de cette convention. Mais, en septembre 1994, il est devenu impossible de « jouer au centre » : la méfiance, la haine, ont tracé des sillons trop profonds au cœur de la société burundaise, une ségrégation de fait divise le pays. A Bujumbura, Hutus et Tutsis vivent dans des quartiers séparés, et dans tout le pays les gens raisonnables (les militants des droits de l'homme, les militaires légalistes, les représentants de l'Église comme Mgr Ntawama, un Hutu qui prêche la réconciliation...) sont mis en minorité, physiquement menacés. Les personnalités considérées comme modérées sont abattues systématiquement, chaque groupe rejetant sur l'autre la responsabilité des assassinats.

En réalité, le jeu est faussé dès la signature de la convention : chaque signataire « modéré » est en fait le prête-nom d'un groupe extrémiste qui agit dans l'ombre, défaisant la nuit ce qui a été construit le jour. Pis encore, il apparaît au fil du temps qu'une étrange connivence réunit les signataires de cette convention : tous semblent être d'accord pour contraindre la justice à l'impuissance, assurer l'impunité autant aux militaires auteurs du putsch et de la répression qu'aux cadres du Frodebu organisateurs des massacres de civils tutsis.

La méfiance est totale, et chaque groupe n'est fidèle qu'à ses propres obsessions. C'est ainsi que les petits partis d'opposition tutsis, qui n'ont pas le moindre siège à l'Assemblée nationale mais sont omniprésents dans la capitale, sont obsédés par le spectre du génocide. Tous les moyens leur sont bons pour discréditer le Frodebu, souligner ses ambiguïtés, ses collusions réelles ou supposées avec la guérilla. Contrôlant les circuits commerciaux de la capitale, jouant sur l'intimidation, les partis d'opposition (Raddes, Inkizo, PRP) multiplient les obstacles au redressement des institutions. Ils semblent vouloir pousser toujours plus loin l'avantage qu'ils estiment avoir obtenu en décapitant le Frodebu et son jeune président, et la tolérance, sinon la complicité, dont les militaires font preuve à leur égard confirme leurs adversaires dans leur hypothèse d'un « coup d'État rampant ».

A l'occasion des opérations ville morte qui paralysent l'économie, le centre de Bujumbura est tenu par des groupes de jeunes miliciens qui s'appellent eux-mêmes les Sans-Échec, ou Sans-Défaite, ou Sans-Capote. Ils n'ont pas vingt ans, portent des baskets, des tenues de sport, et s'entraînent sur les terrains vagues ou dans les allées de l'université. Ils affirment que des membres de leur famille ont été tués lors des massacres d'octobre 1993 et qu'ils n'ont donc plus rien à perdre. Tous vivent dangereusement et certains sont des semi-délinquants qui, pour acheter des armes ou simplement pour survivre, servent de « mules » aux trafiquants de drogue. En sous-main, les militaires les encouragent et, lorsqu'ils pillent les maisons des Hutus, partagent avec eux le butin. Les partis d'opposition, certains milieux d'affaires se cachent à peine lorsqu'ils rétribuent ces jeunes pour faire régner la terreur. Durant ces journées ville morte, tout Hutu qui se hasarde en ville risque sa vie.

En 1995, lorsque les assaillants hutus tenteront d'opérer dans la capitale, les milices tutsies entreprendront de vider systématiquement Bujumbura de ses habitants hutus.

Les jeunes Tutsis tueront, parfois en présence des militaires, videront les maisons dont ils emporteront jusqu'aux tôles et aux briques de fondation ! Cette purification ethnique à la burundaise videra les quartiers hutus ou mixtes, qui ne sont plus aujourd'hui que des no man's land désolés, envahis par la brousse, surveillés par les militaires. Des dizaines de milliers de Hutus seront ainsi contraints de se réfugier sur les collines ceinturant la ville, où ils vivent dans des conditions extrêmement précaires, d'autres gagneront Gatumba, sur la frontière zaïroise, où ils tenteront de recréer l'ambiance perdue, d'autres encore, les plus jeunes, les plus déterminés, rejoindront les rangs de la guérilla au Zaïre.

Face à cette opposition tutsie, quantitativement peu importante mais dont les affidés contrôlent la capitale, les ministres du Frodebu cherchent la parade. Leur obsession, c'est l'armée, invariablement qualifiée de « mono-ethnique » même si elle compte tout de même un certain nombre de soldats hutus (dont en octobre 1993 les familles furent d'ailleurs massacrées au même titre que les Tutsis). Les efforts parfois déployés par l'état-major pour « ouvrir » le recrutement ne rencontrent qu'incrédulité et sarcasmes, et les nouvelles recrues, mal à l'aise dans cette institution qui leur est étrangère sinon hostile, sont invitées à déserter.

Alors que les Tutsis considèrent que l'« armée nationale » est la seule garantie de leur survie physique, qu'elle seule a réussi à limiter l'ampleur des massacres d'octobre 1993 qui avaient pour but d'éliminer l'ensemble de leur communauté, les Hutus rêvent sinon de démanteler, du moins de neutraliser les forces armées. Ils ne cessent de réclamer l'intervention de forces étrangères. C'est ainsi qu'en attendant ils se battent pour obtenir de la communauté internationale un embargo sur les livraisons d'armes — ils réussiront à obtenir le blocage dans le port de Dar es-Salaam d'une cargaison de 152 tonnes d'armes qui avaient cependant été payées d'avance. Leur objectif final est d'obliger l'armée à négocier avec la guérilla. Quant au président Ntibantunganya, il se trouve dans une position pour le moins équivoque : officiellement, il est le commandant en chef de l'armée nationale, mais en plus il est considéré par beaucoup comme la « cinquième colonne » de la guérilla, à laquelle les services de la présidence fournissent informations, facilités matérielles et parfois même abris et sauf-conduits !

Dans une atmosphère de défiance totale, chaque camp, durant des mois, tente de pousser son avantage sur le terrain. Le président perd progressivement toute crédibilité auprès des Tutsis. Les diplomates étrangers eux-mêmes prennent conscience de son double langage, lorsque officiellement il repousse l'idée d'une intervention étrangère alors qu'officieusement, au cours de contacts privés, il la sollicite !

Quant aux milices tutsies, elles porteront l'exaspération des Hutus à son comble quand, à coups de grèves et d'intimidations, elles obtiendront la démission d'un Premier ministre tutsi, Anatole Kanyenkiko, jugé trop conciliant avec le Frodebu.

Un apartheid de fait

A l'heure actuelle, il ne reste plus rien de l'aimable Burundi de naguère. Un apartheid implacable a divisé Bujumbura. Systématiquement, les Hutus ont été chassés des quartiers mixtes. Ils ont été tués, leurs maisons ont été incendiées. Le quartier de Kamenge, bastion de la guérilla hutue (et dont les habitants tutsis avaient eux aussi été chassés), a été vidé de ses occupants par l'armée et livré aux pillards. L'université elle aussi a été « purifiée ». La plupart des étudiants hutus, menacés, parfois exécutés par leurs condisciples, ont pris la fuite vers Uvira, au Zaïre.

La ville ressemble au Beyrouth d'après la guerre, elle est traversée par une ligne de démarcation invisible qu'aucun automobiliste n'ose plus franchir. Maisons en ruines envahies par les herbes folles, carcasses de voitures incendiées, chaque rue porte les stigmates de l'épuration ethnique. Nul n'ose plus s'aventurer sur le territoire de l'« autre ». Lorsque les paysans descendent des collines pour vendre leurs légumes sur un marché, où se tromper de travée peut coûter la vie, c'est vers le début de l'après-midi qu'ils remontent, en groupes apeurés, sous l'œil de jeunes garçons au regard brûlant.

Bujumbura est une ville assiégée. Au fil du temps, l'épuration a provoqué le départ de la plupart des Hutus, et les Tutsis se sont rassemblés dans des quartiers homogènes. Ils y vivent sous l'hypothétique protection d'une armée épuisée par des mois de tension. Les rondes des militaires n'empêchent cependant pas les incursions, de plus en plus audacieuses, des combattants hutus qui tentent des opérations de guérilla urbaine. Or la ville est infiniment vulnérable : chaque fois que les combattants hutus font sauter les pylônes, elle est privée d'eau et d'électricité. Entourée de collines où ne vivent que des Hutus, cette cité qui s'étend dans une cuvette au bord du lac Tanganyika pourrait devenir un jour une sorte de Diên Biên Phu tropical.

Au Burundi, désormais, la vie ne vaut plus rien, elle se perd au coin d'une rue, en plein jour, lorsque des jeunes agressifs frappent un passant à coups de pierres et l'abandonnent dans le caniveau comme un chien. Elle se perd par mégarde, lorsque des inconnus jettent des grenades dans le marché, lancent des explosifs depuis un camion qui transporte du bois. Elle se perd aussi la nuit, lorsque des hommes sortis de l'ombre se glissent dans les vastes demeures des beaux quartiers fleuris. Tandis que leurs compagnons tirent en l'air dans les jardins luxuriants ou lancent des grenades, ils tuent en mutilant leurs victimes puis s'enfuient en déchirant la nuit de leurs rires de déments.

Il faut le répéter : la cruauté délibérée de ces attaques n'est pas l'expression d'une quelconque « sauvagerie », elle est l'arme d'une guerre psychologique qui a ses stratèges et ses spécialistes.

Mme Graça Machel, épouse du défunt président du Mozambique, qui a mené pour le compte des Nations unies une importante étude sur les implications des civils dans les conflits armés, relève que, de la Renamo du Mozambique à l'Unita angolaise en passant aujourd'hui par les Interhahamwes du Rwanda et les « assaillants » burundais, les techniques de terreur se ressemblent : conditionnement psychologique, destruction des symboles de l'État, viol des interdits, notamment lorsque des enfants sont enrôlés dans la lutte armée.

Sans retenir l'idée d'un « cerveau » commun à ces luttes, Mme Machel estime cependant que l'on retrouve, d'un bout à l'autre du continent, la trace de « conseillers », peut-être sud-africains, rhodésiens ou autres, qui auraient repris du service en Afrique centrale après l'apaisement des tensions dans le sud du continent. Des « Blancs » auraient d'ailleurs été vus par les survivants de l'attaque de l'usine à thé de Teza, revendiquée par la guérilla.

Dans un tel contexte, les attaques menées contre les étrangers relèvent, elles aussi, de la guerre psychologique. La vie des expatriés est devenue un enjeu, des missionnaires sont abattus pour avoir porté secours aux uns, écouté le chagrin des autres, témoigné des massacres, révélé l'emplacement de fosses communes. Les membres des organisations humanitaires sont a priori suspects parce qu'ils tentent d'aider tout le monde et veulent circuler partout.

Des expatriés tombent dans des embuscades et les enfants sont achevés à bout portant pour qu'ils ne puissent rien révéler de l'identité de leurs agresseurs.

Dans la plaine de l'Imbo, qui borde Bujumbura, la méfiance est telle que, lorsqu'on leur livre de l'eau potable, les villageois exigent que les Blancs en boivent devant eux ! Depuis l'attentat prémédité qui à coûté la vie à trois de ses délégués en juin 1996, le Comité international de la Croix-Rouge a décidé de suspendre ses opérations au Burundi. Comment les choses se sont-elles passées ? Les véhicules du CICR, très reconnaissables, avaient dépassé une patrouille militaire qui cheminait à pied sur la route, lorsqu'ils tombèrent dans une embuscade tendue par des hommes armés : les occupants de l'un des véhicules furent tués. Dans cette région de Cibitoke, où les combats sont fréquents, les assaillants hutus furent immédiatement mis en cause. Mais dans un second temps, l'attentat fut attribué à des militaires désireux de susciter le départ de tous les étrangers avant de « pacifier » la région...

Les observateurs étrangers qui se succèdent à Bujumbura, à grand renfort de jeeps blindées et de militaires au garde-à-vous, ont été eux aussi l'objet de manipulations. A chaque visite importante, chacun des camps en présence, soucieux sans doute de convaincre les hôtes de passage de la gravité de la situation, lui a offert des nuits remplies du bruit des fusillades, des petits matins jonchés de cadavres frais et des journées meublées de discours attristés et de promesses de dialogue. Les conférences internationales consacrées au Burundi ont toujours été ponctuées de nouveaux massacres sur le terrain, et Médecins sans frontières estime que 150 000 personnes ont ainsi perdu la vie depuis 1993.

Les journalistes de passage ne sont pas les moins abusés : les victimes civiles, des femmes, des enfants, sont toujours imputées à l'armée, comme si les « rebelles hutus » ne s'en prenaient qu'aux militaires. En fait, comme au Rwanda en 1994, ils massacrent les Tutsis et les civils hutus qui résistent à leurs injonctions.

Quant aux extrémistes tutsis, ils se font souvent passer pour des assaillants hutus : les militaires n'hésitent pas à ôter leur uniforme pour faire le coup de feu avec les bandes de « Sans-Échec » qui errent dans les villes terrorisées. Et les « assaillants » venus du Zaïre s'arrangent volontiers pour laisser apercevoir à leurs victimes des tenues militaires ! Les évêques ne s'y sont pas trompés : en novembre 1993 déjà, ils écrivaient à l'occasion de la « journée du repentir » : « Les Barundi, nous n'abordons plus la vérité en face. Au lieu de chercher à être clairs face au réel, nous courons derrière les faux bruits, qui troublent tout simplement nos esprits. Nous sommes devenus capables d'appeler une mouche une vache, ou d'appeler une vache une mouche. Un Muhutu est capable de dire que rien ne s'est passé, tout en sachant qu'il y a des Batutsi morts quelque part. De même un Mututsi peut dire que rien de grave ne s'est passé, tout en sachant dans quel buisson gisent des cadavres de Bahutu. Ce qui nous a tués, c'est d'oublier que seule la vérité sauve. Jusqu'où nous mènera le mensonge ? » Cette lucidité a coûté cher à l'Église : l'évêque de Gitaga, Mgr Ruhuma, fut assassiné par la guérilla en août 1996.

Ce goût de la manipulation a conduit un haut responsable politique à téléphoner à la Voix de l'Amérique pour dire que des militaires attaquaient sa maison, et tandis qu'il passait à l'antenne, ses propres gardes du corps tiraient en l'air à proximité de la fenêtre pour donner le change ! Manipulation encore lorsque le chef de la Sûreté conduit à la nonciature un groupe de garçons dépenaillés, demandant l'asile pour des « enfants » que les militaires menaceraient d'exécuter, alors qu'il s'agit en réalité de jeunes « assaillants » dont les poches sont gonflées de grenades... Mensonge encore lorsqu'un ministre qualifie de « petits délinquants incontrôlés » des membres des milices tutsies qui, au vu et au su de tous, prennent leurs ordres (et leur argent) auprès des partis d'opposition !

Désormais, chaque citoyen compte les membres de sa famille qui sont tombés, victimes de l'« autre ». Le goût amer des représailles empoisonne la vie de chacun. Un psychiatre, le Dr Barancira, le constate avec effroi : « Lorsque les patients se présentent dans un état de délire, d'agitation extrême, ils hallucinent tous sur les crimes des autres. Les Tutsis rêvent que des bandes armées hutues vont les massacrer, les Hutus fantasment sur les militaires. Les enfants tutsis veulent devenir militaires pour pouvoir se défendre, les enfants hutus rêvent de rejoindre un jour la guérilla... »

Diplomatie préventive

Hantée par la tragédie rwandaise, la communauté internationale, redoutant un « second génocide » au Burundi, accable le pays de sa dangereuse sollicitude, et cette attention est devenue un enjeu politique, sinon une partie du problème. En réalité, rares sont ceux qui redoutent un massacre des Tutsis sur le modèle du génocide rwandais. La plupart des observateurs privilégient plutôt le schéma inverse, celui de tueries massives de Hutus, imputables à l'armée. Les considérations humanitaires tiennent peu de place dans la mise en avant d'un tel scénario : agiter le spectre du « deuxième génocide » au Burundi cette fois permet fort opportunément d'occulter l'impuissance ou l'indifférence manifestées lors de la première tragédie survenue au Rwanda. Les dangers encourus par le Burundi sont alors volontiers brandis par les milieux révisionnistes, comme si les crimes commis d'un côté pouvaient en quelque sorte contrebalancer les atrocités commises de l'autre. D'autres stratégies encore affleurent, sous la chape des bons sentiments, une victoire « hutue » au Burundi permettant d'équilibrer la victoire « tutsie » au Rwanda...

Autant que les provocations des milices tutsies, la stratégie de la tension choisie par la guérilla, relayée par une campagne alarmiste sur le plan international, devait systématiquement torpiller les fragiles efforts de pacification déployés sur le plan intérieur. La politique d'endiguement des extrêmes, prônée par le premier représentant spécial de l'ONU, le diplomate mauritanien Ould Abdallah, devait être minée par les ambiguïtés burundaises et par le scepticisme des observateurs étrangers. C'est ainsi que la campagne de pacification lancée au début de l'année 1996 par le gouvernement Nduwayo, après des débuts prometteurs, sera torpillée par de nouvelles violences, de nouveaux soupçons, l'armée suspectant les députés Frodebu envoyés sur le terrain d'encourager voire d'alimenter la guérilla, tandis que les Hutus constatent que, malgré quelques arrestations, les milices tutsies opèrent toujours impunément.

Alors qu'à chaque tentative de pacification répondent des coups de main de la guérilla de plus en plus cruels, le Burundi, en réalité, glisse inexorablement non pas vers un deuxième génocide, commis par un groupe contre un autre, mais vers un affrontement généralisé. La population civile, et surtout les paysans des collines, est prise dans un terrible engrenage : dans les vastes régions voisines du Zaïre, du côté de Cibitoke, de Bubanza, les assaillants obligent les paysans à les suivre, à les nourrir ou à les cacher. Ils se servent des civils comme d'un « bouclier humain » (tactique qui avait déjà été utilisée lors du génocide rwandais), se dissimulant au sein de la population pour perpétrer leurs coups, entraînant à leurs côtés les plus convaincus, terrorisant les autres. A chaque intervention de l'armée, les assaillants se retirent les premiers, abandonnant les paysans face aux soldats. Ces derniers se lancent alors dans des représailles féroces, qui ne laissent aucun blessé et ne font aucun prisonniers. Ces images de civils massacrés, de femmes et d'enfants sacrifiés pour le compte d'assaillants en fuite donnent alors de nouveaux arguments à la campagne de dénonciation de l'armée.

A mesure que le décompte des victimes s'alourdit, que s'accélère la descente aux enfers, la perplexité de la communauté internationale va croissant : comment enrayer le cataclysme ? Comment empêcher le Burundi de peser sur la campagne électorale de Bill Clinton, sur la mauvaise conscience de l'Union européenne et sur les états d'âme de la France ?

Bujumbura devient ainsi la capitale de la diplomatie préventive, où se succèdent émissaires, médiateurs et ambassadeurs spéciaux, l'Américain Howard Wolpe, l'ancien président malien Amani Touré, l'Européen Aldo Ajello, et enfin l'ex-président tanzanien Julius Nyerere, sans oublier le nouveau représentant de l'ONU, le Canadien Marc Faguy. Le problème, c'est qu'auprès de leurs interlocuteurs burundais abreuvés de conseils et de mises en garde, aucun de ces conseilleurs ne tient le même langage. Sans se l'avouer, la communauté internationale modifie sensiblement sa stratégie. Alors qu'elle avait garanti la convention de gouvernement et proclamé sa volonté de marginaliser les extrêmes, il ne s'agit plus, en 1996, que de ramener la guérilla à la table des négociations, d'en faire un interlocuteur à part entière. Chacun se comporte comme si les « bandes armées » qui détruisent les infrastructures de l'État, tuent les déplacés tutsis, intimident et rançonnent les paysans hutus, et qui ont adopté les méthodes de leurs amis rwandais, devaient être considérées comme les véritables représentants de la majorité de la population burundaise ! Une telle stratégie minera la crédibilité du Frodebu, au moins autant que les contradictions internes de ce parti : tout se passe comme si les « modérés » qui assistent aux réunions de Bujumbura n'étaient que des hommes de paille, les prête-noms de Nyangoma et des autres groupes militaires.

L'ancien président tanzanien Julius Nyerere devient le chef de file des médiateurs. Les atouts ne lui manquent pas : soutenu par la Belgique et par l'Union européenne, qui lui avait promis d'importants crédits, son prestige est grand dans son pays et en Afrique. Il a su emporter le soutien du président ougandais Museveni, agacé par le comportement de l'armée burundaise et peu soucieux d'apparaître comme l'allié de ce « pouvoir hima » souvent dénoncé par la propagande, notamment française. Le Kenya, traditionnellement hostile aux Tutsis et terre d'asile des « génocidaires » rwandais, le soutient également, de même que l'Organisation de l'unité africaine, dirigée par le Tanzanien Salim Ahmed Salim. L'Afrique du Sud elle-même considère avec faveur les efforts du vieux Mwalimu (le « maître d'école »).

Lorsqu'il se lance dans la ronde des pourparlers, une seule carte manque au jeu de Nyerere, mais elle est de taille : depuis les années soixante (la Tanzanie soutenait alors les rebellions mulélistes), le président Mobutu et le vieux Mwalimu se détestent cordialement, et leur rivalité n'est un secret pour personne. Le président zaïrois boude donc ostensiblement la réunion d'Arusha, et la présence de son Premier ministre Kengo, qui n'aura guère les moyens d'appliquer les décisions prises, est surtout symbolique. Chacun sait — mais feint d'oublier — que c'est au Zaïre que se trouve l'une des clés de la paix au Burundi, puisque c'est au départ du Kivu, et avec la protection de la cour mobutiste, qu'opère la guérilla hutue ! La marginalisation de Mobutu explique aussi pourquoi la France se montre réservée face au projet d'intervention militaire.

C'est ainsi qu'est convoqué le sommet d'Arusha en juin 1996. Le choix de la petite ville tanzanienne relance la confusion : Arusha n'a-t-elle pas vu se conclure les accords rwandais, dont le non-respect avait mené au génocide ? N'était-elle pas le siège du Tribunal international pénal pour le Rwanda ?

Le 25 juin 1996 encore, Arusha est le théâtre d'un nouvel accord de dupes : les pays africains, soutenus par l'OUA et par l'Union européenne, réussissent à convaincre tant le Premier ministre tutsi Nduwayo que le président hutu Ntibantunganya de la nécessité d'envoyer au Burundi une force d'intervention africaine de 25 000 hommes, dont les effectifs seront fournis essentiellement par la Tanzanie et par l'Ouganda — le Kenya se déclare également disposé à y participer.

Aux yeux des Burundais, l'idée d'une telle intervention est explosive : le Frodebu et les Hutus la réclament depuis des années, l'armée ne veut pas entendre parler de soldats étrangers sur le territoire national. D'ailleurs, au lendemain même de la signature de l'accord, le malentendu éclate : le Premier ministre et le président ont des priorités différentes. Quand le premier espère qu'une force étrangère sécurisera les villes et permettra à l'armée de faire face à la guérilla sur les frontières, le président, lui, souhaite que la présence dans son pays de 25 000 hommes en armes favorise la mise en œuvre du grand projet du Frodebu : réorganiser l'armée, créer une force de police et de gendarmerie recrutée sur une base régionale et dans laquelle les Hutus seront majoritaires.

Alors que les jeunes Tutsis, surexcités, multiplient les manifestations à Bujumbura et entament des entraînements militaires, le Premier ministre et le président se rendent au sommet de l'OUA à Yaoundé dans des avions différents, refusant de s'adresser la parole ! Comment cet accord, fondé sur la confusion, sinon sur le mensonge, aurait-il pu tenir ? Les Tutsis ne sont pas les seuls à se montrer méfiants, la guérilla elle aussi craint d'être mise au pas et fait monter la tension en lançant deux attaques particulièrement horribles, l'une sur l'usine à thé de Teza, qui fera 80 morts dans un camp de déplacés tutsis rescapés de 1993, et l'autre sur un autre camp de déplacés à Bugendana, qui fera 340 victimes et plus de 200 blessés. Lorsque la télévision retransmet les images atroces des corps décapités, horriblement mutilés, les récits des survivants qui décrivent avec effroi des « bandes » armées de sifflets, de gourdins, l'ombre du génocide s'étend à nouveau sur le Burundi et la psychose des Tutsis est à son comble. Les jeunes sont prêts à se battre jusqu'au dernier et ils défilent en clamant le nom du plus radical de leurs leaders, l'ancien président Bagaza, celui qui promet de sécuriser Hutus et Tutsis en leur réservant des enclaves séparées.

Lorsque les victimes de Bugendana sont inhumées, le 22 juillet, l'émotion des Tutsis frôle l'hystérie. Descendu sur les lieux en hélicoptère, le président Ntibantunganya prononce une phrase malheureuse, affirmant que ces victimes tutsies ont au moins eu droit à des obsèques décentes, au contraire des milliers de Hutus morts dans l'anonymat !

Alors que les manifestants brandissent des pancartes qui accusent explicitement le chef de l'État d'être le complice des assaillants, l'incident survient, irréparable. Les témoins frémissent encore au souvenir de l'injure : quelqu'un, dans la foule, lance soudain une touffe d'herbe sur le chef de l'État. Quelques brins d'herbe, ce n'est rien en apparence, mais au Burundi un tel geste revêt une portée considérable. Il représente l'injure suprême : celui qui en est l'objet doit se considérer comme rejeté, littéralement vomi par ses compatriotes. Aux yeux de tous, il perd sa dignité de citoyens et doit se réfugier dans l'exil. Sous une pluie de terre et d'herbe, le chef de l'État s'enfuit alors vers son hélicoptère, où l'attendent des militaires immobiles. Il n'est pas mort, il n'est pas encore renversé, mais il est déjà déchu : chacun sait que son retour au pouvoir est impossible.

Sans même avertir ses gardes du palais présidentiel, Ntibantunganya se réfugie alors à l'ambassade des États-Unis, d'où il refusera longtemps de sortir, craignant d'être inculpé de haute trahison et de complicité dans les actes de génocide de 1993.

Le « changement » de Buyoya

Durant deux jours, dans un pays en crise où les partisans de l'affrontement final sont de plus en plus nombreux, le pouvoir est vacant. Les étudiants défilent en criant le nom de l'ancien président Bagaza, l'armée s'agite, un lieutenant inconnu est prêt à prendre le pouvoir, on cite le nom du

gouverneur de Ngozi, le lieutenant-colonel Ascension Twagiramungu. C'est alors que le ministre de la Défense, le lieutenant-colonel Firmin Sinzoyineba, qui n'est pas impliqué
dans la mort de Ndadaye, entre en scène et convainc l'ancien
président Buyoya d'accepter le pouvoir, de tenter de sauver
le Burundi au bord du gouffre.

Buyoya, depuis des mois, répète qu'il n'est plus candidat
au pouvoir : il se prépare à reprendre des études aux États-
Unis, s'occupe de la fondation qui porte son nom. Cependant, la requête ne le surprend pas, et il accepte de relever
le défi, se disant contraint par les circonstances. Il se déclare
désireux de restaurer l'autorité de l'État, d'éviter la somali-
sation du pays. Il ne parle pas de coup d'État, mais de
« changement », et ne donne aucun signe d'improvisation.
Son gouvernement, rapidement constitué, est composé de
personnalités indépendantes par rapport aux formations politiques discréditées. Le Premier ministre, Pascal-Firmin Ndi-
mira, est un Hutu, en délicatesse avec l'Uprona, son parti
d'origine, qui abandonne une fonction de consultant à la
Banque mondiale et sa chaire d'agronomie à l'université.
Huit Hutus de l'ancienne « mouvance présidentielle » entrent
au gouvernement, dont six membres du Frodebu qui seront
immédiatement qualifiés de traîtres.

Buyoya et son équipe veulent imposer un temps d'arrêt
de trois ans au carrousel politique, relancer le débat national
avec toutes les parties. Tout se passe comme si, considérant
que la démocratisation avait pris un mauvais départ pour
cause de manipulations ethniques, il était indispensable de
remettre les choses à plat, de rediscuter des relations entre
les citoyens, des garanties de la minorité, des droits de la
majorité. Les défis auxquels doit répondre la nouvelle direction sont nombreux. Il faut d'une part, donner aux Hutus la
certitude que, malgré l'affaiblissement du Frodebu, ils ne
sont pas écartés du pouvoir, que le temps du mépris est
révolu. D'autre part, il faut aussi prendre en compte l'obsession sécuritaire des Tutsis, les persuader que la négociation garantira mieux leur avenir que le recours à la force. Il

s'agit en somme de vaincre les fantasmes, les psychoses des uns et des autres : une tâche immense, car le fossé s'est creusé entre les deux groupes, et le contexte international n'est guère favorable.

Dans un premier temps, la prise de pouvoir de Buyoya a des conséquences surprenantes, aussi bien dans le pays qu'à l'extérieur. Le pays lui-même semble soudain se réveiller d'un cauchemar. Même des paysans recrus de peur et de violence saluent le changement ; se souvenant des précédents états de service de Buyoya, les Tutsis se montrent rassurés, et Bagaza rentre dans l'ombre. Si certains membres du Frodebu acceptent de collaborer avec la nouvelle équipe, d'autres, députés à l'Assemblée nationale, président du parti, responsable de la sécurité présidentielle, se réfugient dans les ambassades, à l'instar du chef de l'État lui-même. Ils assurent craindre pour leur sécurité sinon pour leur vie, et exigent de quitter le pays au lieu d'accepter les offres de dialogue présentées par Buyoya. Ils se présentent comme des « martyrs de la démocratie », et leurs alliés lancent à l'étranger une vaste campagne de solidarité. La réalité est cependant moins simple : le rapport rédigé par la commission d'enquête des Nations unies, divulgué dans les premiers jours qui ont suivi la prise de pouvoir de Buyoya, établit clairement que les massacres de Tutsis en octobre 1993 ont été préparés, planifiés. Certaines des personnalités réfugiées dans les ambassades ou en exil se trouvent impliquées dans cette préparation et risquent de devoir en répondre devant les tribunaux.

En fait, le coup d'État puis le rapport des Nations unies ont fait voler en éclats ce qui restait du Frodebu : certains de ses membres, aussitôt désavoués et considérés comme des dissidents, acceptent de relever le pari de Buyoya, tandis que les autres tombent le masque, reconnaissant leur identité de vues avec la guérilla. Un certain nombre de parlementaires proclameront d'ailleurs ouvertement leur solidarité avec la lutte armée. Ils démontrent ainsi que Nyangoma est leur véritable patron et ce dernier s'autoproclamera président du parti !

Cette duplicité apparaît également sur le terrain : dès que l'appareil territorial, qui était contrôlé par le Frodebu, se trouve démantelé, les attaques de la guérilla diminuent d'efficacité, se réduisant à des coups de main sporadiques. Tout se passe comme si les assaillants avaient perdu leurs yeux et leurs oreilles, et la mise hors circulation des téléphones cellulaires qui avaient été confiés à des officiels leur porte un coup très rude.

Sur le terrain également, le « changement » éclaircit la situation : les paysans résistent aux consignes d'embargo données sur les radios étrangères par des responsables du Frodebu, ils continuent à approvisionner les villes malgré les menaces de mort dont ils sont l'objet ; d'autres, qui avaient été obligés de vivre sur les collines aux côtés de la guérilla, se hasardent timidement en ville, des Hutus regagnent certains quartiers « purifiés » de Bujumbura où, avec leurs voisins tutsis, ils organisent des rondes de sécurité afin de dissuader tous les groupes extrémistes de venir perturber la paix remise en chantier.

Un embargo africain

Même si les pays occidentaux, qui connaissent les états de service de Buyoya, sont enclins à lui faire confiance et adoptent une attitude embarrassée, les pays africains voisins, qui se tenaient prêts à intervenir, ne cachent pas leur mécontentement : le putsch leur a coupé l'herbe sous le pied. Julius Nyerere vit les événements comme un affront personnel. Il mobilise les chefs d'État de la région pour infliger au petit pays enclavé qu'est le Burundi un impitoyable blocus, qui le coupe de l'accès à la mer, paralyse les communications aériennes, s'étend au carburant, aux exportations de café, seule ressource du pays, et à l'aide humanitaire. Le Kenya se montre intraitable, l'Ouganda approuve, le Rwanda suit, à son corps défendant.

A vrai dire, les considérations démocratiques des chefs d'État africains ont été moins déterminantes qu'une frustration assez compréhensible. Il apparaît en effet que les Africains à leur tour ont pris goût à la « diplomatie préventive » et que l'opération d'intervention au Burundi avait suscité beaucoup de convoitises. En effet, la Tanzanie et l'Ouganda s'étaient vu prier par la Banque mondiale de réduire les effectifs de leurs armées. Une affectation au Burundi de soldats en voie d'être démobilisés, avec des soldes de 200 dollars par jour, aurait permis de réduire les éventuelles tensions dans les rangs des militaires. En outre, des pays européens comme la Belgique, l'Allemagne, les pays scandinaves, ayant promis de financer l'opération, les forces armées tanzaniennes espéraient être ainsi dotées d'équipements neufs, d'armes et d'uniformes. L'intervention de Buyoya a torpillé le projet, pour lequel les préparatifs étaient déjà très avancés.

Stratégies régionales

Les considérations psychologiques ou matérielles n'ont pas été seules à jouer. Les intérêts économiques étaient moins absents qu'on ne l'imagine. Le Burundi en effet est moins pauvre qu'il n'y paraît : le gisement de Musongati, riche en nickel et autres minerais précieux, se trouve à cheval sur la Tanzanie et le Burundi, et c'est par ce dernier pays que le trésor pourrait être exploité.

Des considérations d'équilibre régional sont également intervenues. Une opération militaire au Burundi aurait fait glisser le balancier vers l'est, et inclus, fût-ce malgré lui, ce petit pays dans la sphère d'influence de l'Afrique anglophone et orientale. D'aucuns, en Tanzanie, se voyaient déjà exercer sur le Burundi une influence comparable à celle de la Syrie au Liban.

Ce projet sous-jacent explique sans doute l'attitude boudeuse de Mobutu, la réserve de la France, qui s'est bien gardée de condamner Buyoya.

En réalité, une vaste lutte d'influence se déroule au cœur du continent africain, dans des petits pays comme le Rwanda et le Burundi qui se trouvent à la charnière de deux zones d'influence. D'un côté, depuis la Tanzanie jusqu'à l'Ouganda et peut-être l'Éthiopie, il y a l'Afrique orientale. Elle correspond, aujourd'hui encore, à cet axe que Cecil Rhodes voulait tracer du Cap au Caire. De l'autre, avec l'immense Zaïre comme centre de gravité, se trouve le bassin du Congo, qui débouche sur l'océan Atlantique : c'est l'Afrique des francophones. Si aucune des missions de médiation qui se sont penchées sur le sort du malheureux Burundi n'a pu aboutir, c'est aussi parce que les « grandes puissances » rivales, aujourd'hui comme hier, n'ont pu se mettre d'accord sur une politique commune, et qu'en particulier la France et les États-Unis, tous deux membres du Conseil de sécurité, mènent dans la région des politiques divergentes.

C'est pourquoi le « changement » de Buyoya, s'il réussit, pourrait également correspondre à un nouveau mouvement du balancier. Buyoya connaît depuis longtemps Mobutu, et, avant de se lancer à nouveau dans l'aventure du pouvoir, il a pris la peine de consulter le « maître de Gbadolite » et de lui envoyer des émissaires au lendemain du putsch.

Buyoya sait parfaitement que c'est au Zaïre que se trouve l'une des conditions de l'équilibre de son pays et que Mobutu, s'il le souhaitait, pourrait exercer des pressions suffisantes sur Nyangoma pour l'amener à la table des négociations. Malgré une solidarité de principe, le Zaïre applique de manière très souple les consignes d'embargo, et le « patron des patrons » zaïrois se serait chargé de servir d'intermédiaire pour les exportations de café burundais.

Avec l'approbation de la France, satisfaite de voir le balancier revenir du côté francophone, Mobutu pourrait parfaitement envisager de reprendre son rôle préféré, celui de pacificateur régional. S'il devait réussir à ramener la paix au Burundi, sinon au Rwanda, c'est avec sérénité qu'il pourrait envisager des élections générales : l'Occident se garderait bien de mettre en doute la victoire d'un homme aussi indispensable. C'est en effet en jouant sur des rivalités ethniques, en attisant les conflits dans les pays voisins après avoir tenté de le faire sur son propre territoire, que Mobutu, après avoir joué in extremis la carte de la réconciliation, a trouvé le moyen de se survivre politiquement.

Chemin de fer

0   km   400

CAMÉROUN

RÉP. CENTRAFRICAINE

SOUDAN

Gbadolite

Bondo

Uele

Gemena

Isiro

Lisala

Buta

Mungbere

Bumba

Bunia

CONGO

Mbandaka

Zaïre

Kisangani

GABON

Boende

Ubundu

OUGANDA

Inongo

Z A Ï R E

Goma

Zaïre

Kindu

Bukavu

RWANDA

Bandundu

Lodja

BOUROUNDI

Kasai

Ilebo

Kasongo

KINSHASA

Kikwit

Lusambo

Kalemie

TANZANIE

Boma

Mbanza-Ngungu

Kananga

Mbuji-Mayi

Kabalo

Lac Tanganyika

Matadi

Tshikapa

Kabinda

Manono

Kamina

AFRIQUE

ANGOLA

Dilolo

Kolwezi

Likasi

ZAÏRE

Lubumbashi

ZAMBIE

5

Le Zaïre :
les dernières cartes du dinosaure

Alors qu'au début des années quatre-vingt-dix, il était considéré comme un homme fini, Mobutu, au pouvoir depuis 1965, a survécu à l'annonce de sa mort politique en agitant la menace du chaos, en usant des séductions de l'argent facile, en exploitant les faiblesses de l'opposition. Il a aussi manipulé l'ethnicité dans les provinces du Shaba et du Kivu. Le génocide rwandais et les tensions ethniques au Burundi, relancées depuis le territoire zaïrois, ont renforcé sa position de pompier pyromane.

Le 21 septembre 1991, Mobutu était considéré comme fini.

Lorsqu'il était entré dans la bâtisse baroque pompeusement surnommée palais de Marbre pour discuter enfin avec l'opposition, nul n'aurait osé parier sur son maintien à la tête de l'État. Les nombreux journalistes étrangers présents dans la capitale livrée aux pillages avaient déjà composé leurs papiers d'adieu au vieux Léopard. Les Zaïrois, eux, avaient constaté que le Guide avait l'œil terne, qu'il portait un costume sombre sitôt appelé « costume de deuil » et qu'au sortir de la réunion il avait cérémonieusement cédé le pas à un Tshisekedi qu'il appelait désormais « mon Premier ministre ».

On se prenait à rêver : c'en serait donc fini de ces trois décennies de misère, de ces longues années de lutte menée par l'opposition, de ces mois de turbulences, depuis qu'en avril 1990 le président avait décrété la fin du parti unique et ouvert la voie à la Troisième République ?

Tous les avis convergeaient, Mobutu cette fois allait jeter le gant, accepter de céder le pouvoir effectif à son vieux rival — et peut-être même démissionner. N'était-il pas terriblement affaibli depuis le scandale du massacre des étudiants à l'université de Lubumbashi, le 11 mai 1990, qui avait donné à la Belgique l'occasion d'interrompre son aide, de retirer tous ses coopérants et de rompre bruyamment avec un régime disqualifié ? La décision belge avait été suivie par les autres pays influents au Zaïre : la France et les États-Unis avaient pris leurs distances avec le régime, l'Union européenne avait suspendu son aide. Le FMI, pourtant plus soucieux des arriérés de paiement de la dette que du massacre des étudiants, avait lui aussi mis un veto à de nouveaux crédits. La population elle-même avait bougé, elle s'était engouffrée dans la brèche du multipartisme, avait relevé le défi de la liberté comme elle l'avait déjà fait au début des années soixante, au lendemain de l'indépendance. Des dizaines de petites formations politiques avaient vu le jour, issues d'initiatives individuelles ou créées de toutes pièces par le pouvoir afin d'affaiblir les véritables forces d'opposition.

Durant tout cet été 1991, Kinshasa avait soutenu la bataille de la Conférence nationale, exigée par le peuple, refusée par le pouvoir mobutiste.

Ce dernier, redoutant le déballage de trente années de turpitudes, avait joué le grand jeu pour tenter de torpiller la Conférence. A grands frais, plus de 4 000 délégués avaient été amenés de toutes les régions du pays, des chefs coutumiers ceints de plumes, des prostituées ramassées dans les bars, des patrons de bistrots, des chômeurs côtoyant les représentants des partis, des organisations de femmes, des associations populaires. A tous ceux-là, la présidence avait hâtivement distribué des billets de 50 000 zaïres imprimés pour la circonstance. Ces imposteurs avaient reçu pour mission de mettre en minorité les véritables délégués.

En septembre, le lourd navire de la Conférence nationale semblait enlisé dans les sables de la procédure : tout le monde en avait assez et Mobutu lui-même s'apprêtait à siffler la fin de la récréation.

Il avait en fait décidé de remettre tout le monde au pas. Mais la grenade lui sauta au visage : les militaires une fois de plus n'avaient pas été payés, et, avec plus de zèle que jamais, inversant le célèbre slogan de l'ancien parti unique — « servir et non se servir » —, les troupes dites d'élite du camp Ceta voisin de l'aéroport et du camp Kokolo au centre-ville se déchaînèrent pendant quarante-huit heures. Experts en pillages, les soldats mirent à sac les chambres froides et les magasins, ils vidèrent les entrepôts et les immeubles. La population les imita. Les Kinois (habitants de Kinshasa) à leur tour firent la fête, participèrent au sac de la ville. Des garçons rigolards attaquèrent les maisons des notables, emportèrent les téléviseurs et les ordinateurs, les tapis et les fils électriques, tandis que les militaires enlevaient les toits avec des grues... Le mouvement se propagea en province — il devait ravager Lubumbashi quelques semaines plus tard — et tous les magasins, toutes les industries de la capitale furent pillés.

Les pillages prirent aussi une tournure politique. Le siège du MPR (Mouvement populaire de la révolution, l'ancien parti unique) fut incendié, les maisons des barons du régime attaquées les unes après les autres... Après quelque temps, Mobutu, dont les troupes d'élite avaient lancé le mouvement, dut reconnaître qu'il ne contrôlait plus la situation, tandis que Belges et Français évacuaient leurs ressortissants stupéfaits qui se retrouvaient en sous-vêtements sur les quais du fleuve à Brazzaville...

Une étrange atmosphère de désolation physique et de réjouissance morale planait en ces journées sur les villes fumantes. L'outil de production était détruit, mais la fin du règne semblait proche. Dans leurs camps, les militaires faisaient commerce de leur butin, chacun se rendant au camp Kokolo rebaptisé Koweit City pour y faire des affaires, ou racheter ses propres biens volés...

Sur le plan politique, Mobutu avait totalement perdu la face. Le contrôle de la situation lui avait échappé et il vivait réfugié sur son bateau qui faisait la navette entre Ndjili et Mbandaka. Les Occidentaux lui avaient pratiquement donné l'ordre de quitter le pouvoir, ou de le partager avec Étienne Tshisekedi, son vieil adversaire, leader de l'Union pour la démocratie et le progrès social (UPDS), le plus grand parti de l'opposition.

A Kinshasa, il se murmurait que les Français avaient même fait plus, affrétant en bout de piste un petit avion qui aurait pu emmener le Guide et les siens vers des cieux plus cléments, comme ils l'avaient déjà fait pour Jean-Claude Duvalier en Haïti.

Mais imaginer que dans de telles conditions Mobutu allait abandonner le pouvoir, c'était mal connaître l'opiniâtreté et la ruse du vieux Léopard. C'était sous-estimer sa malignité et ses atouts réels.

En réalité, alors que chacun le croyait dans les cordes, abandonné de tous, l'insubmersible dictateur s'apprêtait déjà à reconquérir son pouvoir.

La lente remontée

Que lui importait que le bilan des pillages s'élève à 700 millions de dollars, que plus de 75 000 travailleurs se retrouvent au chômage, que la classe moyenne de la capitale ait brusquement été replongée dans la pauvreté absolue... Lui, il disposait d'assez de réserves financières pour parier sur l'épuisement de ses adversaires, de suffisamment de ruse pour tenir le pari du pire, miser sur le chaos, la haine ethnique, susciter la division dans le camp d'en face et jouer avec ses rivaux comme un vieux chat cruel.

C'est ainsi qu'il survécut à toutes les épreuves : à la Conférence nationale qui mit au jour trente années de violence et de corruption, à la promulgation d'un acte de transition, sorte de Constitution provisoire qui lui enlevait tous les pouvoirs mais le maintenait en poste pour deux ans, à la mobilisation populaire qui relançait les travaux de la Conférence à chaque fois qu'ils étaient suspendus, aux opérations ville morte qui, répondant à l'appel de l'opposition, paralysèrent les grandes villes. Il survécut même à la désaffection de l'Occident : il lui fut interdit de se rendre aux États-Unis, en France, en Belgique, et ses proches furent victimes des mêmes mesures. Des menaces — jamais exécutées — pesèrent même sur ses comptes et ses propriétés à l'étranger ; lors des funérailles du roi Baudouin, son contemporain, l'hypocrite Habyarimana fut invité et plastronna au premier rang, tandis que lui, Mobutu, qui considérait le roi des Belges comme son cousin et son homologue, fut tenu à l'écart comme un parent qui fait honte à la famille...

En septembre 1991, au moment des premiers pillages de Kinshasa, alors qu'il venait d'être nommé au poste de Premier ministre, Tshisekedi devait faire l'amère expérience de la détermination de son adversaire. L'encre de l'ordonnance de sa nomination n'était pas encore sèche que Mobutu saisissait la première occasion pour limoger le maladroit ! Ce dernier n'avait-il pas eu l'outrecuidance, dès sa prestation de serment, de biffer la phrase rappelant que le président demeure « le garant de la nation » ? Portant sans attendre le fer dans la plaie, n'avait-il pas eu l'audace d'interdire à la Banque du Zaïre d'honorer un chèque de 800 000 dollars libellé au nom de la présidence ?

Remercié comme un malpropre au lendemain de sa nomination, Étienne Tshisekedi fut alors remplacé par Mungul Diaka, un ancien opposant, rallié pour la circonstance. Deux mois plus tard, il devait céder la place à Nguz Karl I Bond, l'homme des innombrables aller-retour entre le pouvoir et l'opposition. Originaire du Shaba, la province du cuivre, Karl I Bond fut en effet, alternativement, le plus brillant des ministres des Affaires étrangères et des premiers ministres et le plus virulent des opposants. A la tribune du Congrès des États-Unis qui l'avait invité, il osa dénoncer la corruption du régime et sa brutalité ; devant les sénateurs ébahis, il avait même détaillé les sévices corporels dont il avait été personnellement l'objet de la main des sbires de Mobutu qui s'en étaient pris à sa virilité.

Le souvenir des humiliations passées fut cependant moins fort que l'appétit du pouvoir, et Karl I Bond accepta de se rallier à Mobutu et de redevenir Premier ministre. Ce devait être la dernière fois. De graves problèmes de santé, dus peut-être à une tentative d'empoisonnement, devaient mettre un terme à la carrière politique nationale de l'ambitieux, qui se replia sur son fief « katangais », la province du Shaba. Nous y reviendrons.

L'épreuve de force se poursuivit durant des mois entre un président qui renâclait devant la perspective de la Confé-rence nationale et une population qui, soutenue par l'étran-ger, y tenait absolument.

Le souci de ne pas être en reste par rapport au Bénin ou au Congo-Brazzaville peut expliquer l'acharnement de ceux qui tenaient absolument à la Conférence. Quant à la popu-lation elle-même, elle espérait que la Conférence nationale lui permettrait de destituer le tyran, ou tout au moins de réduire son pouvoir sans verser le sang. L'évêque de Kisan-gani, Mgr Monsengwo, élu pour diriger les travaux de la Conférence nationale avec l'appui de Tshisekedi, fut ainsi durant plusieurs années dépositaire de la confiance du peuple et considéré par des Occidentaux comme un interlocuteur plus légitime que le président lui-même.

La tactique de Mobutu, durant les mois qui suivirent, ne varia pas : diviser l'opposition, repêcher les tièdes, les dés-argentés — et Dieu sait s'il y en a —, jouer de son argent et de sa séduction, et, si nécessaire, recourir à la terreur.

En contrepoint du ballet politique ponctué de défections, de compromis, de médiations (entre autres celles de l'op-posant sénégalais Abdoulaye Wade) qui marqua 1992, l'année de la Conférence nationale, il y a le doux froissement de l'argent qui se distribue du côté du domaine présidentiel de la N'Sele, il y a le fracas des violences déclenchées par les militaires de Mobutu, il y a la menace d'éclatement du pays pour cause de guerres ethniques.

Le poids de la fausse monnaie

Pour évaluer le poids de l'argent, il faut se rendre un matin dans une petite rue de Kinshasa, derrière l'ambassade de Belgique. Tout le monde la connaît sous le nom de Wall Street. Ou bien il faut se faire conduire dans le quartier populaire de Matongue, à Oshwe, un autre haut lieu de la capitale. Dès l'aube, d'énormes « Mamas Moziki », ou « cent kilos », sont installées à même le trottoir, derrière des piles de billets de banque. A tout moment, des 4x4 aux vitres fumées viennent les approvisionner. Les billets s'empilent ou sont emportés par caisses entières. Au siège d'une grande société pétrolière, le jour de la paie des ouvriers, les liasses sont entassées jusqu'au plafond de la chambre forte et c'est à la brouette que l'on distribue à chacun son dû.

Naïfs Occidentaux ! Ils avaient bien cru, en coupant les crédits au régime, qu'ils allaient acculer le Léopard et lui arracher les griffes ! C'était mal le connaître. Certes, après le retrait des coopérations étrangères, le peuple fut ostensiblement privé de tout soutien ; on ferma des dispensaires, les écoles n'eurent plus de subventions, les professeurs, payés en nature par les parents, ne reçurent plus aucun traitement.

Mobutu et les siens, eux, ne furent privés de rien. D'abord parce que après trois décennies de prédation ils avaient de quoi tenir le coup. Des milliards de dollars reposant dans les banques occidentales leur permettraient d'attendre des jours meilleurs en vivant sur leurs réserves. En outre, si l'argent n'a jamais été un problème pour les hommes au pouvoir, c'est parce que Mobutu et les siens ont toujours su fabriquer la monnaie qui leur manquait.

En 1991 déjà, des milliers de citadins s'étant laissé attirer par des placements à des taux très attractifs, les imprudents furent ruinés, et, en raison des nombreux retraits en espèces, les banques se retrouvèrent à court de liquidités, incapables de répondre aux besoins de l'économie et aux demandes de remboursement des parieurs (des jeux de hasard). Les pillages de septembre avaient alors achevé de ruiner les opérateurs économiques.

La crise des liquidités fut résolue de manière originale. Mobutu, ses fils, ses conseillers, prirent l'habitude de faire imprimer en Autriche d'abord, puis en Argentine et au Brésil, et à Londres, l'argent qui leur était nécessaire.

Alliés et protecteurs des trafiquants libanais, les généraux Nzimbi (qui dirige la Division spéciale présidentielle) et Baramoto (chef de la très redoutée Garde civile) ont pendant longtemps organisé les opérations. Le Zaïre est ainsi devenu un extraordinaire laboratoire monétaire. D'abord par la politique d'émission des billets (sans rapport avec l'économie réelle), ensuite par la réponse que la population a apporté à ces trafics.

Une bonne partie de l'impression des nouveaux billets a été financée par des Libanais. Si l'on en croit la presse zaïroise de l'époque, ils recyclaient ainsi des narcodollars générés par la drogue produite dans la plaine de la Bekaa. Une banque de Kinshasa a ainsi reçu plusieurs livraisons de billets de banque en provenance de comptoirs libanais, portant la mention « Cayman Islands ». (Les îles Cayman ont la réputation d'être un excellent paradis fiscal où se recycle et se blanchit l'argent de la drogue.)

Durant des années, ces billets ont été dirigés vers la Banque nationale, vers Oshwe et Wall Street, ou vers le village présidentiel de Gbadolite. Ils ont également été transférés, toujours par des intermédiaires libanais, vers les régions productrices d'or, de diamants, de métaux précieux, afin de payer les creuseurs individuels qui passent au tamis le lit des rivières ou creusent les montagnes du Maniéma.

Une fois que l'or ou les minerais précieux ont été achetés aux creuseurs et payés en monnaie locale, ils sont présentés aux comptoirs établis dans les pays voisins, au Burundi par exemple. Quant aux diamants, ils sont acheminés vers Anvers dans les bagages à double fond de quelques convoyeurs qui franchiront sans encombre les 37 contrôles douaniers. Sitôt arrivées en Europe, les richesses du sous-sol zaïrois sont alors échangées contre des devises au-dessus de tout soupçon. Pendant longtemps, lorsque les avions privés zaïrois se posaient dans les aéroports de Bruxelles-National et d'Ostende, des voitures de luxe les attendaient au pied de la passerelle et les conduisaient à Anvers, loin des taxes et des contrôles douaniers. Grâce à ce trafic, la ville portuaire est devenue la capitale mondiale de l'or et du diamant, en dépit de la rigueur des consignes officielles de la Belgique.

En Angola, l'Unita trafique elle aussi pierres et métaux précieux à travers le Zaïre. La valeur annuelle du trafic de diamants vers l'Europe est estimée à 500 millions de dollars pour le Zaïre et à 200 millions de dollars pour l'Angola. Les exportations officielles de diamants zaïrois ne dépassent cependant pas les 200 millions de dollars...

« Casser le caillou » est devenu le dernier espoir des enseignants non payés, des fonctionnaires licenciés, de tout un peuple de miséreux, et, en 1995, les recettes du diamant représentaient 62 % des ressources en devises du Zaïre. Mais ceux qui gagnent gros ne sont pas les pauvres hères payés en « monnaie de singe ». Indirectement, en effet, le diamant sert aussi à payer la fabrication du papier-monnaie : depuis 1991, c'est par tonnes, par avions entiers que l'argent arrive et est distribué. A plusieurs reprises, cependant, des cargaisons ont été saisies. En février 1993, un appareil chargé de 14 tonnes de billets de 5 millions de zaïres fut ainsi empêché de décoller à l'aéroport d'Ostende en Belgique. Après protestations et palabres, il fut autorisé à repartir pour Londres. D'où, dans la quiétude générale, il s'envola pour le Zaïre... Des compagnies privées, appartenant à Ngbanda, le « conseiller spécial » de Mobutu, ou à Bemba Saolona, le « patron des patrons », ont assuré le transport des cargaisons.

Ce trafic de billets n'engendre pas seulement une corruption spectaculaire (c'est par malles que, la nuit, l'argent circule entre les prébendiers), il nourrit aussi une inflation à quatre chiffres. En outre, des drogues dures transiteraient par le Zaïre, venues de Tanzanie par le lac Tanganyika afin d'être réexpédiées en Europe depuis Kinshasa. Est-il besoin de préciser que les trafics d'armes suivent les mêmes circuits, avec les mêmes bénéficiaires ?

Tous les Premiers ministres qui se sont succédé au Zaïre durant cette période de transition ont été impuissants à mettre fin à ces trafics et à juguler l'inflation. Seul Tshisekedi parvint brièvement à faire baisser le cours du dollar en tentant sérieusement de juguler l'hémorragie monétaire, tentative qu'il paya au prix fort. Ses démêlés avec Mobutu furent bien souvent qualifiés de « querelle personnelle », comme si les deux hommes, qui avaient collaboré dans les premières années du régime (Tshisekedi avait été ministre de l'Intérieur), s'étaient subitement brouillés pour d'obscures raisons d'ordre privé. En fait, Tshisekedi connaissait mieux que personne les ruses du président et était à même de les révéler à tous. Voici comment les choses se sont passées.

En août 1992, la Conférence nationale, qui avait enfin pu reprendre ses travaux, avait élu Tshisekedi au poste de Premier ministre par 70 % des suffrages exprimés et Mobutu avait dû s'incliner : l'élection du vieil opposant au poste de chef de gouvernement suscita une liesse extraordinaire au sein de la population.

Tshisekedi s'attaqua en priorité à la forteresse de l'argent. Mais le gouverneur de la Banque était un fidèle du président, qui refusait bien entendu de changer ses habitudes. Bref, la planche à billets fonctionnait toujours aussi allègrement, et même plus vite que d'habitude, puisqu'il s'agissait de déstabiliser au plus tôt le nouveau Premier ministre... Déclenchant une véritable « offensive monétaire », le gouverneur jeta ainsi sur le marché des billets d'une valeur de 1 puis de

5 millions de zaïres, qui portèrent l'inflation vers de nouveaux sommets.

Tshisekedi, impuissant devant ce déferlement d'argent, décida alors de démonétiser le billet de 5 millions de zaïres (que tout le monde appelle *mikomboso,* ou *mayeshe,* le singe : il affiche d'un côté le visage du président et de l'autre la tête de trois paisibles gorilles).

« Ce billet est sans valeur, proclama Tshisekedi, il ruine le pouvoir d'achat de la population. » Qui a jamais dit que l'économie était affaire de spécialistes ? Au Zaïre, l'injonction du Premier ministre est comprise par tous, et suivie à la lettre : les « mamans » du marché refusent de toucher le billet à tête de singe, les commerçants s'en détournent. Il n'y a guère qu'au Shaba que le gouverneur en impose l'usage à la population. Et lorsque le pouvoir choisit de payer les fonctionnaires et les militaires en billets contestés, ces derniers, fous furieux parce que les commerçants refusaient d'honorer cette monaie, décidèrent de se servir en nature et de reprendre les opérations de pillage. En janvier 1993, la soldatesque donna ainsi le coup de grâce à une économie chancelante.

Il faut cependant noter que les violences de 1993 furent d'une autre nature que celles de 1991 : cette fois, la population n'y participa guère car elle avait décelé la manœuvre du pouvoir.

Début janvier, en effet, le pays était paralysé par une nouvelle épreuve de force. Le président n'acceptait pas de régner sans gouverner et il refusait de s'incliner devant la légitimité de son Premier ministre. De son côté, le Haut-Conseil de la République, qui rassemblait les délégués à la Conférence nationale, avait lancé un ultimatum à Mobutu : le président était menacé de destitution s'il s'obstinait à vouloir révoquer le gouvernement de transition dirigé par Tshisekedi.

La grève générale menaçait, l'opposition songeait à s'emparer de la radio nationale, de la Banque du Zaïre, du palais de la Nation... La population était prête à descendre dans la rue pour défendre les acquis de la Conférence.

C'est alors que Mobutu lâcha une fois de plus ses militaires. Le refus opposé par les commerçants au billet de 5 millions de zaïres fut le prétexte choisi. Profitant du désordre, des unités particulièrement fidèles au président « nettoyèrent » les quartiers populaires, des dirigeants politiques furent abattus dans leur lit, des meneurs de la grève assassinés. Viols, tortures, humiliations se multiplièrent. Les militaires déchaînés n'hésitèrent pas à piller une maternité, à jeter dans le fleuve des bébés qui se trouvaient dans une couveuse. Pis encore : les militaires de la 31ᵉ division aéroportée du camp Ceta, considérés comme peu sûrs, c'est-à-dire « acquis au changement », furent éliminés par leurs collègues de la Division spéciale présidentielle, sous prétexte de mutinerie. C'est au cours de ces pillages que Tshisekedi lui-même échappa au pire, et que l'ambassadeur de France Philippe Bernard fut tué.

La mort de l'ambassadeur de France

L'enquête officielle devait conclure à une mort accidentelle : le représentant de la France aurait été victime d'une « balle perdue » passée par la fenêtre alors que des mutins arrosaient la façade de l'ambassade à la mitrailleuse.

A Kinshasa, ces jours-là, la rumeur est bien différente. Selon la presse locale et les milieux de l'opposition, Tshisekedi, convoqué (mais par qui ?) à l'ambassade de France, aurait dû y être victime d'un traquenard, soit dans les locaux de l'ambassade, soit en cours de route. Mais le leader de l'opposition n'arrivera jamais à destination. Melissa Wells, l'ambassadeur des États-Unis, avertie du complot, aurait envoyé une ambulance à la rencontre de Tshisekedi, afin qu'il puisse être intercepté en chemin. La presse de l'époque relate que le commando qui devait enlever ou abattre Tshisekedi fit ensuite irruption dans les locaux et se fraya un chemin jusque dans le bureau de l'ambassadeur, qui fut abattu à bout portant. Pour quel motif ? Peut-être parce que

Philippe Bernard avait eu vent du complot et avait prévenu sa collègue américaine. Bien que son bureau se soit trouvé deux étages au-dessous de celui de l'ambassadeur, le téléphoniste zaïrois, qui avait peut-être tendu une oreille indiscrète, fut également abattu à bout portant. La version officielle évoque également à son propos « une balle perdue tirée depuis l'extérieur »...

D'après des informations qui devaient nous parvenir par la suite, et qui confirment d'une certaine manière des rumeurs impossibles à vérifier, ce sont deux officiers chargés de la sécurité personnelle du président, le colonel Lemy Lissika et le lieutenant Komadja, qui auraient monté l'opération. Ce haut fait ne devait pas les empêcher, en octobre 1993, de se retrouver à l'île Maurice, accompagnant leur chef au sommet de la francophonie.

Le lendemain de l'assassinat, les paras français devaient entrer dans Kinshasa pour protéger leur ambassade et organiser, une fois de plus, l'évacuation des expatriés. Alors qu'ils emportaient la dépouille du diplomate, ils jetèrent à terre et piétinèrent furieusement la couronne de fleurs apportée par un délégué de la présidence.

Curieusement, la mort de l'ambassadeur de France, dans l'exercice de ses fonctions, ne suscita que peu de réactions à Paris. Aucune enquête ne fut ordonnée, ne serait-ce que pour déterminer les circonstances exactes de la mort du diplomate et pour démentir la presse de Kinshasa. L'envoi de médecins légistes fut également considéré comme superflu. Laconiquement, le Quai d'Orsay devait déclarer que « les événements qui se déroulent à Kinshasa sont une chose, et la politique que la France conduit à l'égard de l'Afrique, et du Zaïre en particulier, en sont une autre ». On ne saurait mieux dire...

A l'occasion de ces pillages, ceux qui s'interrogeaient encore sur la détermination du président virent leurs derniers doutes se dissiper : il devenait en effet tout à fait clair que si l'argent est utilisé pour soudoyer, récompenser, déstabiliser l'économie et saper les adversaires, c'est la violence qui demeure le plus sûr garant de la pérennité du pouvoir du dinosaure. Quoi qu'il en soit, les pillages avaient fait plus de 300 victimes, dont la plupart avaient été soigneusement ciblées.

Durant ces jours de violence, Tshisekedi, sachant que ses jours étaient en danger, ne bougea pas : il perdit ainsi le contact avec ses troupes, avec les ambassadeurs occidentaux qui étaient peut-être disposés à suggérer une intervention militaire, il ne descendit pas dans la rue. Ce silence, cette incapacité d'agir en un moment crucial, lui seront vivement reprochés par la suite. Mobutu, sans rencontrer grande résistance, pourra ainsi se permettre de révoquer le Premier ministre en février 1993 et de nommer à la tête du gouvernement un autre transfuge de l'opposition, Faustin Birindua.

Désormais, le pouvoir exécutif est double : un gouvernement se met en place avec la bénédiction de Mobutu, mais il n'est reconnu dans aucune capitale, tandis que les ministres de Tshisekedi se terrent, craignant pour leur vie. Cet immobilisme, considéré comme une manifestation de faiblesse, décevra vivement l'opinion zaïroise et étrangère qui commencera à douter de la détermination réelle de l'opposition à remplacer Mobutu.

En outre, la terreur, pratiquée sous le couvert des pillages, a maté la population, dont les leaders ont souvent été victimes des « hiboux », des tueurs à gages circulant dans des voitures dépourvues de plaques d'immatriculation.

Mobutu est d'autant plus à l'aise que les pays occidentaux n'ont pas bougé pour se porter au secours de leurs amis démocrates : les Français se sont contentés d'emporter le corps de leur ambassadeur et d'évacuer leurs ressortissants, les Belges n'ont pas été autorisés à traverser le fleuve depuis Brazzaville. (Les militaires belges avaient cependant l'intention d'en découdre et ils avaient interprété comme un encouragement le fait que le roi Baudouin soit venu saluer leur départ à l'aéroport. N'ayant pas reçu l'autorisation de pénétrer au Zaïre, ils durent attendre à Brazzaville, l'arme au pied, que les Français achèvent les opérations d'évacuation.)

La population, elle, comprend alors que nul ne viendra la délivrer du tyran.

Dans les semaines qui suivent, la terreur continue : les troupes encerclent le palais du Peuple, dans lequel se réunit le Parlement de transition, le neveu de Mgr Monsengwo est assassiné... En février, les militaires tirent sur la foule. Tshisekedi résiste : il se considère toujours comme le Premier ministre légitime ! Privé d'accès à ses bureaux, il réunit ses ministres sous les arbres de son jardin. Mais nul ne croit plus à son baroud d'honneur.

Birindua, lui, appauvrit définitivement la population en lançant sur le marché une nouvelle unité monétaire, le « nouveau zaïre ». Si le dollar vaut 3 NZ au départ, un an plus tard, le billet vert s'échangera contre 4 000 NZ. Les nouvelles coupures sont aussitôt appelées Dona Beija, du nom de l'héroïne d'un téléfilm brésilien...

Le retour du balancier

Plus que jamais, la classe politique est divisée. Le président, comme s'il n'y avait jamais eu de Conférence nationale, convoque le Parlement de la Deuxième République, composé uniquement de ses fidèles, et, sans vergogne, remodèle les institutions.

Soucieux avant tout d'éviter au pays de nouvelles violences, Mgr Monsengwo renonce à l'idée d'assurer l'intérim du pouvoir et prépare une « troisième voie ». Entre Faustin Birindua, le Premier ministre de Mobutu qui n'est reconnu par personne, et Tshisekedi empêché de gouverner, il met en piste un troisième homme, son ami Kengo wa Dondo.

Désireux d'éviter un choc frontal entre le président et le pouvoir exécutif, craignant la violence généralisée, l'évêque de Kisangani tolère la « résurrection » de l'ancien Parlement, accepte que les partisans de Mobutu, les poches pleines de billets neufs, se réunissent en « conclave ». Il fait même mine de reconnaître la légitimité de cette « famille politique présidentielle » taillée sur mesure. La nécessité du compromis l'incite aussi à suggérer de fondre le Haut-Conseil de la République et les « gens du conclave ». Autrement dit, une « Assemblée mammouth » vient se substituer à la majorité légale dont Tshisekedi disposait à la Conférence nationale.

La nouvelle institution, forte de 700 membres, porte un nom pompeux : Haut-Conseil de la République-Parlement de transition, HCR-PT. Il s'agit d'une instance lourde et incohérente. Le « rachat des consciences » fait des ravages parmi ses 700 conseillers : les liasses de billets circulent au vu et au su de tous, le salaire mensuel des conseillers passant de 350 à 1 000 dollars par mois (le traitement d'un professeur d'université est de 7 dollars)... Bien plus tard, après avoir neutralisé Tshisekedi et perdu la confiance de la population, qui l'accuse d'avoir sauvé la mise du dictateur, Mgr Monsengwo sera d'ailleurs lui-même victime d'un vote de défiance de cette Assemblée, obtenu dans des conditions douteuses. Il finira par se retirer définitivement de la politique et rejoindra son évêché de Kisangani.

Les chroniqueurs s'interrogeront longtemps sur les raisons pour lesquelles Mgr Monsengwo, qui avait incarné tous les espoirs de la nation, tenta de passer un compromis avec le dictateur : était-il depuis le début chargé par Mobutu de gagner du temps, de négocier au plus juste pour canaliser l'agitation de la Conférence nationale tout en sauvegardant l'essentiel ? A-t-il été dépassé par les événements, reculant le moment décisif où, Mobutu renversé, il lui faudrait assurer l'intérim ? A-t-il cédé aux pressions du Vatican, des milieux financiers internationaux ? A-t-il cherché à mettre en place son ami Kengo wa Dondo, qui appartient comme lui à cette « nouvelle bourgeoisie » zaïroise, bien étrangère à la sensibilité plus populiste de Tshisekedi ? A-t-il eu peur d'un attentat ?

Toutes ces raisons ont pu jouer. Mais il semble qu'avant tout le prélat ait reculé car il était au courant du dispositif mis en place par Mobutu dans l'ensemble du pays. Il connaissait l'existence du quadrillage, discret mais efficace,

installé dans toutes les régions par des agents de la sécurité.
Partout, des militaires appartenant aux unités spéciales
avaient été chargés, en cas d'épreuve de force, de déclencher
des troubles généralisés, sous prétexte d'affrontements ethniques. Mgr Monsengwo a toujours pris au sérieux le terrible
avertissement de Mobutu : « Moi ou le chaos », et il n'a pas
voulu laisser le champ libre aux manipulations ethniques qui
auraient embrasé le pays tout entier.

Le temps du reflux

Pour les démocrates, c'est le temps de la défaite, celui de
la trahison, de la solitude. Le prélat a viré de bord puis il a
été remercié ; les Occidentaux ont fait savoir qu'ils renon-
çaient à l'intervention militaire et se contenteraient, comme
un blâme qu'on décerne à un mauvais élève, de priver de
visa Mobutu et les siens. Puni, le dinosaure ne pourra plus
passer ses week-ends dans sa villa de Nice ou sa propriété
du Portugal, il devra différer son séjour à Disneyland,
n'envoyer que quelques gardes du corps se reposer dans sa
villa de l'avenue du Prince-d'Orange à Bruxelles. Mais là
s'arrêteront les sanctions.

Ce revirement s'explique parce que Mobutu a démontré
sa détermination à s'accrocher au pouvoir, en tuant si nécessaire, tandis que l'opposition n'inspire pas confiance à
l'Occident. A Bruxelles, à Paris, on lui reproche d'être vulnérable, divisée, de n'avoir aucun projet politique cohérent,
d'être incapable de prendre la relève. En outre, Tshisekedi,
alors qu'il était Premier ministre, s'était montré rétif, difficile
à manœuvrer, nationaliste en diable, refusant toute idée de
privatisation de l'économie, boudant les experts étrangers et
les donneurs de leçons...

Lorsque en juillet 1994, Kengo wa Dondo est finalement nommé Premier ministre, la population épuisée réagit
à peine, et, dans les capitales occidentales, c'est le
soulagement : l'homme a de l'expérience, il a déjà été placé

plusieurs fois à la tête du gouvernement sous la Deuxième République ; il promet en outre de privatiser l'économie et de dompter les appétits financiers du président. De manière spectaculaire, il fait d'ailleurs saisir sur l'aéroport de Kinshasa des avions chargés de faux billets qu'il s'engage à faire détruire, et menace de faire intervenir Interpol. Non sans courage, il remercie le gouverneur de la Banque nationale puis décide d'expulser les trafiquants libanais. Ces derniers se contenteront de traverser le fleuve, et d'attendre à Brazzaville des jours meilleurs. Protégés par leurs amis généraux, ils sont aujourd'hui revenus dans les salons de l'hôtel Intercontinental, la poitrine bardée de médailles d'or, l'oreille vissée au téléphone portable, signe de distinction sociale.

Si Kengo, qui n'a pas le soutien de la population, et qui dérange parfois Mobutu, a pu longtemps garder son poste, c'est grâce au soutien des Américains et surtout des Français, qui lui avaient même envoyé des Marocains comme gardes du corps. C'est aussi parce que, courageux sans doute, il n'est cependant pas téméraire et aurait négocié un *modus vivendi* avec le président, acceptant de lui céder 1 million de dollars par mois pour prix d'une cohabitation non conflictuelle... Quant aux instances financières internationales, Kengo les apaise en remboursant à nouveau la dette du Zaïre, à raison de 2 millions de dollars par mois (tandis qu'il omet durant de longs mois de payer les traitements des agents de l'État ou néglige de restaurer des services sociaux à la dérive). Si Kengo a pu rester aux commandes aussi longtemps, c'est enfin parce que les Occidentaux et la population zaïroise ont compris le terrible message lancé par Mobutu pendant et après la Conférence nationale. S'il est contraint au départ, il déclenchera le chaos, réveillera les luttes dites tribales qui ont ensanglanté le pays durant les années soixante...

Ce long détour par la politique était indispensable pour comprendre le contexte général dans lequel se sont déroulées deux tentatives de manipulations ethniques dont les méthodes et l'inspiration préfiguraient les événements ultérieurs au Rwanda et au Burundi. De 1990 à 1993, alors que tous les regards étaient tournés vers le spectacle politique qui se jouait à Kinshasa, des incendies ont ainsi été méthodiquement allumés dans les deux provinces les plus sensibles du pays, le Shaba (ancien Katanga) et le Kivu.

La traque des Baluba du Kasaï

En 1991, alors qu'Étienne Tshisekedi, originaire de la province du Kasaï, venait d'être démis pour la première fois de son poste de Premier ministre, nul, dans l'effervescence générale, ne prêta grande attention à l'une des premières mesures prises par son éphémère successeur, Bernardin Mungul Diaka. Avec l'accord du président Mobutu, il avait remplacé la plupart des gouverneurs de province.

Naguère, soucieux de brasser tous ses compatriotes afin de les inciter à créer « une seule nation », le président avait toujours veillé à ce que les gouverneurs ne soient pas en poste dans leur région d'origine. Il avait été attentif à faire « tourner » fonctionnaires et militaires d'une province à l'autre afin de casser les solidarités ethniques, sinon les mouvements de rébellion. On l'oublie trop souvent : Mobutu, au moment de l'indépendance, était fortement influencé par les idées nationalistes de Patrice Lumumba, le Premier ministre assassiné. Par la suite, durant les années de parti unique, il veilla à maintenir l'unité de cet immense pays dont, après les rébellions des années soixante, tout le monde prédisait l'éclatement à bref délai.

Le culte de la personnalité, mais aussi le retour à l'« authenticité », la musique, le sport, furent parmi les ciments de ce sentiment national que Mobutu parvint à créer dans ce sous-continent riche de 200 ethnies. Aujourd'hui encore, même si de nombreuses populations vivent de part et d'autre de frontières tracées arbitrairement, aussi bien du côté de l'Angola et de la Zambie que de la République centrafricaine, la spécificité zaïroise frappe l'observateur. L'unification de l'immense Zaïre restera peut-être le principal acquis des années Mobutu. Sauf si l'architecte de l'unité décide et parvient à défaire son œuvre avant de quitter la scène...

Contesté, désavoué, le Guide, en cet automne 1991, ne prétend plus qu'à sa survie politique. Au risque de réveiller les vieux démons ethniques, ces rébellions qui, au début des années soixante, avaient mis le pays à feu et à sang, ravageant tout l'Est et faisant 500 000 morts, jusqu'à ce qu'un certain colonel Mobutu vienne y mettre bon ordre...

En tout cas, c'est dans un esprit nouveau qu'il procède aux nominations des gouverneurs de province.

Au Shaba, la province du cuivre, volontiers rebelle, il nomme ainsi un ancien syndicaliste en rupture avec l'Union sacrée de l'opposition. Kyungu wa Kumanza, que la presse locale décrit comme un métis d'origine angolaise et appelle « de Oliveira », est une figure connue dans sa région, un tribun rond et jovial, non dépourvu de courage ; il a été l'un des premiers à dénoncer le massacre des étudiants à l'université de Lubumbashi en mai 1990. Après avoir fondé le Parti des fédéralistes et nationalistes démocrates-chrétiens, il a rallié le Parti républicain indépendant d'un enfant du pays, Nguz Karl I Bond, apparenté au chef traditionnel des Lundas du Shaba, le Mwat Yav, et futur Premier ministre.

L'Uferi (Union des fédéralistes et républicains indépendants) est née de l'alliance politique entre deux hommes qui ont milité dans l'opposition puis ont rompu avec elle, et qui entendent bien désormais construire leur popularité sur la défense des intérêts de « leur » province.

Ici, un bref retour en arrière s'impose, qui nous ramène à la politique coloniale, et à son principe « diviser pour régner » (voir le chapitre 1).

Dans l'histoire du Zaïre, le Katanga, devenu Shaba, occupe une place bien particulière. Pour exploiter les fabuleuses richesses minières de la province, le colonisateur a dû faire appel à des peuples venus d'autres régions parce que les tribus locales (Balunda, Batchokwe, Bayeke), qui vivent essentiellement de l'élevage, refusent de descendre dans les entrailles de la terre. Cultivateurs et bergers, qui ont toujours vécu libres dans la savane herbeuse, s'enfuient ainsi devant ces Blancs qui veulent faire d'eux des mineurs salariés. Les Belges, soucieux de mettre en valeur le sous-sol du Katanga, font alors venir, par trains entiers, des paysans du Kasaï, la province voisine. Ils amènent aussi des Hutus et des Tutsis du Rwanda-Urundi et même des travailleurs du Malawi.

Ces populations importées s'installent aux abords des villes, dans ce que l'on appelle à l'époque les « centres extra-coutumiers », où elles forment un immense prolétariat auquel l'Union minière du Haut-Katanga, qui deviendra la Gecamines, devra sa prospérité.

Les Baluba, originaires du Kasaï, réussissent particulièrement bien. Ils saisissent la chance que leur offre la colonisation, envoient leurs enfants dans les écoles des Blancs et se convertissent en masse. Contremaîtres et chefs d'équipe, mais aussi employés, catéchistes, enseignants, ils deviennent les premiers relais de la culture occidentale.

Dans le Katanga des industries minières, ils prennent bientôt le pas sur les populations locales et gagnent même les élections locales en 1958 ! Leur ascension sociale suscite évidemment des jalousies, et lorsque Moïse Tschombé proclame la sécession du Katanga en 1960, encouragé en sous-main par des intérêts coloniaux, les Baluba font l'objet d'une première épuration. Des milliers d'entre eux mourront lors de la sécession, ou seront déportés vers leur village d'origine. Ensuite, lorsque le Katanga reprendra sa place au sein de l'État national, ils retrouveront leur statut.

Les premières années du régime Mobutu sont, on l'a dit, marquées par le souci de l'unité nationale. Le Zaïre devient alors un vaste creuset dans lequel les tribus se croisent et coexistent (il n'est pas encore question d'ethnies...). Mais, dans ce Katanga où ils ne sont plus victimes de discrimination, les Baluba poursuivent leur ascension sociale : les fils des mineurs de fond, des porions de naguère, s'imposent dans les affaires, les professions libérales, l'enseignement, l'Église, et deviennent la composante la plus dynamique de la société katangaise. La plus menacée aussi : à tout moment, lorsque éclatent des tensions politiques, ils sont pris comme boucs émissaires. Lors des élections de 1977 déjà, les Kasaïens seront qualifiés de « locataires » par leurs voisins katangais ! Lors des deux guerres du Shaba, en 1977 et 1978, les « gendarmes katangais », ces rebelles venus d'Angola, massacrent des Kasaïens sur leur passage. En 1985, un mouvement hostile aux Kasaïens voit même le jour : le Mada (Mouvement d'action démocratique africaine). L'heure n'étant pas encore à la division, le pouvoir brise les reins de ces sécessionnistes en puissance.

En 1990, tout change : sonne alors l'heure du multipartisme, et, au Shaba, les vieilles idées sécessionnistes refont surface. Les thèmes des revendications sont connus ; le pouvoir central aspire les richesses de la province, les recettes de la Gecamines sont accaparées par la capitale... La province du cuivre est effectivement la vache à lait du régime Mobutu et ne reçoit aucune miette du pactole. Très habilement, le président détourne la rancœur des Katangais autochtones en désignant leurs voisins baluba, dont la prospérité indispose, comme les premiers responsables de leur infortune.

De fait, c'est au Shaba qu'a eu lieu la première manipulation ethnique de cette période nouvelle marquée par l'instauration du multipartisme. Lorsque dans la nuit du 11 au 12 mai 1990 des commandos venus de Kinshasa font irruption sur le campus de l'université de Lubumbashi, ils sont munis de listes et éliminent systématiquement les étudiants originaires des provinces réputées hostiles au président ou qui avaient passé à tabac des étudiants venus de l'Équateur, la province de Mobutu. La révélation de ce massacre devait entraîner la suspension de la coopération belge et ouvrir une crise politique majeure.

« Luttes tribales » entre étudiants, telle fut la première explication officiellement donnée par l'ambassade du Zaïre à Bruxelles. Jusqu'au bout, alors qu'il s'agissait d'une vengeance savamment calculée par le pouvoir, Mobutu et les siens s'en sont tenus à cette version.

De la même façon, lorsque, fin 1991, les premiers troubles dits « ethniques » éclatent à travers le Shaba, ils sont moins provoqués par les tensions entre la population locale et les immigrants baluba que par la crise politique qui se développe à Kinshasa. Dans la capitale, en effet, la fièvre monte. Étienne Tshisekedi, originaire du Kasaï mais populaire dans l'ensemble du pays, vient d'être destitué par Mobutu. Fort opportunément, son principal allié, Nguz Karl I Bond, quitte les rangs de l'opposition radicale et se souvient qu'il est katangais avant tout. Lui qui avait affirmé connaître toute la vérité sur le massacre des étudiants de Lubumbashi, il se trouve soudain frappé d'amnésie et, pour prix de son silence, est nommé Premier ministre. Karl I Bond avait pourtant des raisons d'être bien informé : son secrétaire, Jean Kapend, était le fils de l'un des chauffeurs qui avaient transporté et fait disparaître les corps des étudiants. Or il se trouve qu'il avait mené l'enquête de terrain, rassemblé les témoignages, dont celui de son propre père, décédé peu après. Quelque temps avant le revirement définitif de son patron, le secrétaire qui en savait trop fut mystérieusement assassiné par un commando, sur le seuil même du siège du parti Uferi.

La chasse aux Baluba

Nommé Premier ministre en novembre 1991, considéré comme un traître par les partisans d'Étienne Tshisekedi,

Nguz Karl I Bond noue alors une alliance stratégique avec le nouveau gouverneur du Shaba, Kyungu wa Kumanza.

Désormais, tous les Baluba vivant au Shaba seront considérés comme des partisans de Tshisekedi. Dépeints comme des ennemis intérieurs, des étrangers, ils deviendront les cibles désignées d'une véritable épuration ethnique. Il est vrai que les Kasaïens avaient eu l'imprudence de se féliciter de la promotion de l'un des leurs et qu'ils récidiveront bruyamment lorsque Étienne Tshisekedi sera élu par la Conférence nationale...

Mais les Kasaïens du Shaba ne se réjouissent pas longtemps du succès de leur champion. Ils sont bien vite désignés à la vindicte des autochtones, leurs adversaires tentant à travers eux de porter atteinte à l'image du Premier ministre, en essayant (en vain) de l'impliquer dans la défense de ses frères du Shaba...

Lorsque Nguz et Kyungu, fin 1991, crient : « Debout Katanga ! », lorsqu'ils s'exclament dans leurs meetings : « Le Katanga aux Katangais ! », bien rares sont ceux qui, au Zaïre ou à l'étranger, s'émeuvent de ces déclarations bravaches propres à exciter les foules. Nul ne relève que le gouverneur ajoute froidement : « Les Kasaïens sont des étrangers qui ne devraient pas oublier leur statut. »

De la même manière, qui donc s'inquiète de la création de la Juferi, les jeunesses du parti Uferi, qui suivent des entraînements militaires, fument du chanvre et défilent le front ceint d'un bandeau blanc ou rouge ? A l'époque, nul n'est encore sensible aux slogans de la purification ethnique qui ravageront l'ex-Yougoslavie, ni attentif aux thèmes qui, trois ans plus tard, serviront d'alibi au génocide rwandais. Cependant, dans l'indifférence générale, c'est un phénomène de même nature qui se déroule au Shaba où les ressortissants du Kasaï sont pris pour cible. Ces derniers sont alors qualifiés d'étrangers sur une terre qu'ils habitent, où ils travaillent depuis plusieurs générations, ils sont chassés, traqués et finalement expulsés... Les « premiers habitants du pays » se retournent contre eux, le mythe des origines fait à nouveau des ravages.

Les méthodes sont les mêmes que celles des Zoulous de l'Inkhata contre l'ANC en Afrique du Sud, les mêmes que celles des Interhahamwes au Rwanda : des jeunes chômeurs et des délinquants sont fanatisés par des slogans simplistes, on leur donne du chanvre, un peu d'argent, afin qu'ils opèrent en groupes, comme si le nombre avait pour effet d'accroître le courage et d'assurer l'impunité.

A Kolwezi, à Likasi, cités ouvrières où les Baluba sont majoritaires, les jeunes de la Juferi opèrent des raids meurtriers. Les rapports rédigés à l'époque tant par l'Azadho (Association pour la défense des droits de l'homme) que par l'organisation américaine Africa Watch relèvent que ces bandes de jeunes sont soutenues par les autorités locales, qui distribuent la drogue, transportent les bandes sur les lieux de leurs méfaits, mettent à leur disposition de l'essence pour brûler les maisons. Trois ans avant le génocide rwandais, l'épuration ethnique au Shaba se déroule décidément sur le même modèle.

Kankonde Luteke, ingénieur à la Gecamines, note que les entreprises de la place sont sommées d'assister les milices de la Juferi dans leur sinistre besogne : « Recensement des Kasaïens et de leurs biens, intimidations, persécutions, pillages, viols, assassinats, fichages. [...] Une division spéciale de la Juferi, DSPO (Division spéciale Polonaï), spécialisée dans les tortures et les assassinats, est créée. Des milliers de jeunes éléments de la Juferi sont recrutés dans les villes et les villages et préparés aux attaques des Kasaïens. La drogue et les pratiques fétichistes servent à augmenter leur audace et leur courage. On leur promet du travail, les maisons et d'autres biens qu'abandonneraient les Kasaïens. [...] La direction de l'Uferi désigne les cibles et eux se chargent de l'exécution. Les camions des sociétés Gecamines, SNCZ, Sodimiza, Malta Forrest, sont mis à leur disposition pour leurs déplacements. Des trains entiers leur sont alloués. Des logements leur sont préparés. L'impunité leur est garantie par le gouverneur. Les ateliers des entreprises sont mis à leur disposition pour les fabrications d'armes blanches (machettes, lances, haches, couteaux, gourdins, etc.). Les grandes sociétés fournissent les denrées alimentaires pour ces troupes[1]. »

Dans un premier temps, les Kasaïens sont attaqués dans leur vie personnelle : les conjoints katangais sont même invités à divorcer d'avec leurs partenaires kasaïens et de nombreux mariages mixtes sont ainsi brisés. Ensuite, tous les Kasaïens sont exclus du parti Uferi, qui se proclame « le parti des fils du Katanga », tandis que les militants du parti de Tshisekedi, l'UDPS, sont fichés, persécutés et parfois assassinés.

La persécution s'étend vite aux campagnes. Le gouverneur ordonne ainsi aux chefs des villages de chasser les Kasaïens, mais aussi de leur interdire les travaux des champs. Il s'agit de les affaiblir physiquement, de les exclure, eux, les « étrangers », de l'accès à la terre des ancêtres.

L'épuration ethnique vise aussi les emplois. Dans l'administration, tous les fonctionnaires d'origine kasaïenne sont limogés. A l'université, dans les établissements d'enseignement supérieur, puis secondaire, primaire, professionnel, les doyens, enseignants, instituteurs, sont renvoyés et remplacés par des « Katangais ». Les corporations professionnelles (ordre des médecins, des avocats, association des pharmaciens) sont obligées de révoquer leurs membres kasaïens. Même les associations sportives sont privées de leurs dirigeants kasaïens, de même que les nombreuses associations culturelles.

Peu répertoriés à l'époque, les thèmes de propagande qui alimentent cette campagne xénophobe ont aujourd'hui un curieux air de déjà vu. Non seulement les Kasaïens sont décrits comme plus riches, plus prospères que les « vrais habitants du pays », ayant davantage étudié, mais ils sont

---

1. Kankonde, Luteke, *L'Épuration ethnique des Kasaïens du Shaba, témoignage d'un rescapé*, Nivelles, 1995, p. 16.

aussi dénoncés comme ayant « dominé les Katangais »,
plongé dans la crise la province du cuivre, refusé de s'inté-
grer, été favorisés par le colonisateur... Ils sont également
accusés d'être rusés, peu fiables. Ils sont même traités de
« Juifs du Zaïre », on leur reproche d'être infiltrés partout,
d'être avides de domination, leur peau plus claire est dénoncée. Resurgit alors le mythe de la morphologie, la propagande soulignant d'ailleurs qu'ils ont des traits
d'Européens...

Dans des termes qui rappellent de manière plus précise
encore la littérature dénonçant les Tutsis au Rwanda (traités,
on l'a dit, de cancrelats), les Baluba sont qualifiés de
« nomades venus d'ailleurs » d'« insectes » *(bilulus),* et le
gouverneur se voit qualifier, lui, de « Cobetox », du nom
d'un insecticide connu !

Un proverbe fait fureur : « Tue le Muluba, laisse passer
le serpent. »

Nguz Karl I Bond et le gouverneur promettent de faire
partir les « étrangers », et par tous les moyens : « Ils devront
équiper leurs maisons de roues pour les amener au Kasaï » ;
« S'ils refusent de partir, nous leur mettrons de l'huile sur
le ventre et nous les ferons glisser sur les rails. » Ces apos-
trophes ressemblent curieusement au discours de Léon
Mugesera au Rwanda, qui affirme, à la même époque, que
les Tutsis devront « rentrer chez eux, en Abyssinie, par voie
express, via la rivière Myabarongo »...

Alors que les esprits ont été chauffés à blanc, la purification ethnique se développe en parallèle avec les rebondis-
sements de la vie politique à Kinshasa. Dans la capitale, en
effet, l'épreuve de force se poursuit : la population se bat
pour obtenir l'organisation et la poursuite de la Conférence
nationale. Le 16 février 1992, alors que Karl I Bond a suspendu les travaux de ces assises de la nation, des chrétiens,
par milliers, descendent dans la rue pour exiger la reprise
des séances. Les militaires, froidement, tirent dans la foule,
faisant des dizaines de morts.

Étranges militaires ! Les témoins relèvent qu'un certain nombre d'entre eux ne comprennent pas le lingala mais communiquent entre eux en portugais. La presse s'interroge : s'agit-il de commandos que Jonas Savimbi, le leader de l'Unita, dont les liens avec le gouverneur Kyungu sont connus, aurait mis à la disposition du Premier ministre pour rétablir l'ordre ?

Inkhata sud-africaine, Unita angolaise, Uferi zaïroise, une internationale conservatrice serait-elle à l'œuvre en Afrique centrale, avec, vers l'est, des ramifications au Rwanda et au Burundi ? En 1996, on entendra aussi parler portugais dans les rangs des milices extrémistes s'entraînant aux frontières du Rwanda et du Burundi, et la présence d'instructeurs issus de l'Unita angolaise ou de la Renamo du Mozambique sera dénoncée...

A Kinshasa, la population ne désarme pas. Elle exige, contre vents et marée, que la Conférence nationale poursuive ses travaux. C'est alors que celle-ci, finalement rouverte, élira massivement Étienne Tshisekedi au poste de Premier ministre.

Dans les quartiers de Kinshasa, en ce 15 août 1992, la foule exulte. « C'est la première fois depuis l'éviction de Patrice Lumumba en 1960 que nous allons être dirigés par celui que nous voulons », disent les vieux, passant sous silence l'exercice raté de l'année précédente. Au Shaba, parallèlement, la situation s'aggrave, les Kasaïens s'étant réjouis de l'élection de leur leader.

L'exode vers « le pays des ancêtres »

Dès l'élection de Tshisekedi à Kinshasa, les milices de l'Uferi entrent en action. Cette fois, c'est du sérieux. Armés de machettes, de couteaux, de bidons d'essence, les jeunes miliciens mettent le feu aux maisons des Kasaïens, à Lubumbashi, Kolwezi, Kamina, et surtout à Likasi. Dans cette ville minière de 400 000 habitants vivent et travaillent

150 000 Kasaïens, qui seront attaqués sans relâche jusqu'en novembre 1992. De nombreuses familles de la ville fuiront vers la Zambie, certains cadres tenteront d'émigrer vers l'Afrique du Sud. Les Kasaïens de Likasi, eux, camperont dans la gare, attendant le train qui les ramènera au Kasaï, que la plupart ne connaissent pas.

Comme plus tard la gare de Kolwezi, la gare de Likasi se transforme alors en véritable ghetto. Par milliers, les Kasaïens y campent, entourés des meubles qu'ils ont pu sauver. Pour survivre, ils reprennent quelques activités économiques. Des outils (houes, pelles, machettes, braseros) sont fabriqués dans des ateliers de fortune. Les femmes cuisinent, des petites distilleries d'alcool voient le jour.

En ville, faute d'acheteurs et de marchandises, tous les marchés sont désertés, et la population vient s'approvisionner à la gare.

Durant des mois, les refoulés du Shaba s'abriteront sous les bâches de plastique fournies par la section belge de Médecins sans frontières, attendant le train hebdomadaire en direction de Mwene Ditu, au Kasaï. Dans les gares, comme au cours du long voyage en train, la situation des refoulés est dramatique. L'un d'entre eux décrit ainsi les souffrances endurées : « Bien avant que le train ait sifflé pour pouvoir quitter la gare, il y en a qui crèvent. Les uns meurent d'étouffement ou piétinés. Les autres, blessés, contondus ou fracturés, s'embarqueront en état d'incapacité physique [...] dans ces voitures et wagons, les "immigrés" qui sont à bord ne savent pas si tous les membres de leur famille sont avec eux. [...] La surcharge est telle qu'il n'y a pas de place pour marcher, il n'y a même pas de toilettes. Tout est plein. [...] Durant les trois ou quatre jours de voyage, une bonne partie d'entre eux mourront épuisés, écorchés, ou tombés par la fenêtre. [...] Ceux qui sont montés au-dessus des wagons mourront emportés lors des traversées des tunnels et ponts, crânes écrasés contre ces bâtisses qui longent la voie. D'autres succomberont aux chocs électromagnétiques que développent les câbles d'alimentation au contact des prises de la locomotive. Ils mourront ainsi grillés. Leurs cadavres seront juste bons pour les vautours et autres carnassiers qui leur tomberont dessus[1]. »

A combien s'élève le nombre des victimes de la malnutrition et de la maladie dans les gares de Likasi et Kolwezi ? Combien de passagers disparurent durant l'éprouvant voyage ? Combien succombèrent faute de soins après leur arrivée au Kasaï ? Combien de « mangeurs de cuivre » furent ainsi déportés après avoir assuré la richesse du Shaba ? En juin 1993, Africa Watch estimait que 100 000 Kasaïens au moins avaient été chassés, dont la moitié étaient des employés de la Gecamines et leurs familles. Sur place, le Comité pour les droits de l'homme estimait que, entre 1992 et 1993, 50 000 à 100 000 Kasaïens avaient été tués, tandis que Médecins sans frontières avançait le chiffre de 850 000 déplacés...

Les chiffres exacts ne seront jamais connus, parce que le drame s'est déroulé à huis clos. Cette tragédie est passée largement inaperçue, à l'époque, tant à l'étranger que dans le pays lui-même. Durant les événements, la presse du Shaba était étroitement contrôlée par le gouverneur, et la télévision locale ne rendait compte que d'activités officielles. Quant aux journaux locaux, ils épousèrent pour la plupart les thèses « nationalistes » katangaises et relayèrent les campagnes xénophobes[2]. A Kinshasa, certes, la presse d'opposition évoqua largement les malheurs des Kasaïens, mais elle fut accusée d'être aux mains des Baluba et d'œuvrer en faveur de Tshisekedi...

La télévision nationale, quant à elle, se montra très discrète à propos des événements du Shaba, Télézaïre se contentant d'affirmer : « Le calme règne sur toute l'étendue du territoire », et cela alors même que les déportations étaient menées tambour battant. Quant à la presse internatio-

---

1. *Zaïre Info Plus*, témoignage de Bruno Kasonga, 21 août 1993.
2. *Zaïre, Inciting Hatred, Violence against Kasaians in Shaba*, Africa Watch, juin 1993.

nale, elle se vit tout simplement interdire l'accès à la province du cuivre.

L'ingénieur Kankonde relève également l'attitude ambiguë des Églises locales devant le drame : leurs réactions timides et tardives se sont limitées à des lettres pastorales, aucune marche de protestation ne fut organisée, aucune déclaration ne fut publiée dans les médias officiels. Ainsi, alors que les événements de Likasi avaient commencé en août 1992, il faudra attendre mars 1993 pour enregistrer la première réaction officielle de la hiérarchie catholique. Et, à ce moment, plusieurs mises en garde seront adressées aux prêtres, leur demandant de « ne pas écrire de lettre » sur la situation, car « de telles positions sont du ressort de la hiérarchie ». Les commissions diocésaines Justice et Paix et Apostolat des laïcs, qui avaient, sans l'aval des évêques, écrit aux paroisses pour leur demander une aide en faveur des « réfugiés et nécessiteux », seront provisoirement suspendues. Si la hiérarchie catholique hésite à prendre position, les chrétiens de base, eux, oseront des gestes plus constructifs. Justice et Paix organisera ainsi des rencontres de dialogue entre Katangais et Kasaïens, une communauté chrétienne interrompra la célébration de la messe du dimanche pour aller réparer les maisons endommagées. Dans toute la province, les paroisses organiseront des sessions d'étude, des rencontres sur la démocratie et sur la place des chrétiens dans la construction de la nation.

Quant aux missionnaires étrangers à Kananga et Mwene Ditu, ils seront pratiquement les seuls à accueillir les refoulés qui arrivent épuisés, déshydratés, démunis de tout.

Les rares agences qui tenteront de soulager les déportés, Caritas Catholica, Catholic Relief Service, Médecins sans frontières-Belgique, seront d'ailleurs accusées d'avoir été manipulées par le « lobby kasaïen » — comme le « lobby tutsi international » devait être dénoncé par la suite au Rwanda. Les syndicats, trop proches du pouvoir, se garderont également de réagir.

Le marasme d'une riche province

Les appels à la purification ethnique, les menaces de sécession du Shaba, les expulsions de ressortissants du Kasaï dureront aussi longtemps que Tshisekedi sera Premier ministre et reprendront par la suite chaque fois qu'il sera question de le réinstaller dans ses fonctions. Le gouverneur du Shaba, sans être sanctionné, ira jusqu'à proclamer l'autonomie de la province du cuivre en décembre 1993, et celle-ci cessera alors officiellement d'alimenter le budget national. (Cette décision ne semble pas avoir inquiété outre mesure le dinosaure ; il est vrai que les fûts de cobalt étaient alors vendus à l'Afrique du Sud à son profit exclusif.)

Tshisekedi, ne contrôlant ni l'armée ni les forces de sécurité, domaine réservé au chef de l'État, sera dans l'impossibilité de défendre ses compatriotes, ce qui lui sera amèrement reproché. Il sera même question de faire intervenir au Shaba des forces de l'ONU, vu l'intérêt stratégique de la province. Le Shaba, en effet, désigné première région militaire depuis les guerres de Kolwezi en 1977 et 1978, abrite sur son territoire d'importants contingents militaires. Mais les Forces armées zaïroises assisteront sans broncher à l'expulsion des Kasaïens et aux pogroms.

Durant toute cette crise, Mobutu, qui agit par gouverneur interposé, demeure étrangement discret et ne se rend qu'une seule fois à Lubumbashi, en juillet 1993, afin d'y précéder l'envoyé spécial de l'ONU, l'Algérien Lakhdar Brahimi. Par la suite, les militaires se contenteront de disperser les réfugiés et de mettre le feu aux pauvres boutiques que les déportés avaient reconstituées dans les gares de l'exode, afin de faire disparaître toute trace de camps.

Comme jadis l'expulsion des Juifs devait s'avérer catastrophique pour l'Espagne et le Portugal, le refoulement des Kasaïens devait précipiter la ruine économique du Shaba.

La production de cuivre de la Gecamines passe en trois ans de 450 000 tonnes de cuivre par an à moins de 30 000. La mine de Kamoto s'effondre faute d'entretien, et doit bien vite être abandonnée. A Kolwezi, la moitié des 14 000 mineurs sont partis, et doivent être remplacés par une main-d'œuvre locale, moins qualifiée. Quant aux commerces locaux, qui auraient dû être repris par des « originaires », ils sont pour la plupart restés fermés... Ce qui rappelle le sketch de Fernand Raynaud qui raconte comment, depuis qu'ils ont expulsé leur boulanger arabe, les villageois sont privés de pain frais ! Dans les petites villes minières du Shaba, l'expulsion des Kasaïens entraîne la fermeture des commerces et des ateliers, les mines périclitent en l'absence des contremaîtres. Lorsque les journalistes locaux interrogent la population, c'est la perplexité : « On nous a dit que si nous faisions partir les Kasaïens nous prendrions leur emploi, leur maison. Que nous deviendrions plus riches. Nous nous sommes contentés de suivre les ordres du gouverneur. » En raison de l'insuffisance de la production de maïs, denrée de base, due au départ des agriculteurs kasaïens, le gouverneur en importera d'Afrique du Sud. Mais ce maïs avarié, initialement destiné à la consommation animale, sera rejeté par la population qui appellera sa farine *vimba* (qui gonfle au contact de l'eau).

Très vite, le marasme de la province ne sera plus imputé aux Kasaïens, dont la fuite a fortement affaibli les sections locales du parti de Tshisekedi, mais à la capitale Kinshasa, accusée comme par le passé de siphonner les ressources locales.

Dans l'attente d'hypothétiques investissements, nombreux sont ceux qui, aujourd'hui, rêvent des Sud-Africains, eux qui ont déjà permis la remise en état du chemin de fer et envoyé des fermiers en délégation. Mais ces Boers coriaces, qui pourraient envisager d'acheter des terres au Shaba, entendent assurer eux-mêmes leur sécurité, ce qui fait craindre à ceux qui ont chassé les Kasaïens d'être à leur tour victimes d'un nouvel apartheid !

En attendant une éventuelle privatisation de l'appareil industriel, certains survivent, comme toujours au Zaïre, par la débrouille, la prédation, le chapardage. Tous ceux qui le peuvent trafiquent le cobalt : des entreprises locales, favorisées par Kyungu, sont en concurrence avec une société qui appartient à des proches de Mobutu. Les fûts de cobalt sont embarqués en direction de la Zambie ou de l'Afrique du Sud, chaque bille se négociant à 20 dollars la livre. De la mitraille de cuivre est ramassée dans les usines au repos, et les militaires censés protéger les installations ne sont pas les derniers à participer aux pillages.

En revanche, les ingénieurs kasaïens, les contremaîtres qualifiés ne sont pas restés longtemps sans emploi. Nombre d'entre eux ont pris le chemin de l'Afrique du Sud, où leurs qualifications professionnelles ont été les bienvenues, tandis que les médecins zaïrois ont trouvé à s'employer dans les hôpitaux et les dispensaires ouverts dans les homelands...

Le relèvement du Kasaï

Au Kasaï même, une fois passées les premières difficultés de la réinstallation, l'afflux de milliers de citoyens qualifiés, éduqués, devait resserrer le sentiment de solidarité régionale et provoquer une relative croissance économique. Mbuji Mai, la capitale de la province, est devenue la deuxième ville du pays ; la monnaie de Kinshasa n'y a plus cours. La province du diamant, dont les habitants avaient été persécutés, a appris à compter sur ses propres forces, sans plus se soucier du pouvoir central ou de l'aide étrangère. Grâce à la coopération entre la Minière de Bakwanga, qui produit le diamant industriel, et l'Église catholique, représentée localement par Mgr Tshibangu, une université privée a été érigée. De même, désireux de boycotter la Shabair, tombée en faillite, les Kasaïens ont lancé leur propre compagnie aérienne, Wetrafa. Ils refusent aussi de consommer la bière Simba produite au Shaba, et ont installé leur propre brasserie. La fabrique de cigarettes Tabazaïre, dont les usines sont implantées au Shaba, a également été mise en difficulté, car les habitants du Kasaï boycottaient ses produits.

Alors que le gouverneur Kyungu avait bloqué les ventes
de maïs du Shaba, les Kasaïens se sont remis à l'agriculture,
et la Conférence pour le développement économique du
Kasaï oriental (Codekor) a activement encouragé les initiatives paysannes[1]. Chassés des villes minières où ils bénéficiaient malgré tout d'un certain équipement, les refoulés du
Shaba ont dû se réadapter à la vie rurale, vivre dans des
maisons de boue séchée, cultiver le manioc, boire l'eau des
rivières et, comme tout le monde, se lancer dans la quête du
diamant.

Ainsi, si la crise a accru l'irrédentisme katangais, elle a
également érodé la solidarité des Kasaïens à l'égard du reste
du pays. Ces derniers n'ont pas oublié l'indifférence totale
des autres régions à leur égard, et ont constaté avec amertume que les Kasaïens qui se trouvaient dans l'entourage de
Mobutu sont demeurés silencieux. En réalité, le Kasaï s'est
déjà pratiquement doté d'une autonomie de fait. Et, quel que
soit l'avenir du pays, les futurs dirigeants devront en tenir
compte.

Notons enfin que le rôle historique du gouverneur Kyungu
et de Karl I Bond prit fin soudain lorsque, à Kinshasa, Kengo
wa Dondo se vit confier les commandes du gouvernement.
Remis en selle durant l'été 1994, le président n'avait plus
aucune raison d'agiter la menace du chaos généralisé ou du
séparatisme katangais, et les deux boutefeux devenaient trop
gênants. Nguz, qui souffrait déjà de diabète, dut s'exiler
durant de longs mois en Afrique du Sud pour se soigner,
tandis que Kyungu, suspendu de ses fonctions, fut emprisonné pour un temps dans la capitale et accusé, rien de
moins, d'importation d'armes, de recrutement de mercenaires et de velléités sécessionnistes ! Depuis lors, sa popularité étant demeurée intacte, il a pris la tête des partisans de
Mobutu dans la province et reprendra peut-être du service
lorsqu'il sera temps de rallumer les feux ethnistes *ou* sécessionnistes. Mais, dans l'immédiat, le Guide n'a plus besoin

---

1. *Africa Confidential,* 19 janvier 1996.

de lui. En effet, un autre brasier, autrement plus inquiétant
encore, a été allumé au Kivu. Depuis l'été 1994, l'afflux des
réfugiés rwandais a fait de Mobutu un président plus indispensable que jamais.

La remise au pas du Kivu

Depuis les collines du Kivu, les querelles politiques de
Kinshasa semblent relever d'un autre monde. Pour les gens
d'ici, des montagnards aux reins solides, des femmes aussi
fécondes qu'au Rwanda voisin, ce qui compte c'est la terre.
Terre noire des contreforts volcaniques, terre rouge arrachée
à la forêt, terre de hautes herbes sur des plateaux où les
vaches aux cornes-lyres ne rêvent plus à d'autres paradis.
Au Kivu, la terre est fertile, les populations travailleuses, et
le reste de l'immense Zaïre paraît bien lointain.

Durant des années, les communications s'effectuaient via
le Rwanda et le Burundi, les échanges commerciaux se dirigeant vers l'Afrique de l'Est. A part quelques séjours dans
sa ville de Goma, où il rencontrait ses homologues Habyarimana du Rwanda ou Buyoya du Burundi, le président
Mobutu semblait avoir oublié le vert Kivu. Il boudait
Bukavu l'indocile, négligeait les provinces de l'Est trop éloi-
gnées, toujours tentées par l'insoumission.

Lorsque, au début de 1990, les tournées de consultation
populaire qui précédèrent l'ouverture au multipartisme le
menèrent dans la province de l'Est, le président fut particulièrement mal accueilli. Assailli de questions, de critiques,
il s'en fut en maudissant ces paysans têtus, durs à la peine
et à la détente. Il est vrai que l'ouverture démocratique
n'avait pas pris le Kivu au dépourvu. Depuis longtemps, la
population avait appris à s'organiser, à braver le monoli-
thisme du parti unique. Grâce à des associations religieuses,
à des groupements économiques et surtout à des organisations non gouvernementales de développement, durant les
années quatre-vingt, des dizaines d'initiatives avaient vu le

jour, pour construire un moulin ici, réparer une route là, monter ailleurs une coopérative ou un four solaire.

Les habitants du Nord et du Sud-Kivu, éloignés du pouvoir central, savaient qu'ils ne pouvaient compter que sur eux-mêmes et sur leurs amis étrangers. Transitant par le Rwanda et le Burundi, de nombreuses coopérations étrangères, ainsi que l'Union européenne, avaient décidé de soutenir les initiatives locales, d'aider les paysans à s'arracher à la malédiction du *bwaki,* la malnutrition typique de ces collines fertiles mais surpeuplées.

Cette multitude d'organisations de base, dont la plus connue fut longtemps Solidarité paysanne, très soutenue en France, fut le terreau d'une véritable société civile, et cette dernière joua un rôle moteur durant la Conférence nationale, refusant de se laisser corrompre, manipuler ou infiltrer.

Lorsqu'ils arrivèrent à Kinshasa pour participer aux travaux de la Conférence, les délégués du Kivu, choisis par la population elle-même après de longues assemblées villageoises, savaient qu'ils allaient devoir rendre des comptes à leur retour. Les voisins les avaient prévenus : « Si vous trahissez, ne revenez plus ici, votre maison aura brûlé... »

Demeurés proches de la population, bien préparés à leur mission, ces représentants furent parmi les plus coriaces des délégués. Dès leur arrivée dans la capitale, en août 1991, ils firent scandale, préférant camper sur les marches du palais du peuple, siège de la Conférence, plutôt que de loger, comme tous les autres, dans le domaine présidentiel de la N'Sele, symbole pour eux de toutes les corruptions. Durant ces mois héroïques, les gens du Kivu furent à la pointe de tous les combats politiques. Ils soutinrent Étienne Tshisekedi, imposèrent Monsengwo à la tête de la Conférence, informant sans relâche les taciturnes paysans de leur pays.

Peu à peu, le pouvoir central perdit pied dans l'est du Zaïre, où s'organisait une véritable démocratie à la base : les émissaires de Mobutu n'osèrent même plus atterrir à Goma, où les porteurs de l'aéroport et les chauffeurs de taxi se détournaient d'eux, refusant de les aider ou de les conduire en ville.

Les militaires eux-mêmes furent mis au pas. La population de Bukavu, redoutant d'être pillée à l'instar des autres villes du pays, avait passé un accord honnête avec les troupes affamées et sous-payées : les particuliers, les commerçants avaient en effet accepté de se cotiser pour régler eux-mêmes la solde des militaires, à condition que ces derniers se comportent correctement. A Kinshasa, les services de sécurité du président qualifièrent alors le Kivu de « bastion de l'opposition radicale ».

Il était donc urgent de normaliser la province rebelle, et cela d'autant plus que le Nord, du côté de Beni, de Butembo, ainsi que le plateau du Masisi, où s'étendaient de grandes fermes prospères, connaissaient un démarrage économique foudroyant et intensifiaient leurs échanges avec l'Ouganda et le Rwanda.

Peu à peu, Kinshasa entreprit de mater la région. Les militaires trop complaisants furent mutés et remplacés par des « durs » de la Division spéciale présidentielle. Des hommes de confiance du président furent par ailleurs nommés aux postes clés de gouverneur du Nord et du Sud-Kivu. L'un des fondateurs du principal parti d'opposition, Faustin Birindua, propriétaire d'un hôtel à Bukavu et opposant de la première heure, fut débauché et nommé Premier ministre, dans l'espoir qu'il parviendrait à rallier les siens. C'est le contraire qui se produisit : Birindua, qualifié de traître, fut conspué et empêché de remettre les pieds dans sa ville de Bukavu.

Au-delà de ces manœuvres politiques trop visibles, le pouvoir étudia aussi les faiblesses de ces insolents et dangereux démocrates qui risquaient de faire tache d'huile dans les autres provinces. Or, malgré leur détermination et leurs capacités d'organisation, les habitants du Kivu étaient vulnérables et ne le savaient pas. Un problème commun à toute l'Afrique — et particulièrement sensible dans l'immense Zaïre, qui jouxte sept pays — les menaçait : l'ambiguïté de la nationalité des populations se trouvant à cheval sur les frontières arbitrairement tracées par le colonisateur.

Un mille-feuille de populations

A l'instar d'autres régions frontalières, le Kivu est un mille-feuille de peuples divers : aux autochtones (les Bahunde, Banande, Batembo, Babashi, Banyanga) se sont ajoutés, par strates successives, ceux que l'on appelle globalement les Banyarwandas, Hutus et Tutsis longtemps confondus. La manipulation des tensions ethniques allait se révéler une arme redoutable dans cet environnement vulnérable.

La région des Grands Lacs est en effet l'une des dernières dont le colonisateur fixa les frontières, ne séparant la colonie du Congo belge du Rwanda allemand qu'en 1910. Devinrent ainsi « congolaises » des populations d'ethnie hutue et tutsie qui, du côté de Rutshuru, avaient maintenu des liens d'allégeance à l'égard du Mwami du Rwanda. Au cours de la période précoloniale, ces territoires n'appartenaient pas au souverain rwandais, mais ils représentaient une zone d'expansion naturelle pour la population du petit royaume très peuplé, au même titre que la région du Bufumbira, comprise entre le lac Kivu et le lac Édouard, qui se trouve aujourd'hui en territoire ougandais. Depuis plusieurs siècles, des populations rwandaises avaient d'ailleurs coutume d'émigrer vers les terres moins peuplées de la région, et, avant l'indépendance, elles étaient estimées à 500 000 du côté congolais, 200 000 du côté ougandais. Même si leurs liens strictement politiques avec le souverain du Rwanda demeuraient assez lâches, ces populations payaient tribut et devaient respect au Mwami ; elles parlaient en outre la même langue et pratiquaient la même religion que les gens du Rwanda.

Lorsque le Rwanda-Urundi devint protectorat belge, les frontières au sein de ce même ensemble demeurèrent perméables et les Banyarwandas continuèrent tout naturellement à émigrer vers le Congo voisin, d'autant plus d'ailleurs que l'une des tribus locales, les Banande, avait été affaiblie par les ponctions des esclavagistes.

De son côté, la colonisation belge accentua le mouvement : ainsi, en 1937, la Mission d'immigration des Banyarwandas (MIB) au Kivu fut dotée d'un territoire de 150 000 hectares. Des paysans et des éleveurs rwandais furent invités à s'y établir, recevant 5 hectares de terre par famille. Lors de l'indépendance, on dénombrait ainsi environ 40 000 familles installées, soit quelque 200 000 personnes[1]. L'intention du colonisateur était de soulager le Rwanda d'une pression démographique inquiétante et de mettre en valeur les terres du riche Kivu, où les conditions climatiques étaient pratiquement les mêmes qu'au Rwanda.

Les germes d'un futur conflit étaient ainsi semés : les nouveaux venus avaient reçu des terres qui, en principe, n'auraient pu leur être cédées que par les chefs traditionnels, et ces derniers acceptaient mal que l'on ait ainsi empiété sur leur autorité. A leurs yeux, ces terres avaient été « prêtées », il ne pouvait s'agir d'une cession définitive. A la même époque, poussés par la pression démographique, quelque 350 000 Rwandais émigrèrent vers la région de Bufumbira, en Ouganda.

Par la suite, les troubles au Rwanda et au Burundi devaient accentuer les déplacements de populations d'un pays à l'autre, et en particulier vers le Zaïre.

Nationalité douteuse

Depuis toujours, la nationalité des Banyarwandas alimente d'interminables polémiques dans leur pays d'accueil. Certains Banyarwandas avancent que, leur famille étant installée au Zaïre depuis plusieurs siècles, la nationalité zaïroise leur est acquise d'office, bien qu'ils aient gardé la langue rwan-

---

1. André Guichaoua, *Étude réalisée par le haut-commissariat aux réfugiés sur la situation des réfugiés dans la région des Grands Lacs*, p. 31.

daise. D'autres se considèrent comme réfugiés parce qu'ils ont été chassés par la révolution rwandaise et par les pogroms antitutsis. D'autres encore, migrants économiques, ayant acheté des documents d'identité zaïrois, excipent d'une double nationalité et souhaitent pouvoir séjourner librement dans un pays ou dans un autre... (Avant le Zaïre, c'est en Ouganda que les entreprenants Banyarwandas furent pris pour cible par les milieux nationalistes. Ils furent ainsi jetés sur la frontière rwandaise au début des années quatre-vingt ou furent victimes de purges dans l'armée et la fonction publique vers 1989. Ces malheurs renforcèrent la détermination du Front patriotique à tenter un retour en force au pays.)

Au Zaïre, la législation définissant comme citoyens tous ceux qui résidaient sur le territoire de la république avant 1960 a toujours fait l'objet d'interprétations diverses. Sous la colonisation, les Rwandais qui franchissaient la frontière se voyaient remettre la carte d'identité du Congo belge. La table ronde précédant l'indépendance (et à laquelle participèrent les Rwandais) décida que tous ceux qui habitaient alors le pays pourraient prendre la nationalité congolaise. Cette disposition permit aux Banyarwandas de progresser rapidement dans la hiérarchie sociale. (La réussite la plus spectaculaire fut à cet égard celle de Barthélemy Bisengimana, directeur de cabinet du président Mobutu durant douze ans, qui achètera l'île d'Idjwi en face du Rwanda et favorisera la promotion de ses compatriotes tutsis.)

Pendant longtemps, les Rwandais (tutsis) sont favorisés par le régime Mobutu car ils sont dynamiques et, ne pouvant envisager de carrière politique, ils ne représentent pas un péril pour le régime. Leur sort demeure cependant fragile : ils sont jalousés, leur appartenance nationale est contestée. En 1971, le Parlement vote une loi abrogeant l'acquisition automatique de la nationalité zaïroise. Désormais, s'ils veulent devenir citoyens zaïrois, les Banyarwandas doivent formuler une demande de naturalisation à titre individuel. Dans ce cas, les Hutus perdent leur nationalité rwandaise, les Tutsis leur statut de réfugiés politiques. Par manque de moyens ou en raison de réticences politiques, bon nombre d'immigrés de fraîche date hésiteront à franchir le pas. De toute façon, que signifient les papiers d'identité au Zaïre ? Ils s'achètent, se photocopient si facilement ! En 1972, le président Mobutu octroie à nouveau, en bloc, la nationalité zaïroise aux Banyarwandas, mais un an plus tard la loi est abrogée pour inconstitutionnalité.

En 1987, les élections locales sont suspendues dans la région du Sud-Kivu, car les Banyarwandas « de nationalité douteuse » sont majoritaires dans plusieurs zones.

La querelle reprend dans les premiers temps de la Conférence nationale à Kinshasa : les délégués banyarwandas d'origine peuvent-ils ou non siéger aux côtés des « vrais » Zaïrois ? Douloureux dilemme, longs débats, car certains d'entre eux se sont montrés parmi les plus actifs dans les associations de base, et assurent qu'ils sont zaïrois à part entière... Finalement, les délégués d'origine tutsie se font expulser, tandis que plusieurs Hutus sont admis aux travaux de la Conférence.

Sur le terrain, les Banyarwandas, grâce à leur dynamisme, ont pris le pas sur les populations locales. Les vastes et prospères pâturages des éleveurs tutsis suscitent l'envie de tous, et leurs enfants qui se lancent avec succès dans les affaires ou les études suscitent également des jalousies. Les Hutus, de leur côté, se révèlent d'excellents agriculteurs et des ouvriers appréciés dans les plantations de thé, de café, de pyrèthre.

Un autre grief, plus subtil, anime les Zaïrois : les Banyarwandas, qu'ils soient hutus ou tutsis, ont conservé une grande cohérence sociale. Ils se marient généralement entre eux — les Tutsis, en particulier, refusent de prendre femme chez les Bahunde ou même les Hutus —, tous gardent l'usage de leur langue et de leurs coutumes et demeurent fidèles au souvenir de leur vieux pays d'origine, dont ils continuent à suivre l'évolution politique. Les Tutsis rêvent même d'y retourner, sinon d'y reprendre un jour le pouvoir. C'est ainsi que vers la fin des années quatre-vingt, ils commenceront à cotiser discrètement pour alimenter les caisses du FPR. Lorsque la guerre sera déclarée, de nombreux jeunes se porteront volontaires dans les rangs des rebelles. Les Hutus, pour leur part, ne dissimulent pas leur admiration pour le président Habyarimana. Dans certains villages, ils affichent son portrait et arborent les calicots de son parti. Après le début de la guerre de 1990, ils enverront à leur tour leurs jeunes gens à la rescousse d'une armée rwandaise en mal d'effectifs.

Cette référence discrète (mais constante) au pays d'origine agace les populations locales et exacerbe l'humeur des chefs coutumiers, qui reprochent à ces « étrangers » de ne pas respecter leur autorité et de ne pas s'acquitter des tributs requis.

Pendant des années, le conflit est latent entre ces « immigrés » qui possèdent des terres, du bétail, de l'argent, et les « locaux » qui sont légitimés par la coutume et par le pouvoir politique mais qui se sentent en état d'infériorité. A tout moment, les autochtones du Kivu craignent de voir les dynamiques Rwandais mettre la main sur leur région avec l'accord du pouvoir mobutiste.

Lorsque est signé l'accord portant sur la création de la Communauté économique des pays des Grands Lacs, prévoyant la libre circulation des ressortissants du Rwanda, du Burundi et du Zaïre, c'est de justesse que le ministre zaïrois des Affaires étrangères Mushobekwa wa Kalinda dissuade le président Mobutu de signer une clause permettant le libre établissement de tous les citoyens de la région dans les pays voisins, ce qui aurait ouvert la voie à une émigration plus massive encore de Hutus du Rwanda.

En 1990, Mobutu décrète la fin du parti-État. Cette ouverture politique, s'ajoutant à la nécessité de serrer les coudes pour survivre, entraîne la multiplication des « mutuelles » qui s'appuient sur une base ethnique. Désormais, dans tout le pays, et en particulier dans la région du Kivu si éloignée du pouvoir central, chacun se repose sur des organisations d'entraide rassemblant des gens de même origine. Au Nord-

Kivu, par exemple, les Banande se retrouvent dans « Kyahanda », les Bahunde dans « Bushenge » et « Gead », les Tutsis dans « Acogenoki », tandis que les Hutus banyarwandas fondent la Magrivi (Mutuelle des agriculteurs de la Virunga). Magrivi sera à la source de bien des tensions, car ses membres interdisent l'accès de la coopération aux non-Rwandais. Les griefs de la population zaïroise sont aggravés par le fait que, grand seigneur, Mobutu accorde un ranch de 10 000 hectares dans la région de Walikale à son voisin Habyarimana. Les craintes d'une colonisation de la région par les Rwandais s'en trouvent évidemment renforcées.

Une partition écrite ailleurs

Parallèlement à la montée des tensions à l'intérieur du Rwanda, un certain nombre de Hutus vivant au Zaïre ont été gagnés par le « virus » ethnique : ils ont ainsi intériorisé les thèmes en vogue au Rwanda, selon lesquels une « ethnie majoritaire » serait dominée par une minorité féodale. Le déroulement de la guerre au Rwanda, les débats de la Conférence nationale au Zaïre, qui a pratiquement exclu les Banyarwandas de ses travaux, accentuent la radicalisation.

Sur les hauts plateaux du Masisi, les Hutus commencent alors à se dresser contre leurs voisins tutsis : ils critiquent leurs vastes pâturages, qui concurrencent leurs terres cultivables. Au début des années quatre-vingt-dix, c'est surtout aux Bahunde que s'opposent les Hutus, récusant l'autorité des chefs traditionnels. Curieusement, alors que le niveau de vie et le développement général des Bahunde (un groupe très minoritaire) est inférieur à celui des industrieux Hutus, ces derniers transposent au Zaïre l'imagerie en cours de l'autre côté de la frontière. A leur tour, ils traitent les hommes de la forêt que sont les Bahunde de « féodaux revanchards » !

La guerre au Rwanda exacerbe les conflits latents sur le plateau du Masisi. Des stocks de munitions, des armes de guerre y sont introduits, les relations entre les communautés se détériorent à vue d'œil : les Hutus critiquent les Bahunde, mais ils soupçonnent également les éleveurs tutsis d'être les complices du Front patriotique, tandis que les membres très militants de la mutuelle Magrivi, ardents partisans d'Habyarimana, commencent à incendier des maisons appartenant à leurs voisins tutsis.

En ce printemps 1993, le bois est bien sec, la poudre bien tassée : comme au Shaba, il est temps d'allumer la mèche ethnique, de faire flamber la verte province.

C'est ainsi que le gouverneur et le vice-gouverneur du Nord-Kivu — nommés par la présidence, rappelons-le — rendent visite à leurs administrés, les Bahunde et banyanga de Walikale, de Ruthsuru, de Masisi. Ils les conjurent de se défendre contre « le péril rwandais », de faire entrendre raison à ces Hutus qui refusent d'obéir aux autorités locales, et ils donnent des instructions précises à la gendarmerie nationale.

Les autorités coutumières, exaspérées par la fronde des Rwandais, qui les boycottent, déclenchent alors les opérations. Le 23 mars 1993, appuyée par des paysans banyanga armés de flèches empoisonnées, la gendarmerie locale ouvre le feu sur les cultivateurs rwandais qui vendent leurs légumes sur le marché de Ntoto. En quelques jours, la violence gagne toute la région. Maisons brûlées, familles massacrées, scènes d'exode en direction des villes... Plus de 150 000 Banyarwandas sont ainsi obligés de prendre la fuite, le nombre de victimes oscillant entre 3 000 et 7 000.

Loin de calmer le jeu, la gendarmerie encourage les populations locales à « ne pas se laisser faire ». Le 15 juillet 1993, le président Mobutu en personne se rend à Goma pour installer une commission de pacification. Généreusement, il propose 200 000 dollars au profit des victimes. Joue-t-il alors franc jeu ? La rumeur publique l'accusera plus tard d'avoir au même moment, mais de nuit, reçu les instigateurs des violences et de leur avoir donné des instructions !

A cette époque, en effet, son pouvoir est encore vacillant. Plus que jamais, il lui faut jouer les indispensables pacifi-

cateurs, quitte à attiser pour commencer les tensions ethniques toujours latentes.

Violence tribale, explosion spontanée ? L'opinion locale
s'interroge : tandis que les porte-parole de Mobutu mettent
l'accent sur les conflits fonciers de la région et soulignent
l'action pacificatrice du Guide, Eugène Muhima, un conseiller de la République venu de Kinshasa, publie un autre point
de vue : « Deux facteurs psychologiques, le panhutisme sec-
taire des uns, l'extrémisme militant de certains politiciens
bahunde et banyanga, ont été transformés en faits de société.
Une volonté de survivre créée artificiellement chez les
Bahunde, et une ivresse revancharde du nombre, qui pousse
les Hutus à croire qu'ils sont le peuple prédestiné à dominer
l'espace interlacustre, servent de leviers pour une conspira-
tion criminelle destinée à détruire le Nord-Kivu. » Pour le
conseiller, le but de la manœuvre est clair : il s'agit
d'« empêcher la constitution d'un État de droit [...], de retar-
der autant que faire se peut la fin de la dictature au Zaïre ou
de ne la permettre qu'au prix de la destruction totale des
provinces utiles. [...] Le drame au Zaïre est que les acteurs
politiques sont à peine conscients des enjeux réels. Ainsi
sont les extrémistes bahunde qui, comme ceux de la Magrivi,
jouent une partition écrite ailleurs et sont en train d'exécuter,
hébétés, une œuvre qui les dépasse afin d'assouvir des fantasmes tribaux d'un autre âge. »

En quelques mois, l'une des régions les plus prospères,
les plus dynamiques du Zaïre est ainsi dévastée.
300 000 réfugiés au total gagnent la ville de Goma, la région
de Rutshuru. Leur sort ne suscite pas plus d'émotion que
celui des Kasaïens refoulés du Shaba, et nul ne prête attention à cette purification ethnique à la zaïroise.

De son côté, la société civile du Sud et du Nord-Kivu, si
dynamique, n'entend pas se laisser submerger par la violence. Une fois passés les premiers troubles, les organisations non gouvernementales, les Églises locales, qui avaient
été pratiquement les seules à venir en aide aux populations
sinistrées, redéploient leurs efforts de médiation. Messes de

réconciliation, assemblées de discussion, palabres à l'infini...
Malgré les boutefeux, le tissu social lentement se reconstitue.
A la fin de l'année 1993, le Nord-Kivu peut s'enorgueillir
d'avoir résisté à la tentation du pire. La violence suicidaire
a été enrayée, les réfugiés rentrent peu à peu chez eux, la
vie reprend son cours.

Les répercussions du génocide au Rwanda

A peine achevée, la pacification du Nord-Kivu va cependant se révéler bien fragile face à un autre incendie, autrement dévastateur celui-là. Dès avril 1994, le génocide rwandais, suivi d'un afflux de réfugiés, devait en effet
durablement déstabiliser la région et favoriser la remise au
pas du Kivu indocile.

Dès que les premiers massacres se déclenchent au
Rwanda, les opérations de rapatriement des déplacés vers
leur région d'origine sont suspendues alors qu'elles se poursuivaient calmement sous la conduite des Églises et des
ONG. A Bukavu, à Goma, l'opinion est épouvantée :
quelques Tutsis parviennent à franchir la frontière et témoignent des atrocités dont ils ont été l'objet. A Bukavu, le
groupe Jérémie, composé de prêtres et de laïcs, sera l'un des
premiers à témoigner de l'horreur qui s'est déchaînée au
Rwanda. Durant des jours et des nuits, la population entend
les cris des suppliciés enfermés dans le stade de Cyangugu.
Les eaux du lac Kivu se teintent de sang, des cadavres flot-
tent, par centaines...

Dans le Masisi, les Banyarwandas hutus suivent de près
les événements dans le pays voisin. Ils attaquent leurs voisins tutsis et se montrent moins que jamais désireux de
composer avec les autochtones bahunde. L'armée zaïroise,
une fois de plus, adopte un comportement ambigu. Dans certains cas, elle s'allie aux Hutus, dans d'autres, des militaires
acceptent de servir de gardes privés aux riches éleveurs tutsis. Mercenaires qui prêtent leurs services aux plus offrants

ou agents de division ? En tout cas, les soldats s'abstiennent de se porter au secours de leurs compatriotes zaïrois.

Alors que quelques Tutsis parviennent à gagner le Kivu, la tension monte à nouveau dans la province, et les autochtones, plus que jamais, craignent d'être submergés. Peut-être se doutent-ils de la suite des événements ?

En juillet, alors que le Front patriotique remporte la victoire sur l'armée rwandaise et s'empare de Kigali, le Kivu est envahi. En mai déjà, militaires et miliciens se repliant en bon ordre avaient poussé vers la Tanzanie une population affolée, terrorisée par la crainte des représailles, et 600 000 Hutus s'étaient installés dans la région de l'Akagera. En juillet, donc, vient le tour du Zaïre. L'exode, cette fois encore, n'a rien de spontané. Les civils rwandais sont encadrés par les militaires et les miliciens qui ont commis le génocide. En flots serrés, ils se déversent sur Goma et envahissent le Zaïre. Les plus démunis échouent sur la lave du volcan, les intellectuels qui les encadrent occupent les hôtels de la place.

Avec amertume, la presse zaïroise (qui a le sens de la formule) dénonce l'« opération vidange » menée par l'ancien pouvoir rwandais avec le soutien de la France : il s'agit de ne laisser au FPR qu'une terre brûlée, vidée de ses citoyens, massacrés ou en fuite, un pays dévasté.

Pour ces civils hébétés, désespérés, c'est l'enfer : à Goma l'eau potable manque, et il est impossible de creuser des puits dans la terre volcanique. Les réfugiés sont donc obligés de boire l'eau du lac, contaminée par les cadavres en décomposition.

Endémique au Kivu, où, comme dans tout le Zaïre, les services d'hygiène et de santé sont inexistants, le choléra se répand. Les caméras du monde entier filmeront les fosses communes où sont jetées les victimes du fléau, dont le nombre sera évalué à plus de 50 000. Les images de ce désastre sanitaire feront même oublier pour un temps le génocide qui s'est déroulé de l'autre côté de la frontière et qui, lui, n'a pratiquement pas eu de témoins (voir le chapitre 6).

Qui, dans ce contexte d'apocalypse, se soucie encore des Zaïrois ? Durant trois mois, avec leurs faibles moyens, ils ont tenté de faire face. A Bukavu, le groupe Jérémie a tenté depuis le début de mobiliser l'opinion. Les organisations non gouvernementales, si nombreuses au Kivu, ont accueilli les réfugiés, Tutsis d'abord, Hutus ensuite. Des familles se sont serrées pour héberger des Rwandais, pour partager la nourriture, partout des collectes de vivres ont été organisées.

En juillet, face à l'exode programmé, les Zaïrois doivent passer la main à l'assistance étrangère. Désormais, toutes les parcelles sont envahies. Les fuyards campent dans les jardins potagers péniblement conquis sur les champs de lave, ils s'installent dans les écoles, les locaux des ONG. Ils coupent les arbres pour faire du feu, cuire leurs aliments. Les Zaïrois assistent impuissants à l'occupation de leur région. Les réfugiés affluent, suivis de près par les humanitaires et les militaires.

Tout au plus les autochtones seront-ils engagés comme chauffeurs, comme domestiques. Les privilégiés seront payés en dollars, les plus débrouillards loueront leur maison, leur voiture. Les instituteurs désertent leur école, les médecins abandonnent leur dispensaire, tous essayent de se faire embaucher par les organisations internationales. En août, un autre exode se produit, vers Bukavu cette fois, mais il est de moindre importance : 350 000 Rwandais traversent la frontière zaïroise, d'autres fuyards s'établissent dans d'immenses camps situés dans le sud-ouest du Rwanda.

Malgré les profits que quelques-uns tirent de la situation, la majorité de la population se sent plus marginalisée que jamais, soumise au bon vouloir de l'armée et des services de sécurité — qui avaient été jusqu'à présent tenus à l'écart de la région.

Très rapidement, avec beaucoup plus de perspicacité que l'opinion publique occidentale bouleversée par les images de l'exode et du choléra, l'opposition zaïroise dénonce une intention politique sous-jacente derrière cet exode massif des Rwandais, civils et militaires confondus. Elle soupçonne que, pour les responsables du génocide, il ne s'agit pas seulement de reculer devant les troupes du FPR.

En réalité, un projet beaucoup plus ancien est remis en chantier : amener des Rwandais en grand nombre sur ces hautes terres qui étaient naguère considérées comme une zone d'expansion naturelle... Les ONG zaïroises qui accueillent les foules sur la frontière durant l'été 1994 relèvent que bon nombre de réfugiés, nantis de tous leurs bagages, y compris de leurs outils agricoles, s'enquièrent immédiatement de la route menant au Masisi. Comme s'ils avaient reçu le mot d'ordre de s'y établir tôt ou tard... Ils ne s'y rendront pas immédiatement, et ce n'est qu'à partir de novembre 1995 que ces malheureux, effrayés par la perspective d'un retour forcé au Rwanda et par l'arrestation de quelques leaders, tenteront de s'enfuir vers l'intérieur du pays. Il faudra attendre le printemps 1996 pour qu'un mouvement organisé se dessine au départ des camps de Goma en direction du Masisi, dans le but d'y créer un Hutuland, sanctuaire pour les criminels et point de départ d'une éventuelle attaque du Rwanda. Nous y reviendrons au chapitre suivant.

Le dernier acte du retour en grâce...

Dans la foulée de l'afflux des réfugiés et de l'émotion soulevée par l'épidémie de choléra se joue le dernier acte de la réhabilitation de Mobutu et de la remise au pas du Kivu.

En juin 1994, les troupes françaises débarquent en fanfare à Goma et Bukavu, mais aussi à Kisangani. Elles livrent du matériel aux Forces armées zaïroises, et Mobutu peut alors dépêcher vers le Kivu les meilleures de ses troupes. Et pour cause ! Il s'agit de canaliser les réfugiés rwandais, de s'assurer du contrôle de la situation, mais aussi de percevoir des droits d'atterrissage (plus de 100 000 francs belges) pour chaque avion qui se pose à Goma. Il s'agit aussi d'intercepter les biens des Rwandais, dûment contrôlés et parfois dépouillés au passage de la frontière : en quelques jours, par avions entiers, les autobus, les jeeps de l'armée rwandaise, mais aussi les voitures particulières se retrouvent à Kinshasa. On les appellera immédiatement les Turquoise...

A Goma, à Bukavu, les militaires zaïrois sont à la fête : les généraux ponctionnent les organisations humanitaires, les soldats rançonnent les réfugiés. A Uvira, de l'autre côté de la frontière burundaise, c'est en revanche la grogne car les militaires attendent en vain qu'un exode comparable se produise depuis le Burundi...

Le fait que l'opération Turquoise ait choisi d'opérer depuis le Zaïre, et non depuis la Tanzanie ou l'Ouganda (le Burundi avait refusé sa collaboration), attirant ainsi vers le Kivu trois millions de Hutus, a fait de Mobutu la clé de la stabilisation de la région.

Moi ou le chaos... Depuis 1992, Mobutu a misé sur les risques d'embrasement du Zaïre, soufflé sur les braises du Shaba et du Kivu.

Après l'exode des Hutus en 1994, il n'aura même plus besoin de ranimer les démons intérieurs : il sera considéré, avec l'appui de la France, du secrétaire général de l'ONU et de l'ancien président Carter, qui mène une diplomatie parallèle, comme le garant de l'ordre en Afrique centrale.

A partir de juillet 1994, la politique intérieure zaïroise est marquée par la tragédie rwandaise. C'est en juillet 1994, alors que tous les feux sont braqués sur Goma, d'où se déploie l'opération Turquoise, qu'à la suite d'une manœuvre politique bien contestable M. Kengo wa Dondo est nommé Premier ministre du Zaïre. A ce moment, nul ne s'émeut du fait qu'il n'a pas l'appui de l'opposition dont il est censé être issu. Nul ne relève qu'il avait déjà été Premier ministre en avril 1990, lorsque le président avait mis fin à la Deuxième République, et que l'année précédente il était déjà en fonction alors que se déchaînait la campagne antibelge.

Nul ne rappelle qu'au début des années quatre-vingt, il avait mis en œuvre des programmes d'austérité extrêmement impopulaires, qu'auparavant encore il avait été un procureur de la République connu pour son intransigeance... Chacun feint d'oublier que M. Kengo wa Dondo est l'incarnation même d'un passé que les Zaïrois croient révolu.

Quelle importance ? En ces temps de guerre, d'exode, de choléra, ce qui compte c'est d'avoir à Kinshasa un homme à poigne, considéré comme fiable. Kengo, le métis d'origine rwandaise, l'homme aux costumes bien coupés, reçu dans les meilleurs salons bruxellois ou parisiens, est celui qui inspire confiance aux Occidentaux. Il jouit de toutes leurs faveurs, bien plus qu'un Étienne Tshisekedi, que ses compatriotes appellent avec affection « Tshi-Tshi safari », qui a l'audace d'être nationaliste et de prétendre domestiquer le dinosaure...

Mobutu, flanqué d'un Premier ministre « acceptable », ne tardera pas à toucher les dividendes du génocide rwandais et de l'exode de trois millions de réfugiés dans la région des Grands Lacs. L'autorisation accordée à la France d'opérer depuis le Kivu a été négociée par Jacques Foccart lui-même, lors d'un bref aller-retour à Gbadolite en juin 1994.

Par la suite, Paris n'aura plus rien à refuser à Mobutu.

Les retombées du génocide rwandais remettront Mobutu en selle, bien mieux que le grand jeu du pompier pyromane à l'intérieur de son propre pays : lors du sommet de l'Organisation de l'unité africaine, en juin 1994, le Guide aura retrouvé toute sa verve.

Par la suite, on le verra jouer les divas lors du sommet franco-africain de Biarritz en novembre 1994, où le président Mitterrand, feignant l'étonnement devant les questions des journalistes à propos du Rwanda, évoquera les « deux génocides ». On retrouvera Mobutu au sommet social de Copenhague, demandant à la communauté internationale d'aider le Zaïre à soutenir le fardeau des réfugiés.

L'élection de Jacques Chirac à la présidence ne fera pas baisser la cote de Mobutu, bien au contraire. Un ancien diplomate zaïrois, Emmanuel Dungia, n'a-t-il pas révélé que dans les années quatre-vingt le Guide a contribué financièrement aux campagnes électorales de Chirac[1] ? Durant l'été 1995, alors qu'il réside dans sa villa de Cap-Martin, Mobutu, qui a reçu la visite de Jacques Foccart, s'entretient longuement au téléphone avec le président français qui se trouve au fort de Brégançon, et Bemba Saolona, le « patron des patrons » zaïrois, est à nouveau autorisé à séjourner à Paris.

On entendra aussi Mobutu, fraîchement converti à la démocratie, promettre pour 1997 des élections générales — qu'il pourra évidemment manipuler à sa guise.

Mobutu jouit donc à nouveau aujourd'hui de toute sa liberté de mouvement en Europe et aux États-Unis : il s'est ainsi rendu aux Nations unies (sans toutefois se rendre à Washington ou à Disneyland comme au bon vieux temps), il a retrouvé sa propriété de Cap-Martin, son domaine au Portugal, il a été invité au sommet des chefs d'État de la région des Grands Lacs au Caire, à Tunis. A chaque occasion, il a multiplié les promesses à propos des réfugiés rwandais. Il s'est engagé à identifier les criminels, à les séparer de la masse des civils, à encourager le rapatriement volontaire...

Cette remise en selle de Mobutu a été une opération de longue haleine menée par ses amis aux États-Unis et en France. Parmi eux, l'on retrouve Jacques Foccart, bien sûr, mais aussi, aux États-Unis, des groupes puissants, bien organisés. L'ancien secrétaire chargé des affaires africaines, Herman Cohen, en fait partie, de même que le président de la Commission des affaires étrangères du Sénat, le très conservateur Jesse Helms. Le révérend Pat Robertson, qui soutient également le dinosaure, n'est pas seulement « télévangéliste » : sa « coalition chrétienne » possède d'importants intérêts au Zaïre, dans le diamant et les bois précieux, et chaque semaine deux avions canadiens font le voyage

---

1. Emmanuel Dungia, *L'Argent de Mobutu*, Paris, L'Harmattan, 1991.

jusque dans les mines que Robertson possède dans le sud du Kasaï[1].

La Fondation Carter a été un élément clé du rétablissement de Mobutu : se substituant à la « troïka » composée de la France, de la Belgique et des États-Unis, l'ancien président américain a pris contact avec le président du Zaïre pour trouver une solution à la crise des réfugiés, en échange d'un visa pour les États-Unis et d'une réhabilitation diplomatique. Le marchandage dure toujours, et Mobutu n'est pas près de lâcher prise. Mieux encore que les manipulations de l'ethnicité dans son propre pays, c'est la masse de manœuvre que représentent les réfugiés rwandais qui contribue à le maintenir au pouvoir.

Désastre au Kivu

Dans ce Kivu surpeuplé et rebelle, où la densité de la population est, à l'instar du Rwanda, très inégale d'un endroit à l'autre (150 à 600 habitants au kilomètre carré), l'irruption de deux millions de réfugiés rwandais a complètement modifié la donne. Vingt années d'efforts de reboisement menés par les ONG locales ont ainsi été anéanties, la forêt naturelle des Virungas, l'une des dernières forêts primaires de la région, a été dévastée[2].

Cet afflux de réfugiés, d'organisations humanitaires et d'hommes en armes a aussi favorisé la mise au pas de ce monde associatif qui, depuis quatre ans, tenait la dragée haute à Kinshasa. Dès le début du génocide rwandais, en fait, la répression s'est accentuée au Sud-Kivu, visant principalement les associations catholiques, vivier de la société civile. C'est ainsi qu'en 1994 déjà, un rapport rédigé par le

1. *Zaire Actuality*, octobre 1995.
2. G. Balegamire et Hamuli Kabarhuza, « Les réfugiés rwandais au Kivu, les enjeux démographiques et les conséquences socioéconomiques », Kinshasa, février 1995.

Service national d'intelligence et de protection, l'un des nombreux services de renseignements de Mobutu, instruisait un véritable acte d'accusation contre l'Église catholique, annonçant que « le combat sera rude entre les services de sécurité et les activistes de l'Usor (Union sacrée radicale) déguisés en soutane que sont les prêtres catholiques nationaux et étrangers ».

Alors que la répression s'intensifiait au Kivu, les effectifs des forces de sécurité allaient sans cesse croissant. Et pour cause ! Les Nations unies elles-mêmes, impuissantes à ramener l'ordre dans les camps, à séparer les hommes en armes, les « intimidateurs » des civils, n'avaient-elles pas requis les services de 1 500 hommes de la Division spéciale présidentielle afin qu'ils assurent la sécurité dans les camps ? Leur solde, payée par la communauté internationale, représentait ainsi une subvention indirecte versée à l'armée de Mobutu, depuis longtemps impayée...

Pour qui se demanderait qui exerce l'autorité réelle au Zaïre, le sort des réfugiés rwandais apporte une réponse claire : la contradiction est flagrante entre les positions du Premier ministre Kengo wa Dondo (qui souhaite le retour des réfugiés et menace de les renvoyer par la force si nécessaire) et celles du président (bien décidé à apparaître comme le protecteur des Hutus et qui a d'ailleurs fait inhumer dans son fief de Gbadolite la dépouille de son vieil ami Habyarimana).

En août 1995, alors que l'armée zaïroise avait commencé à ramener sur la frontière les réfugiés hutus devenus indésirables et dont la présence était de plus en plus mal supportée par les populations locales, le président fit mine de se rendre aux arguments humanitaires avancés par la communauté internationale et donna ordre de suspendre l'opération de retour forcé. Les réfugiés, rassurés, se réinstallèrent dans les camps.

En novembre de la même année, alors qu'une nouvelle fois des perspectives de rapatriement plus ou moins volontaire se précisaient, Mobutu fit savoir, patelin, que, tenant compte de la dignité des réfugiés, il ne forcerait personne à rentrer. Le faible mouvement de retour s'interrompit aussitôt...

Au même moment, alors que quelques-uns des leaders des camps avaient été arrêtés, les réfugiés installés près de Goma, où les militaires de l'ancienne armée étaient très nombreux, commencèrent à faire mouvement vers le nord, en direction du plateau du Masisi, dans l'intention de s'y installer durablement. Ce nouvel exode, vers l'intérieur du Zaïre cette fois, perturba complètement une région qui se remettait à peine des violences interethniques de 1993. Or, une fois encore, le pouvoir zaïrois adopta une attitude ambiguë, attisant les antagonismes.

Les autochtones bahunde, n'acceptant pas d'être mis en minorité sur la terre de leurs ancêtres, s'insurgèrent contre les nouveaux venus. Ils ceignirent leurs gris-gris, ces talismans qui sont censés protéger des balles, et furent bien vite rejoints par les descendants d'anciens rebelles qui végétaient sur la frontière ougandaise. Ils s'en prirent d'abord aux cultivateurs hutus, aux côtés desquels ils vivaient depuis des générations, puis s'attaquèrent aux réfugiés rwandais. Mais les Bahunde ne faisaient pas le poids : à leur grande surprise, ils découvrirent que l'armée zaïroise, au lieu de défendre les nationaux, prenait fait et cause pour les Hutus, protégeant militaires et miliciens Interhahamwes ! Inférieurs en nombre et en armement, une dizaine de leurs chefs ayant été tués, les Hunde, comme en 1993, furent obligés de s'enfuir en même temps que les éleveurs tutsis, persécutés à leur tour.

Depuis novembre 1995, en effet, dans le silence de la communauté internationale cependant toujours présente dans les camps de réfugiés du Kivu, à quelques dizaines de kilomètres, un autre drame se déroule dans le Masisi. Des éleveurs tutsis, qui vivaient sur les hauts plateaux depuis des générations, sont chassés par des extrémistes hutus venus des camps, bien décidés à s'implanter enfin dans cette région idyllique qui leur avait été promise de longue date. Le désastre humain et économique est considérable. De novembre

1995 à mars 1996, plus de 40 000 Banyarwandas tutsis ont été chassés en direction du Rwanda, un pays qui leur est étranger. Ils s'y considèrent comme des réfugiés, et aucune terre n'est disponible pour les recevoir. Des 450 000 têtes de bétail que comptait la région, il n'en reste plus que quelques milliers...

Les réfugiés rencontrés au Rwanda dans le camp de transit de Niakimana, proche de Gisenyi, sont formels : les Hutus venus des camps pratiquent les mêmes méthodes que lors du génocide de 1994. Ils massacrent à la machette, violent les femmes, écrasent les enfants, incendient les maisons, les églises, les centres communaux.

Dans le monastère trappiste de Mokoto, en mai 1996, 800 Tutsis ont été enfermés dans l'église où ils avaient cherché refuge et massacrés par dizaines par des Interhahamwes venus des camps, qui les assiégeaient avec des grenades et des machettes. Plus jamais ça... La promesse était vaine : il a fallu moins de deux ans pour que le génocide rwandais se prolonge au Zaïre...

De rares témoins expatriés, contraints eux aussi de fuir la région, d'abandonner leurs élevages et leurs plantations, révèlent que l'opération, une fois de plus, n'a rien eu de spontané. L'armée zaïroise, dans un premier temps, a prêté main forte aux Hutus, puis elle a mené, pour la galerie, une opération de pacification, Kymia, qui n'a eu pour effet que de déplacer vers la région voisine de Rutshuru l'épicentre de la violence. Les militaires zaïrois ont aussi prêté leur concours pour accélérer les opérations d'expulsion : ils ont ainsi proposé aux Tutsis du Masisi de les ramener jusqu'au poste frontière rwandais, mettant à leur disposition les autobus naguère offerts au Rwanda par la coopération japonaise et qui sont désormais exploités par les officiers zaïrois pour arrondir leur solde. Les expulsés ont été priés de payer 12 dollars par personne pour le transport !

En réalité, tout se passe comme si le territoire du Masisi, où les populations autochtones sont déjà minoritaires face aux Hutus, avait été choisi pour devenir une sorte de Hutuland, ethniquement homogène, qui pourrait servir de bastion en cas d'attaque du Rwanda. Même le secrétaire général des Nations unies semble au courant du projet puisqu'il suggère que les réfugiés s'installent définitivement au Zaïre, tandis que Mme Ogata, haut-commissaire aux réfugiés, propose elle aussi de faire reculer les camps vers l'intérieur du pays. D'autres, comme l'ancien ministre belge des Affaires étrangères, Léo Tindemans, proposent que les militaires rwandais soient réinstallés sur la base de Kamina, au Shaba, l'ancienne base arrière de l'Unita angolaise où se trouvent déjà leur équipement, hélicoptères et artillerie.

Il est étonnant en tout cas de constater qu'alors que tout le monde s'alarme (à juste titre) de la perspective d'un nouveau génocide, au Burundi cette fois, les pratiques génocidaires dont le Masisi est le théâtre ne semblent inquiéter personne. Et cela alors que dans les camps de réfugiés les Interhahamwes arborent des uniformes neufs, que les arrivages d'armes se multiplient et que les chefs militaires ont reçu de nouvelles coupures du billet de 100 dollars...

A la fin de l'été 1996, les métastases du génocide se répandirent au Sud-Kivu également. Là aussi vivent des populations d'origine rwandaise, qui se sont installées à des époques différentes. Certains éleveurs ont gagné les hautes terres situées au-dessus d'Uvira vers la fin du XVIIIe siècle, d'autres ont été poussés à l'exode par les divers massacres de Tutsis au Rwanda. Pendant longtemps, ceux que l'on appelle globalement les Banyamulenge, et qui se considèrent comme des Tutsis de nationalité zaïroise, ont vécu en bonne intelligence avec les autres groupes de la population. Jusqu'à ce que l'idéologie du génocide se répande au Sud-Kivu également.

En 1959 déjà, lorsque les premiers réfugiés tutsis venus du Rwanda sont arrivés au Sud-Kivu, les Banyamulenge avaient été partagés entre la solidarité à l'égard de leur patrie zaïroise et leurs liens de sang avec les nouveaux venus. Les politiciens locaux firent régulièrement d'eux des boucs émissaires, mettant en cause leur nationalité zaïroise, attisant les jalousies suscitées par leurs succès économiques. La situation se durcit lorsqu'en 1993 des réfugiés hutus venus du Burundi s'installèrent autour des villes de Bukavu et d'Uvira, jetant les bases de la guérilla, et elle se tendit plus encore lorsqu'en 1994 arrivèrent les réfugiés hutus du Rwanda, qui apportèrent avec eux les armes, la radicalisation ethnique et la soif de terres...

En août 1996, une fois de plus, les tensions latentes furent réveillées d'en haut : le gouverneur du Sud-Kivu Kyembo Wa Lumona, soutenu à Kinshasa par le vice-président du Parlement zaïrois, M. Anzuluni Bembe, appartenant à la mouvance présidentielle, se rendit dans les hautes terres en compagnie d'une délégation de militaires. A propos des Banyamulenge, il prononça un discours aux accents familiers : « Quand vous rencontrez un serpent sur la route, que faites-vous ? Vous le tuez, n'est-ce pas ? » Le mot d'ordre de la chasse aux Tutsis était ainsi lancé, et les premiers affrontements pouvaient commencer. Mais à l'inverse de leurs compatriotes du Nord-Kivu, les Banyamulenge ne se laissèrent pas faire : bon nombre d'entre eux avaient l'expérience des armes, des jeunes avaient servi dans l'armée zaïroise ou combattu au Rwanda. Ils firent donc face à l'armée zaïroise qui enregistra des pertes. En outre, survenant après l'épuration ethnique dans le Masisi, les menaces pesant sur les Banyamulenge suscitèrent des réactions au Rwanda, et des jeunes Tutsis originaires du Zaïre, qui avaient combattu dans les rangs de l'Armée patriotique rwandaise, décidèrent de se porter au secours des éleveurs du Sud-Kivu afin, pour certains, de protéger leurs familles. Les affrontements avec l'armée zaïroise devaient envenimer plus encore les relations entre Kinshasa et Kigali, qui s'accusèrent mutuellement d'agression. Les ONG locales et les associations d'entraide recrutant sur base ethnique prirent fait et cause pour l'un ou l'autre camp, de même que le clergé de la région.

Au Sud-Kivu également, les métastases du génocide ont ainsi aiguisé les haines et renforcé les risques de guerre :

l'armée zaïroise est tentée par une purification ethnique qui permettrait de chasser les Tutsis et de récupérer leurs biens, qualifiés de « nationalisés », tandis qu'au Rwanda, ceux qui souhaitent exercer le « droit de poursuite » et peut-être, à cette occasion, élargir les frontières du pays gagnent de l'audience...

Le bal des Chauves

Alors que la guerre se prépare dans un Kivu déstabilisé, les Zaïrois font le bilan de la transition. Si les élections, comme annoncé, ont lieu en 1997, elle aura duré sept ans, et elle aura été l'une des plus longues, des plus douloureuses d'Afrique. Cependant, le pire tant de fois annoncé, un chaos à la somalienne, une implosion pour cause de haines ethniques, ne s'est pas produit. Comment la population zaïroise a-t-elle résisté à l'épreuve ?

La suspension des coopérations étrangères, le pillage des ressources, la violence, la corruption du régime ont ruiné le pays au-delà de tout ce que l'on peut imaginer. Les endémies d'autrefois, comme le choléra, la méningite, la tuberculose, ont reparu, l'épidémie de sida, quoique stabilisée, continue à faire des ravages, des maladies nouvelles comme la fièvre d'Ebola (ou diarrhée rouge) sévissent. Puisque l'État n'existe plus, les infrastructures s'écroulent, et le matériel n'est plus entretenu. Un avion Antonov s'écrase en Angola, faisant 147 morts, un autre appareil s'abat en bout de piste sur le marché de N'Dolo, déchiquetant des centaines de Kinois. Des bateaux coulent, des trains déraillent, les campagnes lointaines redeviennent des taches blanches sur la carte. La brousse reprend ses droits et les populations y retournent, toujours plus profondément, parce qu'il faut bien se nourrir et que la nature, elle au moins, ne déçoit pas...

Cependant, le Zaïre vit et se bat. La population, abandonnée du monde et de ses dirigeants, déploie une formidable vitalité : si le sommet est sclérosé, la base de la pyramide, elle, s'est consolidée. Les associations d'entraide se sont multipliées, prenant parfois la forme de groupes de prière, car, dans ce pays abandonné des dieux et des hommes, les sectes semblent parvenir à ouvrir la porte vers l'au-delà.

Dans tout le pays, à l'initiative des Églises ou suivant leur propre impulsion, les citoyens se sont rassemblés en groupes de réflexion et d'action.

Seul dans sa modeste maison, abandonné par tous ses compères de l'opposition, refusant de recevoir les ambassadeurs qui ont reconnu son rival Kengo, gardé par quelques derniers fidèles originaires du Kasaï comme lui, Étienne Tshisekedi, le vieux leader que ses compatriotes appellent Moïse, aime raconter l'histoire du bal des Chauves. Des jeunes gens, désireux de participer à la fête des Anciens, s'étaient rasé le crâne pour passer inaperçus et être acceptés. A l'aube, alors que la fête se prolongeait, les cheveux des ambitieux avaient repoussé, ce qui permit de démasquer les imposteurs...

Le bal des Chauves, ce sont les années de transition, dit Tshisekedi : les uns après les autres, les opportunistes, les faux opposants, les faux amis ont jeté le masque et, lorsque l'aube viendra, le peuple fera le tri...

Mais quand donc viendra cette aube tant attendue ? Chacun, à sa manière, se prépare à l'échéance des élections.

Le gouvernement Kengo se targue de pouvoir conduire le pays jusqu'à l'échéance de la présidentielle. Une Commission nationale des élections de 44 membres a ainsi été nommée. Mais si tous les partis y sont représentés, on n'y trouve nulle trace de la société civile — les Églises, les syndicats, les ONG.

L'Union européenne s'est engagée à financer le scrutin à raison de 240 millions d'écus, mais pose d'impérieux préalables : le recensement de la population, la distribution des cartes d'électeur, la sécurité physique des candidats, ce qui implique le contrôle des forces armées.

Chacun s'affirme disposé à relever le défi que représente

l'organisation d'élections dans ce sous-continent privé de routes, de moyens de communication chacun nourrit l'espoir de sortir enfin de l'impasse actuelle.

A la base, les Églises et les organisations non gouvernementales ont formé des « comités d'électeurs » qui seront aussi des comités de vigilance. Le gouvernement, lui, attend que la communauté internationale lui donne les moyens d'agir. Du côté de la présidence, on s'est organisé, et sérieusement, depuis bien plus longtemps encore. Tout a été prévu pour ne pas prendre le risque de perdre, ou pour renverser la table de jeu si les cartes étaient mauvaises.

Rappelons que Mobutu contrôle toujours la « territoriale », c'est-à-dire l'appareil administratif, ainsi que les forces de sécurité, et qu'il n'hésitera pas, une fois de plus, à recourir aux manipulations ethniques en cas de besoin. C'est ainsi qu'il a, en prévision des élections, envoyé dans chacune des collectivités du pays un officier jouissant de sa confiance, répondant à ses ordres. La fidélité ethnique jouant, ces officiers chargés d'une tâche très sensible sont tous originaires de l'Équateur ou du Bas-Zaïre, les deux dernières régions fidèles au président. Dans chaque village, ces mandataires ont été chargés de mettre en place un comité électoral, et, après le scrutin, ils devraient être chargés de la protection et du transport des urnes.

Toujours dans la perspective des élections, des comités du Front des jeunes (Frojemo) ont été installés à travers le pays. Ils sont composés de mobutistes bon teint dont on craint qu'ils ne se comportent comme les Interhahamwes du Rwanda ou les jeunesses de l'Uferi au Shaba, relançant la violence en saisissant des prétextes ethniques pour l'attiser.

Cependant, elle l'a prouvé à maintes reprises, la population zaïroise a mûri au cours de ces années difficiles. Elle a développé ses capacités d'analyse et de résistance aux manipulations de toute nature, et en son sein le sentiment national semble assez fort pour que soit évité l'éclatement du pays.

Malgré la confiance que leur inspire la sagesse de la population, les militants des droits de l'homme et de la société civile craignent le pire. Ils sont convaincus que si les élections sont vraiment libres, démocratiques et transparentes, il est certain que Mobutu les perdra, mais que, dans cette hypothèse, la victoire de l'opposition ne sera pas reconnue et qu'au lieu de céder Mobutu déclenchera la guerre. Il est capable de ranimer les brûlots ethniques semés dans tout le pays, prenant le risque de plonger le Zaïre dans un chaos définitif. Comme instrument de répression, il aura à sa disposition ses troupes spéciales, les militaires hutus qui sont devenus ses alliés, ou des soldats sans emploi issus de l'Unita susceptibles d'accomplir ses basses œuvres. Nul ne doute du fait que ses capacités de nuisance soit demeurées intactes.

A l'inverse, si les élections sont dûment truquées, avec le soutien tacite de quelques pays occidentaux tels que la France qui acceptent l'idée d'une reconduction de Mobutu, le risque de guerre n'est pas moindre : peut-on imaginer que la population accepte sans broncher cette ultime imposture, le retour à la case départ ?

A part le statu quo et une prolongation de la transition jusqu'à une date indéterminée, l'hypothèse de la guerre n'est pas à écarter. Dans cette perspective, les trafics d'armes ont pris une ampleur inégalée dans la région. Les armes affluent vers le Kivu, destinées aux Rwandais avides de revanche ainsi qu'à la guérilla hutue du Burundi, sans compter que l'approvisionnement de l'Unita se poursuit en Angola. Toute la nomenklatura mobutiste participe à ces trafics, qui recoupent les pistes de l'or et du diamant... Ces armes viennent de Chine, des pays de l'Est, et même de Libye.

Si d'aventure la paix revenait au bord des Grands Lacs, d'autres conflits pourront toujours être attisés, d'autres flux de réfugiés placeront Mobutu une fois de plus en position d'arbitre. Ainsi, du côté de la frontière soudanaise, la piste de Bunia permet à l'armée de Khartoum d'approvisionner ses troupes qui bouclent la frontière. L'armée soudanaise, qui tente d'encercler les rebelles, aurait même reçu le concours de plusieurs centaines de soldats zaïrois[1].

Cette connexion soudanaise est appuyée par la France. En 1994 déjà, des armes d'origine française avaient été livrées à l'armée soudanaise depuis le nord du Zaïre, afin de lui permettre de prendre les rebelles à revers. En février 1996 encore, le leader islamiste Louis Farrakhan rendait visite à Mobutu pour le convaincre de soutenir la cause soudanaise et son ami Hassan el-Tourabi. Le même mois, un avion chargé d'armes et de munitions quittait Kinshasa pour Juba, la capitale du Sud-Soudan.

Dans cette affaire, pour Mobutu et les siens, seul compte le maintien au pouvoir ; pour la France, seule compte la préservation d'une zone d'influence et ni l'un ni l'autre ne se préoccupent de politique au sens fort du terme, ni d'idéologie.

Le temps des incertitudes

Alors que Mobutu se préparait à des élections sur mesure en 1997, le sort a soudain bouleversé les ambitions des uns, les inquiétudes des autres : en août 1996, le président a été opéré d'un cancer de la prostate dont il s'est remis difficilement. Le Zaïre a brusquement réalisé que le vieux dinosaure était vulnérable, que la maladie pourrait l'emporter sur la loi des armes ou la logique des urnes. L'on vit alors la population saisie par la crainte, et Tshisekedi, le vieil adversaire, demander que l'on prie pour la santé du président !

Pourquoi une telle sollicitude à l'égard de celui dont, depuis tant d'années, les Zaïrois souhaitaient le départ ? En réalité, la perspective de sa mort soudaine inspire la crainte, non seulement parce que les institutions existantes ne sont pas en mesure d'assurer la transition, mais aussi et surtout parce que chacun redoute que les bombes à retardement que Mobutu

---

1. *New African*, mai 1996.

s'est ingénié à poser pour se rendre indispensable n'explosent après lui.

Les craintes sont multiples : certains redoutent une prise de pouvoir par l'armée, d'autres, les barons du régime, ont peur de règlements de comptes. Les leaders de l'opposition craignent, eux, d'être sacrifiés afin qu'aucune relève ne soit possible. Quant aux Occidentaux, ils sont prêts à tout mettre en œuvre pour éviter l'éclatement du pays : l'État central est d'une faiblesse telle que certaines provinces, comme le Shaba, le Kasaï, pourraient être tentées sinon de faire sécession, du moins de distendre les liens les rattachant à Kinshasa.

A l'est du Zaïre, la région des Grands Lacs est d'une instabilité telle que c'est là, peut-être, comme lors des rébellions des années soixante, que se formera l'épicentre du séisme. Et de nouvelles frontières pourraient être redéfinies pour cette occasion. Au Rwanda en tout cas, d'aucuns, à l'étroit dans leur petit pays surpeuplé, ne peuvent s'empêcher d'y songer.

Et les craintes qu'inspire l'après-Mobutu sont à l'image de son règne, durant lequel il s'est appliqué à inspirer la crainte du chaos, à décapiter toute opposition structurée et à prédire qu'après lui le vide et le désordre prévaudront. C'est sur ces mêmes craintes que jouent les candidats à sa succession et les Occidentaux qui les soutiennent : le Premier ministre Kengo wa Dondo s'efforce de rassurer, les militaires « légalistes » multiplient les réunions et les promesses.

La population, elle, attend, et dans le secret de son cœur, elle sait peut-être que, passée la période de turbulences, la libération est proche, que la vraie décolonisation s'annonce.

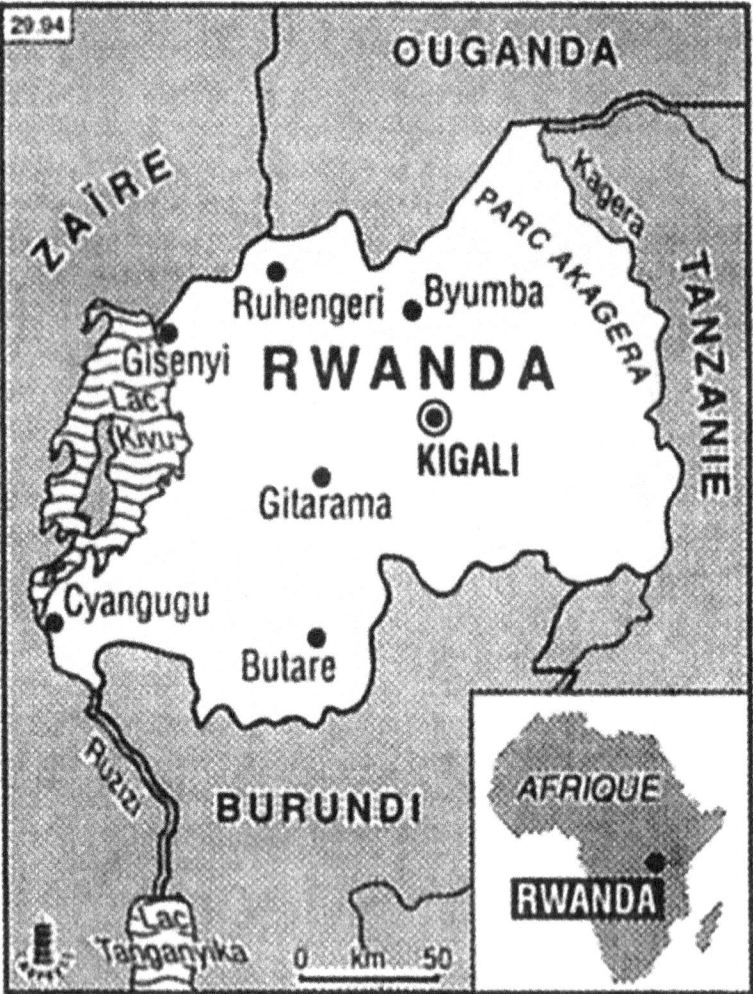

6

Le Rwanda après le génocide

En juillet 1994, la victoire militaire du Front patriotique rwandais a mis fin au génocide. Elle a aussi amorcé une ère nouvelle : les nouveaux dirigeants du pays cherchent depuis lors à éradiquer l'idéologie ethniste qui imprégnait le pays depuis l'indépendance, à créer une nation nouvelle, où chacun, avant d'être hutu ou tutsi, serait d'abord citoyen. Mais comment échapper à l'ethnisme qui a causé tant de ravages ? Il est plus difficile encore de réparer les esprits et les cœurs que de reconstruire un pays détruit...

Les paysans d'Afrique le savent bien : c'est sur les brûlis que les nouvelles pousses sont les plus fortes, les plus vertes. Ainsi en va-t-il au Rwanda : à partir de ce peuple broyé, de ces cœurs calcinés s'est édifié un pays nouveau. Pour qui se souvient du Rwanda en juillet 1994[1], le pays, deux ans plus tard, est méconnaissable : les villes sont plus animées qu'elles ne l'ont jamais été, les campagnes sont à nouveau cultivées, tous les enfants ont repris le chemin de l'école, les églises sont bondées, les cantonniers entretiennent les routes et des veuves sarclent les jardins publics. Les ministères ont été repeints de frais, les trous d'obus, les impacts de balles ont été colmatés. Dès l'aube, chacun est au travail — ministres, employés, commerçants. Les paysans revenus d'exil jardinent à nouveau les vertes collines. Des policiers communaux en uniforme impeccable remplacent peu à peu les militaires qui se sont installés dans la routine des barrages

---

1. Voir Colette Braeckman, *Rwanda : histoire d'un génocide*, Paris, Fayard, 1994.

et fouillent indistinctement tous les véhicules passant sur les grands axes routiers.

L'observateur en oublierait presque qu'un génocide a été commis sur ces terres en 1994. Cette année-là, le Rwanda a été ramené au point mort : un million de victimes, deux millions de réfugiés dispersés dans les pays voisins, 370 000 déplacés à l'intérieur du pays, un tiers des habitants sans foyer, un État sans hommes et sans moyens.

Jamais les exilés tutsis qui avaient créé le Front patriotique vers la fin des années quatre-vingt ne s'étaient attendus à une telle désolation. Ministères dévastés, dépourvus de meubles, de moyens de transport et de communication, trésoreries vidées, dossiers emportés... C'est une coquille vide que l'ancien régime avait abandonnée en fuyant.

Sur le plan politique, les partenaires du FPR étaient rares et affaiblis. Les membres et les dirigeants du parti du président, le MRND (Mouvement républicain national pour la démocratie et le développement), du parti extrémiste CDR (Coalition pour la défense de la République) ainsi que les tenants de l'intégrisme hutu, membres des formations d'opposition, étaient en fuite, disqualifiés pour avoir prôné ou perpétré le génocide. Les dirigeants des autres partis politiques avaient été fauchés. Le Parti libéral — qui recrutait surtout parmi les Tutsis — avait perdu la presque totalité de ses membres, de même que le Parti social-démocrate, qui recrutait surtout parmi les Hutus originaires du sud du pays et les intellectuels.

Au sein du plus grand parti de l'ancienne opposition, le MDR (Mouvement démocratique républicain), de nombreux partisans du Premier ministre Twagiramungu, partisans du dialogue avec le FPR, avaient été systématiquement liquidés. Les autres, tenants de la tendance dure, partisans des quotas ethniques, étaient en fuite... Car les divisions qui déchiraient ce parti depuis la signature des accords d'Arusha en août 1993 étaient demeurées latentes. La plupart des militants étaient opposés à la dictature des Hutus du Nord, menée par la famille Habyarimana, sans être pour autant ouverts au

FPR ; ils défendaient le retour au pouvoir des gens du Sud, initiateurs de la Première République, bien plus que l'ouverture démocratique...

Quoique cimenté par la lutte armée et le désir commun de rentrer au pays, le FPR n'était pas homogène lui non plus : certains de ses militants avaient été gagnés aux idées tiers-mondistes et nationalistes lors de la lutte aux côtés du président ougandais Museveni, d'autres, venus de la diaspora, croyaient fermement aux vertus du libéralisme et de l'initiative individuelle.

Le FPR demeure d'ailleurs aujourd'hui un curieux mélange de « gauchistes » (sinon de maoïstes) et de « bourgeois », dont l'unité est cimentée par le commun désir de reconstituer l'unité perdue du pays.

L'idéologie profonde du FPR, nourrie par des décennies d'exil, est toute simple : le Rwanda a été brisé par un siècle de présence coloniale ou postcoloniale et il s'agit désormais de reconstruire un État réellement indépendant, dont aucun citoyen ne sera plus écarté. Cette idéologie nationaliste devrait inciter à prendre le gouvernement au sérieux lorsqu'il exhorte les réfugiés à rentrer au pays, alors qu'il rencontre le plus souvent le scepticisme de la communauté internationale et celui des intéressés eux-mêmes. « Nous savons ce qu'est l'exil, disent les responsables du FPR, nous savons que tôt ou tard les réfugés finissent par regagner leur patrie, de gré ou de force... »

Arusha : le texte et l'esprit

Après sa victoire militaire, et malgré la faiblesse de ses partenaires, le Front confirma sa volonté de partager le pouvoir avec les autres formations d'opposition, conformément aux accords conclus en août 1993 à Arusha, en Tanzanie.

L'esprit de ces accords fut respecté, mais non la lettre. Le parti du président, considéré comme responsable de la planification du génocide et qui avait rejeté ces accords, fut écarté, deux des cinq postes qui lui étaient dévolus étant repris par le FPR, les trois autres étant attribués à des personnalités indépendantes. Autre dérogation au texte des accords d'Arusha, le Front a installé l'un des siens, Pasteur Bizimungu, un Hutu, à la présidence, tandis que le général Paul Kagame devenait vice-président et ministre de la Défense. Auréolé du prestige de sa victoire militaire, sa nomination s'imposait. En outre, compte tenu de la situation, la durée de la période de transition fut portée à cinq ans.

La composition du nouveau gouvernement reflétait la volonté d'équilibre ethnique qui avait inspiré les accords d'Arusha, puisque, outre le président de la République, la plupart des ministres placés à des postes clés (Affaires étrangères, Plan, Justice, Finances, Information) étaient hutus, leurs attributions correspondant à la répartition qui avait été décidée lors des négociations de paix. Le FPR s'attribua huit sièges sur vingt-deux.

Quant à l'Assemblée nationale de transition, qui devait tenir lieu de Parlement, les sièges naguère dévolus au parti du président furent répartis entre toutes les formations (le FPR obtenant 13 sièges sur 70), tandis que six militaires et gendarmes de la nouvelle armée se retrouvaient députés.

Par la force des choses, alors que le pays se trouvait privé d'administration, de police, de justice, l'armée du FPR, devenue l'Armée patriotique rwandaise, représentait alors l'unique force structurée. Elle seule était capable d'endiguer les pulsions de vengeance. Les activités politiques furent aussitôt suspendues pour cinq ans et la perspective des élections repoussée à plus tard, priorité étant donnée à la reconstruction nationale. « Notre électorat, c'est un million de morts », déclaraient alors volontiers les nouvelles autorités, qui, dans l'urgence, avaient constitué une sorte de gouvernement de salut public. Au-delà de l'attribution formelle des postes, le FPR, vainqueur de la guerre, y détenait le pouvoir réel...

Dictature militaire, assuraient les opposants. Mais comment rétablir l'ordre et la sécurité des personnes, remettre le pays en état de fonctionner, aider les victimes et les survivants et, à plus long terme, établir l'État de droit sans en prendre les moyens ?

Dans l'esprit des vainqueurs, il s'agissait d'abord de faire reculer la prééminence jusqu'à présent accordée à l'identité ethnique, de jeter les bases d'un autre Rwanda, un Rwanda réconcilié avec son histoire, sa culture, sa tradition.

Les exilés de la diaspora avaient gardé la nostalgie du pays de leurs ancêtres, le Rwanda d'avant la colonisation, où les trois ethnies, disaient-ils, formaient une seule tresse... Dès le lendemain du génocide, deux lectures d'une même histoire devaient ainsi entrer en concurrence : dans la mémoire collective des Hutus, les temps d'avant l'indépendance sont ceux de l'oppression féodale, alors que pour les Tutsis il s'agit d'un éden perdu ! Rien d'étonnant à ce que ce soit un historien qui ait été chargé de donner la leçon inaugurale de l'université de Butare dès qu'elle rouvrit ses portes en 1995 : les Rwandais voulaient reprendre possession de l'histoire réelle de leur pays. Le Front patriotique entendait ainsi rendre au pays l'exercice de la souveraineté, rompre avec cette centaine d'années durant lesquelles seuls les « Blancs » (les administrateurs et résidents coloniaux, les missionnaires, les « spécialistes ») avaient interprété le passé (malgré la contribution d'historiens rwandais comme Alexis Kagame), modelé le présent et donné leur indispensable caution à leurs alliés dans la place.

« Le temps n'est plus où c'est depuis une capitale étrangère que seront choisis les membres du gouvernement », devait répéter le FPR aux ambassadeurs qui, fidèles à une longue tradition, lui « suggéraient » des noms de ministrables... En réalité, pour la première fois depuis un siècle, le Rwanda se dota de dirigeants pratiquement inconnus des anciennes puissances coloniales. Ce fut aussi la première fois, depuis la « révolution sociale » de 1959, que tous ses habitants, qu'ils soient hutus ou tutsis, récemment rentrés d'exil ou n'ayant jamais quitté le pays, étaient censés être considérés comme des citoyens libres et égaux.

Indépendance nationale, mise en place d'un État de droit, développement, reconstruction, et surtout abolition de l'identification sur base ethnique, modification des cartes d'identité correspondantes... Tel était le projet politique proclamé par les dirigeants du Rwanda au lendemain du génocide, en rupture avec l'ordre colonial et néocolonial qui avait jusqu'alors prévalu.

Après deux années, il n'est pas trop tôt pour prendre la mesure des résultats, examiner aussi dans quelle mesure la communauté internationale s'est acquittée de la dette contractée au moment du génocide.

Comment, avec qui et malgré qui le Rwanda nouveau s'est-il mis en place durant les deux premières années qui ont suivi ? A-t-il pu, comme il en avait le projet, échapper aux démons de l'ethnisme ?

Tous citoyens, tous étrangers

Durant les mois qui suivirent la victoire du FPR et la mise en place du nouveau gouvernement, le Rwanda, nous l'avons dit, se retrouva vidé de l'intérieur : tout l'appareil administratif de l'ancien régime, structure organisatrice du génocide, s'était transporté à l'étranger. Les Hutus et les Tutsis demeurés au pays étaient profondément traumatisés. Les Hutus parce que, même s'ils n'avaient pas participé aux massacres, s'ils avaient sauvé des compatriotes ou avaient été eux-mêmes persécutés, ils portaient le fardeau de la culpabilité collective et étaient systématiquement considérés comme suspects par certains des nouveaux venus, tentés par la globalisation.

La population des campagnes, quant à elle, était complètement terrorisée par les soldats du FPR. Depuis des années, la propagande avait décrit les *inyenzis* (les cancrelats) avec des cornes et des pieds fourchus, assuré qu'ils creusaient des fosses pour y enterrer tous les Hutus, et conseillé par tous les moyens d'éviter tout contact avec eux !

Les Tutsis du Rwanda étaient plus désespérés encore. Ceux d'entre eux qui avaient réussi à échapper aux trois mois de traque étaient fort rares. Des familles de cinquante, de soixante personnes avaient disparu, laissant une veuve ici, un enfant là, une aïeule hagarde dans une maison détruite. Le paysage racontait l'hécatombe. Dans le Bugesera, où les Tutsis étaient nombreux, des villages entiers n'étaient plus que ruines. Du côté de Cyangugu, de Kibuye, les maisons vides des Hutus avaient été abandonnées dans l'ordre et des fleurs étaient restées accrochées aux fenêtres, tandis que les demeures des Tutsis avaient été rasées jusqu'aux fondations, comme pour effacer toute trace de leur présence dans le pays. Frileusement, peureusement, les rescapés s'étaient rassemblés au centre des agglomérations. Ils campaient dans les locaux communaux, dans les écoles. Ils n'osaient plus retourner sur leurs terres, retrouver les ruines de leurs habitations, ou se confronter à des voisins qui, bien souvent, s'étaient emparés de leurs biens. Femmes seules, filles violées (plus de 50 000 femmes avaient subi les assauts des miliciens et se préparaient à donner naissance aux enfants de la honte), hommes étourdis par ces trois mois de claustration et de peur, les survivants n'étaient pas seulement démunis sur le plan matériel. Ils étaient aussi profondément traumatisés, isolés, leur souffrance était indicible.

Non seulement ils se sentaient vaguement coupables d'être encore vivants, mais ils subissaient la suspicion des nouveaux venus : « Comment avez-vous fait pour rester vivants ? Avec qui avez-vous pactisé, quelles compromissions avez-vous acceptées ? » Ils étaient soupçonnés d'avoir été des collaborateurs plus que des otages.

Le retour de la diaspora

La rencontre entre les rescapés rwandais hutus et tutsis, en état de choc, affaiblis, appauvris, et les nouveaux venus, les Tutsis de la diaspora, fut loin d'être aisée. Dans les premières semaines suivant la victoire, plus de 600 000 Rwandais qui avaient gagné les pays voisins, mais aussi l'Europe, les États-Unis, au fil des exodes successifs, reprirent le chemin de leur pays. Ce retour massif suscita la stupéfaction générale, car nul n'avait imaginé que la diaspora ait jamais été aussi nombreuse, aussi déterminée.

La querelle des chiffres n'est d'ailleurs pas terminée : certains estiment aujourd'hui que le nombre de Tutsis vivant à l'intérieur du Rwanda a été sous-estimé pour des raisons politiques et qu'en fait ils étaient autour de 1 500 000, tandis que 1 200 000 d'entre eux se trouvaient en exil. (La discrimination en effet avait engendré l'opportunisme : bon nombre de Rwandais issus de mariages mixtes avaient préféré, au fil des années, se faire passer pour des Hutus...)

Rappelons que c'est au sein de cette diaspora que le Front patriotique avait recruté ses combattants. Chaque famille, selon ses moyens, avait apporté sa contribution. Des paysans du Burundi avaient fourni du lait et de la viande, des commerçants du Zaïre avaient, chaque mois, envoyé leur cotisation ou mis des troupeaux de vaches à la disposition du Front, des fonctionnaires internationaux avaient envoyé leur quote-part durant des années...

Alors que les observateurs s'étaient interrogés sur les sources de financement du FPR, presque tous avaient négligé le fait que la diaspora tutsie avait soutenu l'effort de guerre, comme plus tard elle devait assurer la reconstruction du pays ! Dès juillet, elle choisit de rentrer au pays.

D'immenses troupeaux franchirent alors la frontière ougandaise en direction du parc de l'Akagera ou de la région du Mutara, dans l'espoir d'y trouver des pâturages. (Une grande partie de ce bétail devait être abattue par la suite, faute de place...) En quelques semaines, on eut l'impression que la moitié du Burundi s'était transportée au Rwanda, avec ses taxis, ses camionnettes... Certains des « anciens réfugiés » ouvraient des commerces et des restaurants, remettant en exploitation et s'appropriant sans scrupules des biens abandonnés par les Hutus en fuite, d'autres, avec des taxis venus d'Ouganda et du Burundi, rétablissaient les transports en commun. Tous postulaient dans les ministères, les organisations internationales ou non gouvernementales qui avaient envahi le pays...

Plus nombreux encore, les Tutsis du Zaïre devaient suivre : professeurs d'université, étudiants, fonctionnaires, hommes d'affaires, commerçants. Plus tard encore devaient arriver des Tutsis du Kivu, de nationalité zaïroise, dépossédés de leurs cultures et de leurs élevages par les réfugiés qui avaient quitté les camps. Les décennies d'exil avaient marqué ces diverses composantes de la diaspora : les uns, venus d'Ouganda, de Tanzanie, parlaient anglais (ce qui confirmait a posteriori toutes les craintes nourries par Paris au nom de la francophonie), les autres, les plus nombreux malgré tout, s'exprimaient en français. Seule la langue nationale, le kinyarwanda, servait de trait d'union.

Les uns et les autres se distinguaient surtout par leur rapport à l'ethnicité, et en cela ils influencèrent de manière différente l'évolution du pays. Les Tutsis venus du Burundi avaient vécu dans une société où les ethnies vivaient finalement beaucoup plus séparées qu'au Rwanda, où régnait un certain mépris à l'égard des Hutus, et certains d'entre eux ne se départirent guère de leurs préjugés en rentrant au Rwanda. Les Tutsis du Burundi étaient aussi profondément marqués par les actes de génocide dont leur communauté avait été l'objet au lendemain de l'assassinat du président Ndadaye. Compte tenu de l'insécurité qui régnait au Burundi, ils estimaient que le Rwanda leur offrait désormais un havre plus sûr... Les Tutsis burundais étaient également les plus aisés. Revenus avec leurs biens, leurs meubles, leurs capitaux, ils donnèrent au nouveau régime les moyens de s'installer et de faire face à la première urgence. Par la suite, on devait leur reprocher de vouloir récupérer leur mise...

Les Tutsis venus d'Ouganda, en revanche, avaient échappé au piège du face-à-face avec un autre groupe. Leurs dirigeants, qui avaient formé le noyau initial du Front patriotique, étaient fortement influencés par la pratique politique du président ougandais Museveni : nationalisme ombrageux, méfiance à l'égard des partis politiques considérés comme facteurs de division. Leur panafricanisme prenait sa source dans les débuts du Front, lorsque son fondateur, Fred Rwigyema, avait combattu au Mozambique, puis en Tanzanie, et enfin en Ouganda, aux côtés de son ami Museveni dont il était devenu le chef d'état-major.

Quant à tous ceux que l'on appelait les « Zaïrois », autrement dit les Tutsis venus de Kinshasa, du Shaba, du Kivu, ils étaient dotés des vertus indispensables à la survie au pays du président Mobutu : le sens de la débrouillardise, un certain humour — qui, dans ce pays sinistré, s'avérerait une thérapie efficace —, des capacités techniques qui, elles aussi, firent merveille. D'emblée, malgré les difficultés des débuts, ils se félicitèrent d'être rentrés au pays, considérant que le Rwanda était doté d'une structure d'autorité bien réelle, aux antipodes de l'anarchie zaïroise...

Alors que dans l'immense Zaïre ils n'avaient pas souffert des clivages ethniques et avaient toujours été considérés comme des citoyens à part entière, les Tutsis venus du Zaïre devaient découvrir dans leur nouvelle patrie la sensibilité du réflexe identitaire. Au Zaïre, la réussite matérielle ou intellectuelle de nombre d'entre eux les avait fait adopter par les classes dirigeantes de la société zaïroise, et, à ce titre, ils étaient en quelque sorte devenus « ethniquement neutres ». « C'est au Rwanda que je suis redevenu tutsi, que j'ai découvert les Hutus, auparavant il s'agissait là de notions abstraites », devait avouer Léopold, un jeune journaliste venu de Kinshasa qui allait également comprendre sans tarder que l'humour politique zaïrois était moins que jamais exportable au Rwanda...

Les organisations internationales et les multiples observateurs affluant dans le pays devaient d'ailleurs contribuer à enfermer les Rwandais dans le piège de l'ethnie, demandant systématiquement à leurs interlocuteurs s'ils étaient hutus ou tutsis — et cela en dépit des injonctions officielles...

L'armée au cœur du débat

L'armée du Front patriotique, devenue l'Armée populaire rwandaise, devait elle aussi subir l'influence de la diaspora : durant la guerre, des 15 000 combattants qui formaient le noyau initial du Front, beaucoup avaient été blessés ou tués. Ils avaient donc dû être immédiatement remplacés par de nouvelles recrues, des enfants abandonnés, les *kadogos*, qui s'étaient attachés aux soldats dans leur progression à travers le pays, des jeunes trouvés sur place et même d'anciens miliciens. Les rangs de l'armée se gonflèrent aussi de jeunes délinquants venus du Burundi, qui avaient fait le coup de feu au sein des milices tutsies ou des groupes paramilitaires.

Vers la fin de la guerre, ses effectifs ayant été portés à 50 000 hommes, cette armée n'avait plus la même cohésion ni la même discipline que les guérilleros en bottes de caoutchouc noir qui avaient vécu ensemble durant quatre années de brousse. Et bon nombre de ces soldats, découvrant leur famille massacrée, perdirent le contrôle de soi. Malgré les ordres et les sanctions, ils se livrèrent à des représailles aveugles, parfois spontanées, parfois sous la conduite d'officiers dont certains devaient être sanctionnés par la suite.

Massacres de civils à l'arboretum de Butare, assassinats du côté de Byumba dans le nord du pays, liquidation de Hutus rassemblés en des lieux publics avec la promesse d'être ramenés chez eux, vengeances pratiquées par de jeunes soldats à l'égard de voisins soupçonnés d'avoir participé aux tueries et aux pillages : il paraît difficilement contestable que la victoire militaire du FPR, sur fond de génocide, ne se soit pas accompagnée d'exactions, d'actes de vengeance, faisant, jusqu'en août 1994, plusieurs milliers sinon des dizaines de milliers de morts parmi les civils.

Les nombreuses victimes tombées lors de cette tragique « fin de partie » ont parfois éclipsé le fait que des dizaines de milliers de Rwandais, Hutus et Tutsis sans distinction, ont été sauvés par le FPR durant le génocide, lorsque des patrouilles traversaient les lignes ennemies pour, de nuit, en extraire des citoyens menacés.

Ni dans leur étendue, ni par le projet qui les sous-tendait, ces violences imputables à l'armée ne peuvent cependant être comparées au génocide qui les a précédées. Elles doivent être situées dans le contexte particulier de cette guerre au cours de laquelle une partie de la population, prise en otage, fut froidement exécutée dans l'espoir d'enrayer l'avance des troupes, et où une autre fut entraînée dans le crime puis l'exode.

Des sanctions furent prises très rapidement contre les militaires qui avaient tué, et elles furent la cause de l'un des premiers débats sérieux en Conseil des ministres. Le général Kagame entendait maintenir la discipline de ses troupes avec des méthodes aussi radicales que durant les années de guérilla, c'est-à-dire en appliquant la peine de mort aux soldats fautifs après un jugement sommaire. Les ministres civils, et en particulier le ministre de la Justice Alphonse-Marie Nkubito, militant des droits de l'homme, firent valoir que, les circonstances ayant changé, les soldats avaient le droit d'être jugés selon des procédures normales. Les soldats de Kagame se retrouvèrent donc en prison aux côtés des suspects accusés d'avoir participé au génocide...

Les reproches adressés à l'armée, thème récurrent dans les camps de réfugiés, devaient être l'occasion d'une grave crise gouvernementale, le 25 août 1995, lorsque le Premier ministre Twagiramungu et le ministre de l'Intérieur Sendashonga quittèrent le gouvernement à la suite d'une altercation avec le général Kagame, les deux ministres évoquant des listes de centaines de civils exécutés par des militaires.

Depuis l'arrivée au pouvoir du FPR, le comportement de l'armée fait l'objet de polémiques : les soldats sont accusés de nombreux écarts de conduite, de vols de voitures, d'agressions, de cambriolages, notamment dans les locaux des organisations non gouvernementales. A l'inverse des militaires chevronnés, les nouvelles recrues sont d'autant plus fragiles que les soldes sont irrégulièrement versées. Après la prise du pouvoir, les soldats du Front ne furent pas plus payés qu'ils ne l'avaient été pendant les années de guérilla, alors que bien souvent ils avaient recueilli des orphelins ou des membres de leur famille.

Cependant, le général Kagame prit des mesures énergiques pour restaurer la discipline parmi ses troupes. Il rétablit les soldes dès que cela fut possible, et, le 2 mai 1995, il mit en place une Cour martiale. Plusieurs officiers de haut rang furent déférés devant cette juridiction militaire, tandis qu'en 1996 on recensait plus de 1 500 soldats en prison. En outre, les responsables des barrages placés sur les grands axes routiers reçurent l'ordre de moins s'intéresser aux civils qu'aux éventuels déserteurs ainsi qu'aux « hommes en uniformes » se faisant passer pour des militaires, mais qui pouvaient être des infiltrés.

Malgré l'abandon des règles expéditives en vigueur durant les années de guérilla, les sanctions appliquées aux militaires étaient tellement dures (le peloton d'exécution attendait tout soldat coupable de la mort d'un civil) qu'un certain nombre de soldats de la dernière heure, venus du Burundi, regagnèrent leur pays d'origine et rejoignirent les milices tutsies. Ils y étaient mieux payés que dans l'austère armée rwandaise, et avaient toute latitude pour « casser du Hutu » et se livrer à des exactions.

Ces défections (400 hommes environ) préoccupèrent vivement Kagame, qui fit savoir à ses voisins du Sud que les déserteurs étaient des criminels de droit commun, qui risquaient de rendre plus explosive encore la situation au Burundi.

Conformément aux accords de partage du pouvoir qui avaient été conclus à Arusha en 1993, l'Armée patriotique rwandaise intégra aussi plusieurs milliers de militaires des anciennes Forces armées rwandaises (FAR) qui, lassés de leur exil au Zaïre, rejoignirent ses rangs. Une bonne partie des forces armées et de la gendarmerie rwandaise avait « couvert » les miliciens auteurs du génocide, quand elle n'avait pas directement participé aux pillages et aux tueries.

Un certain nombre de militaires n'avaient cependant ni approuvé ni participé activement au génocide, et acceptèrent de regagner la nouvelle armée en cours de formation. Ils furent incorporés dans les unités régulières, après quelques mois de transition et de formation dans le camp de Gako notamment, où on leur enseigna la nouvelle version de l'histoire politique de leur pays. Plusieurs officiers de l'ancienne armée retrouvèrent des postes de commandement, comme le général Gatzinzi, qui est actuellement chef d'état-major adjoint, tandis que le colonel Léonidas Rusatira, lui, opta finalement pour l'exil. Interrogé sur les relations entre l'« armée tutsie » du FPR et les « ralliés » de l'ancienne armée rwandaise, le général Gatzinzi devait reconnaître qu'il y eut un temps de méfiance réciproque, mais que, peu à peu, les adversaires d'hier avaient reconnu leurs qualités respectives : formation plus classique des officiers de l'ancienne armée, endurance des soldats du FPR.

En 1996, dans les campagnes, l'armée avait progressivement cédé la place à une gendarmerie équipée par l'Allemagne, dont les uniformes portaient encore le sigle Polizei.

La crise du logement

L'un des problèmes les plus sensibles auxquels furent confrontées les nouvelles autorités fut celui du logement. Dans les tout premiers jours qui suivirent la prise de Kigali par le FPR, des soldats participèrent à des pillages aux côtés de délinquants et de miliciens Interhahamwes qui tentaient de se fondre dans l'anonymat. Les « nouveaux locataires » arrivant dans une ville que la plupart ne connaissaient pas, dans un pays d'où leur famille avait été chassée ou massacrée, s'installèrent chez ceux qui s'étaient enfuis.

L'âpreté des reproches adressés au FPR ne s'explique cependant pas seulement par la réalité de cette occupation illégale. Si ce thème fut repris comme une antienne, à juste titre, par ceux qui s'estimaient lésés, mais aussi par des milieux qui, depuis les années soixante, ne s'étaient guère inquiétés des exodes successifs des Tutsis, c'est parce que, sous-jacente, courait la conviction que les Hutus étaient les « occupants légitimes » des lieux, et du Rwanda en général. A leurs yeux, la saisie de leurs maisons par les Tutsis était en quelque sorte une double spoliation.

Les autorités, très vite, tentèrent de mettre un peu d'ordre dans l'anarchie générale. Les « nouveaux réfugiés », ceux de 1994, furent autorisés à récupérer leurs biens sans conditions, à charge pour le pouvoir de trouver un autre logement pour les « squatters » sommés de déguerpir. Quant aux anciens réfugiés, qui avaient fui depuis plus de dix ans, c'est-à-dire à partir de 1959, à leur grand dépit, il fut décidé qu'ils ne pourraient récupérer les propriétés de leur famille. Il appartenait donc à l'État de les réinstaller — disposition d'ailleurs prévue dans les accords d'Arusha.

Est-il besoin de préciser que, malgré ces résolutions officielles, un certain nombre de squatters, protégés par des militaires, parvinrent à rester dans la maison qu'ils occupaient ? Les dispositions adoptées ne concernaient d'ailleurs pas les biens des personnes soupçonnées d'avoir participé au génocide.

Déjà aiguë avant la guerre, la crise du logement s'amplifia à Kigali et Butare comme dans le reste du pays. Dans les campagnes, des dizaines de milliers de maisons appartenant à des Tutsis avaient été détruites et les survivants n'avaient plus de toit. Dans les villes, la multiplication des organisations non gouvernementales aggrava la crise jusqu'à ce qu'un tiers d'entre elles soient priées de quitter le pays : les ONG du Nord occupaient les plus vastes maisons, avec des loyers qui pouvaient dépasser les 1 000 à 2 000 dollars par mois...

Un pays détruit, une armée hétéroclite, un gouvernement disparate — dont les membres se connaissaient à peine et n'avaient jamais travaillé ensemble —, des fosses communes sur chaque colline, des centaines de milliers de veuves et d'orphelins, une population terrorisée, traumatisée, confrontée à une diaspora dynamique mais encombrante installée dans les maisons inoccupées : tel était le Rwanda au lendemain du génocide, avec aux frontières plus de deux millions de réfugiés...

En outre, ce petit pays représentait une situation totalement inédite, que même les Juifs en 1945 n'avaient pas connue : bourreaux et victimes étaient obligés de vivre à nouveau côte à côte, de se croiser sur les mêmes terres, de se saluer sur les mêmes lieux de travail, sans rien ignorer les uns des autres...

La communauté internationale au chevet du Rwanda

Compte tenu de l'immensité du désastre, de la démission de la communauté internationale, qui, en acceptant le retrait de la Minuar (Mission des Nations unies au Rwanda), avait laissé le champ libre aux bourreaux, compte tenu aussi des responsabilités des « puissances tutélaires », la Belgique et la France, le Rwanda sinistré aurait mérité une attention particulière, la mise en œuvre d'une sorte de plan Marshall pour l'aider à se relever, à reconstruire l'État et à soutenir les victimes.

On aurait pu s'attendre à ce que la communauté internationale, outre son aide matérielle, aide ce pays à vaincre les démons de l'ethnisme et s'emploie à disqualifier au plus tôt les auteurs du crime et l'idéologie raciste qui les avait inspirés. Mais il n'en fut rien.

Les nouvelles autorités furent longtemps traitées comme des « rebelles » et contournées par l'aide internationale. Alors que la catastrophe sanitaire et humanitaire que fut l'épidémie de choléra à Goma suscitait au bénéfice des réfugiés un élan de solidarité sans précédent, les survivants de l'intérieur, Hutus comme Tutsis, furent pratiquement oubliés de tous.

Le 10 juillet 1994, la prestation de serment du nouveau gouvernement eut lieu sans que la communauté internationale y prête le moindre intérêt. Seule une délégation du Parti du travail de Belgique qui se trouvait dans le pays assista à la cérémonie, et les Américains furent les seuls à rouvrir leur ambassade dès les premiers jours, apportant depuis lors un soutien sans faille au nouveau régime.

Un an plus tard, le premier anniversaire du début des massacres, le 7 avril 1995, devait être commémoré dans la même solitude : le ministre hollandais de la Coopération était le seul à avoir fait le déplacement, ainsi que le directeur de la coopération allemande. Les autres pays occidentaux s'étaient contentés de déléguer leur ambassadeur. Mais les obsèques du président Ndadaye ne s'étaient-elles pas déroulées dans la même indifférence ?

La cérémonie qui se déroula sur la colline de Rebero était cependant très importante : pour la première fois depuis la fin de la tragédie, le peuple rwandais s'autorisait à vivre son deuil. Les personnalités politiques, le Premier ministre Agathe Uwilingyimana, le président du Parti libéral Landoald Ndassingwa, le président de la Cour suprême Joseph Kavaruganda, furent inhumés à cette occasion en compagnie de 6 000 autres dépouilles, transportées dans de vieux camions de la municipalité qui s'embourbaient en gravissant la côte. Durant des heures, la population de Kigali et des alentours, grave, endimanchée, avait marché vers Rebero, dans le sillage des camions chargés de cercueils. C'est en vain que l'on avait jeté des fleurs et des parfums sur les fosses communes, l'odeur de la mort prenait à la gorge... Les journalistes qui avaient fait le déplacement ne retinrent de la cérémonie que les panneaux de bois sur lesquels des rescapés avaient gravé en lettres noires quelques questions : « Pourquoi l'Église est-elle demeurée silencieuse ? » « Pourquoi le monde nous a-t-il abandonnés ? » « Pourquoi la Minuar est-elle partie ? » Les analystes ne virent dans ces interrogations que le signe d'une « radicalisation » du régime de Kigali... Même dans le deuil, l'ethnisme a la vie dure : les associations de rescapés tutsis avaient tenté de s'opposer à ce que l'inhumation des personnalités politiques hutues ait lieu en même temps que celle de « leurs » victimes...

Depuis le début de la tragédie rwandaise, l'attitude de la communauté internationale a été marquée par l'ambiguïté, tant à l'égard de l'ancien régime qu'à celui du FPR, implicitement considéré comme « rebelle ».

Pour comprendre cette attitude, un bref retour en arrière s'impose. Lorsque furent signés les accords d'Arusha ainsi qu'une série de protocoles sur l'État de droit, le partage du pouvoir, le rapatriement des réfugiés, la réinstallation des déplacés et l'intégration des armées, il était évident que le président serait dépouillé de l'essentiel de ses prérogatives, son parti ne devant plus disposer que de cinq portefeuilles sur vingt et un. Une telle répartition du pouvoir imposée par les armes du FPR et par les pressions de la communauté internationale allait se montrer d'une application difficile, sinon impossible. Très rapidement, les signes d'un blocage se multiplièrent. Alors que se mettait en place la mission des Nations unies censée garantir l'application des accords, de multiples informations parvenaient, précises, détaillées, à New York, à Bruxelles et certainement aussi à Paris, soulignant à quel point les milieux dirigeants à Kigali étaient peu soucieux d'appliquer ces accords conclus sous la contrainte.

Il y était question de listes de Tutsis à éliminer, au rythme de 1 000 toutes les vingt minutes, de distributions d'armes à la population, d'entraînements de milices. Nul pourtant n'ajouta foi à ces menaces. Les autorités en place, qui, au vu et au su de tous, installaient la machine de mort, étaient toujours considérées comme représentatives, sinon légitimes. Bien plus tard, alors que le génocide était déjà en cours, les hommes du FPR seront toujours qualifiés de « rebelles ».

Pendant longtemps, le régime Habyarimana puis le gouvernement intérimaire installé après sa disparition furent crédités sur le plan international d'une légitimité supérieure à celle du Front patriotique ou du gouvernement qui se mit en place en juillet 1994. Tout se passait comme si seuls les extrémistes qui avaient utilisé à leur profit le levier ethnique étaient considérés comme représentatifs du peuple rwandais, et les analyses de la presse internationale étaient alors systématiquement imprégnées de considérations ethniques (les nouvelles autorités étaient qualifiées de « pouvoir tutsi », de « gouvernement dirigé par les rebelles »), tout se passait comme si les responsables du génocide exilés au Zaïre demeuraient les représentants légitimes du « peuple hutu ».

En fait, sans le reconnaître, la communauté internationale avait, dans sa grande majorité, intériorisé le principe d'une légitimité fondée sur une base ethnique. Elle considérait donc comme peu représentatifs, comme « Hutus de service » si l'on veut, ceux des Rwandais qui voulaient tenir le pari d'un gouvernement d'unité nationale.

Cette équivoque explique l'intensité des pressions exercées en faveur du retour rapide et inconditionnel des réfugiés. Considérés comme de « vrais Rwandais », ils étaient transformés, sitôt la frontière franchie, en une masse de « civils innocents » ! Cependant, les observateurs n'étaient pas dupes. En septembre 1994 déjà, une délégation européenne s'était rendue dans les camps de réfugiés du Zaïre. Dans un rapport demeuré confidentiel, elle ne craignait pas d'écrire « qu'il fallait compter un criminel par famille[1] ».

Début 1996, alors que 1,7 million de réfugiés se trouvaient toujours dans les camps de Tanzanie et surtout du Zaïre, un autre rapport européen, lui aussi à diffusion restreinte, relevait avec réalisme que « le résultat du massacre a été la mort d'un million de Tutsis et de Hutus de l'opposition, tués surtout à l'arme blanche (la machette). Un très grand nombre de réfugiés ont participé directement à ces massacres. On pense que 200 000 à 250 000 hommes, femmes et même enfants, ont abattu de leurs propres mains des Tutsis et des Hutus de l'opposition. »

Autrement dit, il était irréaliste d'imaginer qu'un aussi grand nombre de gens qui avaient participé au crime, volon-

---

1. Rapport de la mission européenne au Rwanda et dans les pays limitrophes, 21 août-3 septembre 1994.

tairement ou sous la pression, puissent venir se placer volontairement sous l'autorité de leurs adversaires de la veille. Malgré cela, la communauté internationale, dès le début, fut tentée de poser le retour des réfugiés comme préalable à toute assistance à la reconstruction.

Une guerre de basse intensité

En fait, dès la fin de la guerre et du génocide, au lieu d'aider le peuple rwandais à se relever, au lieu de miser sur la reconstruction du pays et de prendre au mot les nouvelles autorités qui affirmaient leur volonté de déraciner l'ethnisme et de construire un État de droit, tout fut mis en œuvre pour empêcher la réussite de ce projet. L'hostilité de la France était particulièrement flagrante. Elle se fondait en partie sur la conviction selon laquelle les nouvelles autorités « rebelles » n'étaient guère représentatives, en partie aussi sur l'amertume. Pour la première fois dans un pays d'Afrique francophone, un changement de régime n'avait pas été autorisé par Paris...

Le gouvernement rwandais subit des pressions qui avaient pour objectif de l'obliger à élargir sa base, à faire place à des personnalités se réclamant de partis tenus pour responsables de la planification du génocide ou proches de la composante extrémiste des partis d'opposition. Tous les ministres, hutus comme tutsis, refusèrent catégoriquement de céder à ces pressions : les Tutsis parce qu'ils tenaient ces personnalités (l'ancien Premier ministre Dismas Nsengaremye, l'ancien ministre de la Défense James Gasana) comme intellectuellement proches des concepteurs du génocide, les ministres hutus parce qu'ils n'acceptaient pas d'être considérés comme complaisants. Des postes avaient cependant été proposés tant à James Gasana qu'à un ancien Premier ministre, Sylvestre Nzansimana, qui avaient décliné cette offre individuelle, avançant qu'ils souhaitaient recueillir au préalable l'aval de leur parti, celui de l'ancien président Habyarimana.

Pressions économiques

Parallèle aux pressions politiques visant à obtenir l'élargissement du gouvernement à des personnalités proches de l'ancien régime, l'influence extérieure la plus forte s'exerça sur le terrain économique.

Une évaluation de l'OCDE sur l'aide au Rwanda[1] relève que, compte tenu de la situation du pays et du coût potentiel des retards, tant sur le plan économique que social et politique, « le soutien financier à la reconstruction nationale a été étonnamment lent ». On ne saurait mieux dire. Alors qu'en juillet 1994 il eût été urgent d'aider le gouvernement à fonctionner, l'essentiel de l'aide européenne, soit 300 millions d'écus, fut, sous la pression de Paris, distribué aux organisations non gouvernementales.

Le contraste fut alors frappant entre les moyens dont disposaient plus de 150 ONG occidentales — vastes maisons, véhicules tout-terrain hérissés d'antennes — et le dénuement des ministres qui se déplaçaient à pied, campaient à l'hôtel, étaient dépourvus de téléphone. Leurs bureaux avaient été dévastés, les dossiers emportés, ainsi que le matériel et les véhicules. Ce dénuement incita les bailleurs de fonds à conclure que les « capacités d'absorption » de l'aide étaient insuffisantes et le gouvernement pas assez solide...

Il fallut attendre janvier 1995 pour que les principaux donateurs se réunissent à Genève. Le Rwanda se vit promettre 707,3 millions de dollars. Un an plus tard, 10 % seulement du montant promis avaient été déboursés, soit 68 millions de dollars.

---

1. OCDE, *Rebuilding Post War Rwanda, Joint Evaluation of Emergency Assistance to Rwanda,* Paris, 1996, p. 12.

Un tiers seulement de cette somme fut alloué au gouvernement rwandais, au titre de l'assistance technique et de l'aide à la balance des paiements. Autrement dit, six mois après la décision d'attribuer une « aide d'urgence » destinée à la reconstruction d'un pays dévasté, 3 % seulement du montant promis avaient été engagés auprès de ses destinataires... 19 millions de dollars furent par ailleurs versés aux diverses agences de l'ONU ou consacrés au paiement d'arriérés à la Banque mondiale et à la Banque africaine de développement[1].

La plus large part de l'assistance internationale alla aux réfugiés : les deux tiers des fonds alloués par les neuf premiers pays donateurs furent ainsi dépensés dans les camps. Tant l'Union européenne que l'Agence d'aide américaine (USAID) reconnurent dépenser alors chacune au moins 400 000 dollars par jour pour les réfugiés. Les Rwandais en conclurent que la communauté internationale se souciait davantage des réfugiés que des survivants, en dépit des problèmes de sécurité posés par les camps.

En 1996, la situation est à peine meilleure : le ministère du Plan à Kigali, examinant l'affectation de l'aide européenne, relevait que, sur 284 millions d'écus effectivement dépensés pour le Rwanda, 48 millions seulement avaient été engagés à l'intérieur du pays. 2 millions de réfugiés avaient donc reçu 65 % du total de l'aide européenne, et une population de 6 millions de Rwandais n'avait reçu que 35 % de cette assistance. L'essentiel de cette aide humanitaire destinée à l'intérieur du pays avait été confié aux organisations non gouvernementales ou aux agences internationales (25 % de ces sommes étant destinés à couvrir les frais administratifs et de fonctionnement), le gouvernement étant délibérément « contourné ».

Pendant longtemps, cette aide européenne aura été modulée au gré des événements et des campagnes de presse, sans

---

1. OCDE, *Joint Evaluation..., op. cit.*, p. 33.

qu'il soit vraiment tenu compte des exigences de la programmation ou de la reconstruction.

Seul le gouvernement américain a affirmé avec constance qu'il était prioritaire de renforcer les nouvelles autorités, tandis que le représentant de l'Union européenne, Achim Kratz, écrivait, sans être entendu : « Le gouvernement du Rwanda doit être fort pour éviter une nouvelle catastrophe dans le pays. Quand le gouvernement actuel se rendra compte que la situation actuelle est forte et stable, il sera capable et disposé à faire participer la population hutue au pouvoir. Ce n'est qu'un gouvernement fort qui pourra entamer un processus sincère de réconciliation. »

Il importe de rappeler aussi que, lorsque les « pays amis » du Rwanda s'étaient réunis en septembre 1994, ils ne s'étaient pas souciés en priorité des victimes : 6 millions de dollars furent alors débloqués à grand-peine afin de régler les arriérés de paiement du Rwanda auprès du Fonds monétaire international. C'était là le préalable à l'octroi de tout nouveau crédit, alors que le pays aurait eu besoin, de toute urgence, de 280 millions de dollars pour la relance de son économie. Nul ne fit remarquer à l'époque que les crédits précédents avaient servi à acheter les armes du génocide et que le solde avait été emporté à Goma afin de payer l'ancienne armée, les miliciens et les fonctionnaires qui avaient été les rouages de la machine à tuer. Ainsi va le monde : les victimes se sont retrouvées endettées des armes qui avaient servi à les décimer !

En juin 1996, cependant, à l'occasion d'une nouvelle réunion des donateurs à Genève, l'atmosphère avait changé : les efforts du gouvernement rwandais furent reconnus, les conditions politiques pratiquement levées, et 617 millions de dollars furent promis, avec l'engagement de déboursements plus rapides.

Le réalisme prévaut désormais, les observateurs étrangers sont impressionnés par le relèvement spectaculaire du Rwanda : la monnaie s'est stabilisée par rapport au dollar, les prix n'augmentent plus ou ont même baissé, les nouveaux

investissements se sont multipliés. L'opération de démoné-
tisation, lancée en janvier 1995, a réussi à injecter de nouvelles coupures sur le marché pour un montant de
11 milliards de francs rwandais, et les anciennes autorités se
sont retrouvées dans les camps avec des billets hors d'usage.
Pour beaucoup de simples réfugiés, dont l'argent liquide
n'avait plus aucune valeur, ce fut le désespoir, et, selon les
agences humanitaires, de nombreux cas de suicides furent
alors enregistrés dans les camps.

En réalité, les obstacles qui se sont élevés sur la voie du
relèvement du pays ont été levés par un phénomène pour le
moins inhabituel en Afrique : le retour des capitaux... Les
Tutsis de la diaspora étaient en effet rentrés au pays avec
leurs biens, mais aussi avec leurs économies. Encouragés par
les mesures de libéralisation de l'économie, ils ont alors
investi sur place. Avec comme conséquence politique qu'aujourd'hui ces Tutsis de la diaspora commencent à réclamer
les « dividendes » de leurs efforts...

Deux ans après la fin des combats, les conditions de vie
des Rwandais sont déjà bien meilleures que celles de leurs
voisins zaïrois, même si le revenu moyen de la population
n'est que de 80 dollars par habitant, le plus bas du monde.
Aussi modiques soient-ils, les salaires sont payés dans la
fonction publique et l'enseignement, et les militaires ont
commencé à percevoir leurs soldes, les paysans écoulent sur
les marchés les produits de leurs terres fertiles.

Ces succès tout relatifs mais bien réels sur le plan intérieur
rendent plus hypothétique encore le retour des cadres en
exil : comment pourraient-ils espérer retrouver leur statut
social ou leur situation antérieure dans un pays qui s'est
relevé sans eux ?

Les pressions économiques ayant fait long feu, d'autres
moyens furent mis en œuvre pour paralyser le nouveau
Rwanda : réfugiés et déplacés servirent de masse de
manœuvre.

Réfugiés et déplacés, instruments de guerre

Des populations poussées au crime par des années de propagande, de manipulation psychologique, conduites en exil par des responsables désireux de s'abriter derrière un « bouclier humain », retenues en terre étrangère par des pressions psychologiques ou même physiques, poussées d'un camp ou d'un pays à l'autre, du Burundi en Tanzanie, ou de Goma vers le Masisi, par un même jeu de rumeurs, de pressions... Le peuple rwandais, habitué depuis des siècles à obéir aux autorités, à les respecter, aura été longtemps utilisé au service d'ambitions personnelles, d'objectifs politiques ou militaires.

L'exode massif vers la Tanzanie, en mai 1994, de 750 000 civils fuyant l'avance du FPR ne fut pas un mouvement spontané, pas plus que la fuite vers Goma : à chaque fois, l'exode répondit à des mots d'ordre précis.

Il importe de revenir sur la façon dont les populations civiles soudées par la solidarité ethnique furent manœuvrées, tant les conséquences de cette machination des uns, de l'aveuglement des autres, pèsent aujourd'hui encore sur la stabilité de toute la région des Grands Lacs.

L'opération Turquoise, lancée par la France en juin 1994, doit être analysée dans cette perspective. En effet, elle ne fut pas seulement, dans le court terme, une action spectaculaire inspirée par des considérations humanitaires et médiatiques, mais aussi l'un des éléments d'une stratégie à plus long terme.

L'intervention fut déclenchée à la suite du vote, le 22 juin 1994, de la résolution 929 des Nations unies, donnant le feu vert à une opération humanitaire d'assistance aux civils, autorisée à recourir à la force en attendant le déploiement des troupes de la Minuar II.

Dès le départ, cette opération fut marquée par de nombreuses ambiguïtés, et notamment par le contraste entre les ambitions humanitaires affichées et la nature de l'engagement (3 000 hommes appartenant aux troupes de combat, des véhicules blindés, quatre avions Jaguar, quatre Mirage, des hélicoptères Alouette). Rappelons que l'armée rwandaise en déroute s'imagina d'abord que les Français étaient venus lui prêter main forte et que les tenants du *Hutu power* furent déçus. Les Français quittèrent le pays à la date prévue, le 22 août, et n'engagèrent pas d'opérations militaires ouvertes.

La détermination du FPR, le risque qu'il y eût des victimes dans les rangs français, avaient changé la donne : lorsque des intermédiaires de l'ONU avaient expliqué au général Kagame les intentions françaises, ce dernier leur avait demandé de transmettre une réponse fort peu diplomatique. « Dites aux Français que nous aussi nous savons tirer. Et dites au général Lafourcade [qui commandait les opérations] que Kigali peut contenir plus de *body bags* que Paris. »

Convaincus du fait qu'il ne s'agissait pas d'un coup de bluff, aussi bien Alain Juppé, alors ministre des Affaires étrangères, que François Léotard, ministre de la Défense, décidèrent de modifier les objectifs initiaux de l'opération, et de renoncer à barrer au FPR la route de Kigali. Turquoise se limita donc à sa vocation humanitaire.

La retenue française s'explique aussi par le fait que deux incidents avaient mis aux prises les soldats du FPR et les Français, 18 de ces derniers ayant été faits prisonniers du côté de Kibuye et un avion Jaguar ayant été touché. Un *gentleman's agreement* fut finalement conclu : le général Kagame accepta de libérer les soldats prisonniers, de ne donner aucune publicité à l'événement, et les Français s'engagèrent à ne pas dépasser les préfectures du Sud-Ouest, qui couvraient 20 % de la superficie du pays.

Le bilan strictement « humanitaire » de Turquoise se révéla modeste : il est évalué à quelque 13 000 ou 14 000 personnes[1], dont 8 000 rescapés du camp de Nyarushishi, sauvés d'un coup. Une misère, par rapport à un million de morts... En outre, par manque de moyens et de volonté

---

1. Gérard Prunier, *History of a Genocide..., op. cit.*, p. 297.

politique, les Français ne purent empêcher, à Kibuye notamment, certains « massacres mineurs » — les miliciens achevant discrètement le travail lorsque les troupes s'éloignaient —, ni le pillage total des villes de Kibuye et surtout Cyangugu, qui furent les plus dévastées du pays.

Le rapport d'évaluation de l'OCDE[1] estime que, sur le plan strictement militaire, « l'opération fut jugée bien préparée et superbement exécutée [...] et que dans un premier temps elle stabilisa la situation dans le sud-ouest du pays ». 350 000 réfugiés « seulement », expose-t-il, gagnèrent la ville zaïroise de Bukavu.

Sur le plan politique, le rapport est beaucoup plus critique. Il relève en effet que l'opération Turquoise étendit sa protection au gouvernement intérimaire et aux miliciens, qui, après avoir pu se réfugier dans la zone, s'en furent tranquillement vers le Zaïre, conduits par les Français, qui ne désarmèrent personne. Pour les auteurs du rapport, « l'échec des Français à désarmer activement les troupes gouvernementales se trouvant dans la zone représente une occasion significative perdue, ou, plutôt, délibérément négligée. Même un désarmement partiel aurait aidé le gouvernement suivant à négocier d'une manière ordonnée avec le gouvernement vaincu et en accord avec les normes légales ».

Le rapport conclut en soulignant que « des communautés militantes ont été établies dans la zone. L'opération Turquoise a posé à l'intérieur du pays le problème des communautés de "réfugiés-guerriers". Mais par certains aspects, ces camps posent moins de problèmes au gouvernement que les concentrations de réfugiés à l'extérieur du pays. »

L'ambiguïté de l'opération se traduisit également par le fait que les Français refusèrent d'arrêter les principaux responsables du génocide qui s'étaient mis sous leur protection.

Non seulement il ne fut pas question de mettre les criminels à la disposition de la justice, mais surtout, avant même la fin de la guerre et des massacres, la France s'était

1. OCDE, *Lessons from the Rwanda Experience*, 1996, 2ᵉ partie.

employée à réarmer ses amis ! Dès le 8 avril, en effet, le colonel belge Luc Marchal, commandant de la Minuar pour le secteur de Kigali, avait vu des armes débarquées d'un Transall affrété pour évacuer les expatriés. Par la suite, des livraisons d'armes et de munitions se poursuivirent durant tout l'été via Goma, parallèlement aux vols humanitaires : selon Human Rights Watch, « après le 17 mai, date du vote par l'ONU de l'embargo sur les armes, et plus de six semaines après le déclenchement du génocide, cinq cargaisons sont arrivées en mai et juin 1994 sur l'aéroport de Goma. Elles contenaient de l'artillerie, des mitrailleuses, des fusils d'assaut et des munitions fournies par le gouvernement français. Ces armes ont été transférées au-delà de la frontière par des militaires zaïrois et livrées aux FAR à Gisenyi [...]. Pendant la durée de l'opération Turquoise, les FAR ont continué à recevoir des armes à l'intérieur de la zone sous contrôle français, via l'aéroport de Goma. Des soldats zaïrois, alors déployés à Goma, ont aidé au transfert de ces armes par-delà la frontière. [...] Qui plus est, les troupes françaises, si elles désarmaient ostensiblement les forces rwandaises au passage de la frontière, remettaient ensuite les armes saisies aux Forces armées zaïroises, tout en connaissant la constance du soutien zaïrois à l'armement des FAR. Avant leur relève par d'autres contingents de l'ONU, les forces françaises relâchèrent les prisonniers et laissèrent derrière elles au moins une cache d'armes dans la ville rwandaise de Kamembe, dans la zone de sécurité[1]. » Ce rapport de Human Rights Watch fut vivement démenti par Paris, mais, dans un Zaïre où tout se sait, les livraisons d'armes avaient eu trop de témoins pour que les dénégations soient réellement convaincantes.

Plus ou moins discrètes, les livraisons d'armes devaient continuer par la suite, de provenances diverses. Un rapport

---

1. Human Rights Watch, *Rwanda-Zaïre, réarmement dans l'impunité, le soutien international aux perpétrateurs du génocide rwandais*, Washington, Bruxelles, juillet 1995.

d'Amnesty International[1] relève que, de novembre 1994 à mai 1995, un Antonov 124 enregistré en Ukraine et un avion-cargo Iliouchine 76, enregistré en Ukraine et en Russie, ont poursuivi leurs vols sur Goma, atterrissant de nuit et apportant des armes en provenance de Plovdiv et de Burgas, en Bulgarie.

La vigilance des Nations unies n'a donc pas empêché les livraisons d'armes. Une commission d'enquête nommée par le Conseil de sécurité dénonça néanmoins, en janvier 1996, l'attitude « obstructionniste » des autorités zaïroises qui l'avaient pratiquement empêchée d'opérer dans la région de Goma, et, en mai 1996, les autorités belges demandaient toujours, non sans quelque naïveté, que des observateurs soient déployés dans la région afin de déceler les nouveaux envois d'armements.

De son côté, le régime de Kigali, arguant de ces livraisons au Zaïre, allait obtenir en août 1995 la levée de l'embargo sur les armes et recevoir du Canada des vedettes lui permettant de défendre les rives du lac Kivu.

Finalement, les livraisons d'armes vers le Zaïre devaient alimenter la « guerre de basse intensité » menée contre Kigali afin de tenter de ramener le Rwanda dans l'aire d'influence de la francophonie.

Kibeho

Avant que des opérations de déstabilisation soient menées depuis le Zaïre, il avait été tenté de créer des enclaves hostiles à l'intérieur même du Rwanda. Pour comprendre les raisons de la fermeture des camps de déplacés qui se trouvaient dans le sud-ouest du pays et la tragédie de Kibeho, un bref retour en arrière s'impose.

Fin août 1994, l'opération Turquoise avait permis de créer un havre, une « zone humanitaire sûre », au bénéfice des

---

1. Amnesty International, 13 juin 1995.

Hutus en fuite. 350 000 d'entre eux se retrouvèrent alors dans trente-huit camps de personnes déplacées à l'intérieur du Rwanda, nourris et soignés, comme au Zaïre et en Tanzanie, par les organisations humanitaires.

Malgré l'impatience des militaires, le gouvernement de Kigali respecta longtemps l'ancienne zone Turquoise, où les camps étaient devenus des foyers d'insécurité. En dépit de la présence de la Minuar, des armes y étaient entreposées, des messages arrivaient de Goma, parfois complaisamment transmis par les ONG. Avec le temps, il devint de plus en plus évident que cette zone dite humanitaire était devenue un point d'appui en prévision d'une offensive menée depuis le Zaïre. Plus tard, les militaires devaient découvrir dans la forêt de Nyungwe voisine du Burundi des traces de plantations de cannabis et de nombreuses caches d'armes, vraisemblablement abandonnées par les Français à la fin de l'opération Turquoise.

Au début de 1995, les autorités de Kigali décrétèrent l'évacuation de la zone. L'opération Retour fut menée en concertation avec la Minuar, et la plupart des déplacés furent reconduits chez eux dans des autobus de l'OIM (Organisation internationale des migrations) sans incident notoire.

Restait Kibeho. Il faut revenir sur cette tragédie, parce qu'elle fut montée en épingle, qu'elle renforça pour longtemps les antagonismes ethniques et la méfiance entre les communautés. Les faits cependant sont à la fois simples et tragiques.

Autour de la colline où de jeunes paysannes avaient cru voir la Vierge leur apparaître, les huit derniers camps abritaient les plus irréductibles des déplacés, qui refusaient absolument de quitter les lieux. Les paysans étaient persuadés qu'ils seraient mis à mort dès qu'ils auraient quitté l'enceinte du camp, et les miliciens menaçaient ceux qui auraient été tentés de s'en aller. Des messages étaient parvenus de Goma enjoignant à tous de « tenir bon ».

En mars, un rapport émanant du coordinateur des opérations humanitaires de l'ONU reconnaissait l'impuissance de la Minuar : « Le repli vers des camps comme Kibeho, qui abrite une population de 120 000 déplacés, parmi lesquels une forte présence d'anciens officiels du gouvernement et d'anciens militaires, a accru l'emprise du noyau dur sur la population. Utilisant l'intimidation, le harassement ou la désinformation, bon nombre de personnes qui souhaiteraient quitter le camp sont empêchées de le faire. »

Quelques jours après la commémoration du premier anniversaire du génocide, en avril 1995, les autorités décidèrent de vider l'abcès, estimant que le camp de Kibeho représentait une menace majeure pour la sécurité générale du pays.

A la veille de l'évacuation forcée de Kibeho, chaque nuit, des miliciens ou de simples délinquants sortaient du camp, ratissaient les collines avoisinantes, soit pour voler des récoltes, soit pour assassiner des témoins ou tuer quelques Tutsis survivants.

L'évacuation du dernier carré de récalcitrants de Kibeho eut lieu dans des conditions dramatiques : 2 500 soldats de l'Armée patriotique rwandaise, dans la semaine du 20 avril, encerclèrent le camp et coupèrent eau potable et nourriture aux réfugiés afin de les contraindre à quitter les lieux. Les déplacés, terrorisés, se rassemblèrent durant quatre jours près des bâtiments occupés par la Minuar et, le 22 avril, l'irréparable se produisit. Les miliciens qui tentaient de forcer le cordon des militaires poussèrent les réfugiés devant eux. La cohue et de fortes pluies provoquèrent un mouvement de panique généralisée, et les militaires ouvrirent le feu, à bout portant, sur la foule des civils, abattant les malheureux qui tentaient de fuir le cercle de l'enfer. Horrifiées, les équipes de Médecins sans frontières virent les soldats faire feu sur les civils, tirer dans le dos des femmes et des enfants en déroute, tandis que les miliciens, cachés derrière le « bouclier humain », massacraient également à la machette. Plus tard, les médecins devaient découvrir autant de blessés par étouffement et écrasement que de blessés par balles.

Les soldats de la Minuar, présents dans le camp et qui avaient pour mandat de protéger les réfugiés, avaient une

fois de plus échoué à remplir leur mission. Lorsque la fusil-
lade cessa, la colline était couverte de morts, de blessés, de
mutilés ; des enfants recherchaient leurs parents, des réfugiés
s'enfuyaient, abandonnant leurs pauvres biens.

Une longue et pénible polémique s'ensuivit à propos du
nombre de morts. Arrivé sur les lieux le lendemain, le président de la République fit déterrer des corps qui avaient déjà
été enfouis, et lorsque les soldats en eurent exhumés 338, il
décréta que là s'arrêtait le nombre des victimes. La Minuar,
quant à elle, après avoir cité le chiffre de 8 000 morts, battit
en retraite et revint à 4 000 puis à 2 000 victimes. Un mois
plus tard, une commission d'enquête internationale composée de juristes s'abstint prudemment de donner un chiffre
précis et refusa d'attribuer aux autorités la responsabilité du
massacre.

Le mal était fait : la tragédie de Kibeho devait alimenter
la thèse du « double génocide ». Les images de Kibeho,
montrant des militaires « tutsis » ouvrant le feu sur de malheureux réfugiés « hutus » firent le tour du monde, et le sort
pitoyable des colonnes de civils gagnant Butare à pied sous
les coups et les jets de pierres des populations locales bou-
leversa l'opinion. Sous le coup de l'émotion, l'Union européenne, la Belgique, les Pays-Bas, suspendirent leur aide au
développement ; dans les camps de réfugiés, les ultras trouvèrent de nouveaux arguments pour dissuader les candidats
au retour.

Les remarques de la commission internationale d'enquête
passèrent inaperçues. Elles relevaient pourtant que, dans ce
pays exsangue qui n'était pas encore doté de forces de police
ou de gendarmerie (sollicitée sur ce point, la France avait
poliment refusé), les militaires chargés d'encercler le camp
ne disposaient d'aucun équipement antiémeute (boucliers,
lances d'eau). La commission soulignait aussi que, sous
l'assaut des réfugiés, les soldats, trop jeunes, mal formés à
des tâches de maintien de l'ordre, avaient manifestement
perdu pied et tiré dans la foule. La commission conclut que

la tuerie n'avait pas été préméditée et que la responsabilité du gouvernement n'était pas engagée.

Le général Kagame promit dans l'indifférence générale de prendre des sanctions contre les officiers responsables (ce que nul observateur n'entreprit de vérifier), et personne ne prêta attention à sa remarque : « Des Kibeho, il aurait pu y en avoir des dizaines, dans tout le pays. Partout ailleurs nos troupes ont su faire preuve de retenue... » Dans leur grande majorité, les déplacés de Kibeho regagnèrent leur domicile, et seuls les plus radicaux d'entre eux, qui s'étaient terrés dans le camp jusqu'au bout, gagnèrent le Burundi ou le Zaïre pour y rejoindre leurs compagnons miliciens.

Après leur retour, plusieurs centaines de civils furent traités de « génocidaires » et envoyés dans les cachots communaux. Il y eut aussi des exemples de solidarité villageoise, lorsque les voisins veillèrent à entretenir les caféiers des absents, afin de préserver cette précieuse source de revenus.

Un an après l'évacuation forcée de Kibeho et la fin définitive de la zone Turquoise, les 350 000 déplacés qui vivaient exilés dans leur propre pays sont rentrés chez eux ou ont rejoint leurs amis miliciens dans les pays limitrophes.

Le génocide inachevé

Si les civils de Kibeho ont retrouvé leurs champs, la peur n'a pas disparu pour autant et les rescapés du génocide vivent toujours dans la crainte. Si les ONG ont maintenu des antennes dans les principales agglomérations, en revanche, malgré leurs 4x4 rutilants, elles ne s'aventurent guère sur les routes de terre. C'est là cependant que l'on découvre les plus abandonnés de tous les Rwandais. Dans l'ancienne zone Turquoise, les massacres ont été terribles : ainsi, à Rwamiko, près de Kibeho, un tiers de la population a été tué, un tiers est en fuite, un tiers est resté sur place. Au centre du village, quelque 300 Tutsis campent dans les locaux communaux, dont 80 hommes seulement, alors qu'ils étaient 10 000 autrefois. Isolées au milieu d'une population qui demeure hostile, les veuves se plaignent : « Les gens d'ici, nos anciens voisins qui ont participé aux massacres et aux pillages, refusent de nous aider à réparer notre maison. Lorsque nous tentons d'aller cultiver nos champs, ils nous menacent, nous battent... »

En outre, dans cette région où les incursions des miliciens sont quotidiennes, les témoins survivants sont systématiquement assassinés, de même que les Hutus bourgmestres, officiers de police judiciaire, qui collaborent avec les nouvelles autorités et sont considérés comme des traîtres[1].

Le pari qu'a fait le gouvernement de parvenir à déraciner l'ethnisme est ici impossible à tenir. Les Hutus, quoi qu'ils fassent, ont le sentiment de demeurer des suspects. Ils sont soupçonnés d'entretenir des relations avec leurs parents de l'autre côté de la frontière, de dissimuler des armes dans leur maison, dans leur jardin. S'ils collaborent sincèrement avec les nouvelles autorités, ils sont alors considérés comme des traîtres par les membres de leur propre communauté, et les commandos venus du Zaïre inscrivent leurs noms sur les listes des personnes à exécuter. L'insécurité est permanente et les infiltrations se multiplient, tandis que la méfiance va croissant. Les Hutus sont soupçonnés de cotiser au bénéfice de « ceux d'en face », la moindre de leurs réunions est suspecte, alors que les Tutsis se placent sous la protection de l'armée, craignant d'être les premières victimes d'un retour offensif de « ceux du Zaïre »...

Les découvertes faites sur l'île d'Iwawa en novembre 1995 devaient confirmer leurs craintes : cette petite île plantée au milieu du lac Kivu, mais située en territoire rwandais, était devenue une base offensive des FAR. Lorsque l'armée rwandaise y débarqua — grâce à la douzaine d'embarcations fournies par le Canada avec l'approbation des États-Unis — et qu'elle mit hors de combat les ex-FAR, elle découvrit à

---

1. African Rights, *Killing the Witnesses*, avril 1996.

côté des caches d'armes et des munitions un matériel de propagande qui n'avait rien à envier à la presse du génocide, et notamment des tracts qui incitaient la population hutue à « terminer le travail ».

Si la guerre éclate à nouveau au Rwanda, c'est dans l'ancienne zone Turquoise que le feu trouvera la poudre la plus sèche et les esprits les mieux préparés...

Malgré les prévisions des stratèges, la zone Turquoise, évacuée de force et non sans dégâts, n'a cependant pas pu devenir le bastion des extrémistes que d'aucuns auraient souhaité. La guerre de basse intensité que subit le Rwanda se déroule surtout sur la frontière, et les camps de réfugiés en sont l'enjeu essentiel.

Les camps, chaudrons de la haine

Tout a été dit sur les camps de réfugiés. Sur l'exode massif vers la Tanzanie et le Zaïre, et, dans une moindre mesure, vers le Burundi. Sur le fait que jamais on n'avait assisté à un déplacement de populations aussi massif, aussi rapide. Plus de deux millions de Rwandais avaient quitté leur pays en quelques semaines. Passé la surprise des premiers temps, les agences spécialisées de l'ONU et les ONG entrèrent en action, et ici aussi le cours normal des événements en fut faussé.

Logiquement, les populations en fuite, après les premiers jours d'effroi, auraient dû pouvoir rentrer chez elles. Les nouvelles autorités de Kigali multiplièrent d'ailleurs les invites en ce sens, la Minuar ayant remplacé les Français dans la zone Turquoise s'efforçant de rassurer les candidats au retour. Cette évolution normale fut pourtant contrecarrée par le fait que les réfugiés se préparaient non pas à un retour individuel au pays mais à un retour collectif et offensif, visant à la réinstallation au pouvoir des anciens dirigeants.

Il faut rappeler que durant le génocide déjà, l'intervention de la communauté internationale avait faussé la dialectique de la guerre et de la paix. La présence des forces des Nations unies avait en effet donné aux Tutsis un faux sentiment de sécurité et plus tard, la fuite de l'ancienne armée, qui, malgré sa défaite, n'avait pas été vaincue sur le terrain, avait privé le FPR de sa victoire et semé les germes d'un nouveau conflit. L'établissement des camps de réfugiés devait lui aussi fausser les données du problème, pérenniser une situation qui n'aurait dû être que temporaire.

Les réfugiés se sont fixés dans les sites habitables les plus proches. En Tanzanie, ils se sont établis dans les districts de Ngara et Karagwe, à moins de 20 kilomètres de la frontière. Au Burundi également, quoique très surveillés par l'armée, les camps se trouvaient à quelques kilomètres de la frontière septentrionale. Au Zaïre, autour de Goma et de Bukavu, les concentrations de réfugiés sont pratiquement à cheval sur la frontière. Lorsque l'on se trouve à Kibuye, depuis la petite ville toujours plongée dans l'obscurité, on distingue les camps de bâches bleues qui s'étendent à perte de vue, éclairés toute la nuit...

La convention de l'Organisation de l'unité africaine (OUA), les règles du HCR, qui prévoient l'aménagement des camps de réfugiés à une distance d'au moins 50 kilomètres de la frontière, n'ont pas été appliquées ; en outre, jamais il n'a été question d'installer les réfugiés à proximité des populations locales afin de faire bénéficier celles-ci des services médicaux déployés dans les camps. L'urgence, le trop grand nombre de réfugiés sont sans doute cause de ces dysfonctionnements, mais aussi des considérations politiques. Violemment, résolument, les réfugiés se sont toujours opposés à ce qu'on les déplace, et leurs leaders ont refusé tout recensement. Il importait de démontrer que la moitié au moins du « peuple hutu » avait choisi l'exil, et que seuls les leaders des camps étaient réellement représentatifs. En outre, grossir le nombre de réfugiés permettait de fructueux bénéfices.

En novembre 1994, les Nations unies estimaient, très discrètement, que près d'un quart des 10 000 tonnes de nourriture remises chaque mois « pour distribution » aux responsables politiques des camps de Goma était détourné de sa destination finale[1]. A la même époque, Médecins sans frontières constatait que dans le camp de Katale, au Zaïre, la nourriture distribuée était prévue pour 220 000 personnes, alors que le nombre réel de bénéficiaires ne dépassait pas les 120 000 ! Une enquête nutritionnelle démontrait pourtant que près de la moitié de la population recevait moins de 50 % de la ration ordinaire et que la malnutrition des groupes les plus vulnérables devenait particulièrement inquiétante[2]. Autrement dit, l'aide humanitaire alimentait le trésor de guerre des dirigeants... Indirectement, elle arrondissait aussi la pelote de l'entourage du président Mobutu, dont certains membres se chargeaient de commercialiser l'aide humanitaire détournée des camps.

Dans les camps, les « blindés », ces huttes de branchages dans lesquelles s'abritaient les familles, furent répartis par « communes », par « secteurs », par « cellules ». La structure administrative était la même qu'au Rwanda, les responsables aussi. Cédant à la facilité, le HCR choisit de collaborer avec les leaders qui se présentaient comme les responsables des réfugiés, maintenant le contrôle social d'antan. L'organisation faillit ainsi à l'un de ses premiers devoirs, qui est de protéger les populations civiles innocentes contre les éléments criminels qui les entourent.

De nombreux intellectuels hutus, des journalistes, des cadres d'ONG locales, furent embauchés par les agences humanitaires sans qu'on ait au préalable enquêté sur leur passé. Outre les distributions de vivres, l'aide internationale ouvrit des dispensaires, des écoles, des services sociaux. Il fallut attendre 1996 pour que les agences internationales, désireuses d'inciter les réfugiés à rentrer et à court de moyens, décident de supprimer certains services, tandis que les autorités zaïroises interdisaient aux réfugiés de sortir des camps, « administrativement fermés ». Cette décision ne fut

---

1. *Libération*, 23 novembre 1994.
2. *Messages*, journal de Médecins sans frontières, novembre 1994.

néanmoins pratiquement pas suivie d'effets, car, entre-temps, les réfugiés s'étaient organisés et les camps étaient devenus de véritables villes, dotées de cabarets, de coopératives, souvent mieux approvisionnées que les marchés zaïrois. En outre, la croissance démographique y dépassait les 6 %... Est-il besoin de préciser que l'infrastructure y contrastait cruellement avec le dénuement de la population zaïroise des alentours, ce qui devait contribuer à aiguiser plus encore les tensions dans la région du Kivu ?

Des personnalités de l'ancien régime tenaient le haut du pavé : François Karera, sous-préfet de Kigali et grand ordonnateur des massacres, présidait ainsi la « commission sociale » du Nord-Kivu jusqu'à son arrestation et son transfert à Kinshasa ; un ancien ministre de la Famille, qui, à Butare, avait mis à prix la tête des enfants tutsis, avait été engagée dans un orphelinat dépendant de Médecins sans frontières avant d'être limogée ; Simon Bikindi, le chanteur de la radio des Mille Collines (qui devait être arrêté en mai 1996), faisait même danser les membres des organisations non gouvernementales (les expatriés appréciaient les rythmes, mais ne comprenaient pas les paroles des chants qui quelques mois plus tôt avaient guidé les machettes). Les visiteurs des camps admiraient leur bonne organisation, la discipline strictement appliquée. Ainsi, lorsque en septembre 1994 une délégation de l'internationale démocrate-chrétienne se rendit au Zaïre, elle ne vit dans les Interhahamwes que des « mouvements de jeunesse » un peu particuliers...

Pourtant, en novembre 1994, la section française de Médecins sans frontières décida bruyamment de se retirer des camps. Philippe Biberson, son président, relevant que « l'administration gouvernant les camps avec une efficacité certaine est une reconstitution fidèle de celle qui a[vait] présidé au génocide, que la "police" et la "justice" dans ces camps [étaient] aux mains de cette même administration pratiquant menaces, exactions, exécutions sommaires, manipulations de foules ». Il constatait également la présence de forces armées sur les sites, ce qui représentait une autre infraction aux conventions régissant le statut des réfugiés, et soulignait l'existence de camps d'entraînement ainsi que les détournements de l'aide. Il concluait au nom de MSF-France : « Travailler dans les camps est une nécessité pour la survie des personnes, mais c'est aussi conforter la logique qui les a créés, c'est renforcer, en les isolant, la peur et la haine. C'est alimenter, par la ségrégation totale qui y règne, l'idée de pureté ethnique [...][1]. »

Plus tard, la sincérité de MSF-France, qui dénonça la situation dans les camps mais insista également sur le fait qu'à Kibeho les morts s'étaient comptés par milliers et non par centaines, fut bien mal récompensée : l'organisation fut expulsée du Rwanda. La plupart des autres ONG allaient demeurer dans les camps de réfugiés sans trop s'interroger sur le contenu réel de ces chaudrons de la haine.

Ce rappel de la situation dans les camps est important, car il démontre, une fois de plus, combien les immenses concentrations de personnes dépendant de l'assistance étrangère favorisent la radicalisation des sentiments ethniques et la « victimisation » des réfugiés. D'un camp à l'autre, le scénario demeura identique. Des « intellectuels » se présentent comme les porte-parole des paysans et, interdisant tout aparté, ils se disent victimes d'un complot ourdi par les grandes puissances (en juin 1996, ils devaient même mettre à prix la tête des Américains travaillant au Rwanda). Ils nient le génocide et expliquent que le « peuple hutu » s'est contenté de répondre à une agression. Ils exigent de participer à une négociation politique destinée à les ramener au pouvoir, rejettent la « justice des vainqueurs » appliquée à Kigali, revendiquent la « démocratie » fondée sur la suprématie ethnique... Le masque ne tarde jamais à se fissurer, au profit du négationnisme et de la haine. Et lorsqu'elle affleure, il n'est plus question du FPR abhorré, mais des Tutsis, de la nécessité d'« achever le travail ». Tout est alors mis en œuvre pour dissuader les réfugiés de rentrer au

1. *Messages,* novembre 1994.

pays : les menaces, les passages à tabac, et même les assassinats.

Bien des réfugiés rencontrés au Rwanda après leur retour se souvenaient de leur fuite nocturne, à l'insu de leurs voisins, dans la double crainte d'une dénonciation avant le départ et d'un retour hasardeux. La plupart d'entre eux déploraient les procédures du HCR, qui demandait aux candidats au départ de s'inscrire sur une liste : les Rwandais, qui se rappelaient encore les listes sur lesquelles avaient figuré les victimes désignées du génocide, éprouvaient la plus profonde méfiance à leur égard...

Empruntant des chemins de traverse, des dizaines de milliers de réfugiés rentrèrent discrètement chez eux, mais leur départ ne fut jamais signalé, afin que les rations de nourriture demeurent inchangées.

Une autre des initiatives du HCR eut plus de succès : introduire des délégations de réfugiés à l'intérieur du Rwanda afin qu'ils puissent se rendre compte par eux-mêmes de la situation exacte et faire rapport à leurs compagnons d'exil. La moitié de ces visiteurs acceptaient par la suite de rentrer définitivement au pays...

Durant des mois, malgré le coût exorbitant que représentait l'assistance à 1,5 million de réfugiés, la communauté internationale fit preuve d'une curieuse complaisance à leur égard. Les leaders ne furent pas séparés des simples civils, les militaires ne furent pas désarmés. 1 500 soldats de la Division spéciale présidentielle du Zaïre furent constitués en contingent de sécurité, chargé de maintenir l'ordre dans les camps avec une solde (providentielle) de 3 dollars par jour, payée par le HCR.

Malgré leurs efforts, les autorités de Kigali étaient rendues seules responsables de l'immobilisme dans les camps. Il est vrai que si les ministres venus de Kigali invitaient les réfugiés à rentrer chez eux, ils répétaient aussi qu'ils refuseraient d'engager une négociation d'ordre politique et traduiraient les criminels en justice.

Le retour des réfugiés, on le sait, fut longtemps posé comme condition à l'aide internationale, et les conférences se succédèrent, de Bujumbura à Nairobi, du Caire à Tunis, rassemblant agences internationales, ONG, chefs d'État de la région et autres médiateurs (l'évêque sud-africain Desmond Tutu, Julius Nyerere l'ancien président tanzanien, Amani Touré, l'ancien président du Mali, Jimmy Carter, qui, au passage, réintroduisit Mobutu dans le jeu, Aldo Ajello, un diplomate italien qui, après avoir fait merveille au Mozambique, fut nommé coordinateur de l'Union européenne...). Et l'on est dès lors en droit de se demander si l'on souhaitait vraiment que les réfugiés rentrent au pays, ou si d'aucuns n'auraient pas préféré les voir se réorganiser dans les camps afin de maintenir la pression sur le Rwanda... Les contradictions ont été vraiment trop fréquentes entre les prises de position du HCR au Rwanda, qui assurait que les conditions de sécurité étaient réunies, et celles du même organisme dans les pays voisins, qui mettait les réfugiés en garde.

Dialoguer, mais avec qui ?

Au fil des mois, les candidats au leadership des réfugiés se sont bousculés. Plusieurs organisations ont affirmé s'exprimer au nom des réfugiés, vouloir défendre leur cause : Rwanda pour tous, où se retrouvaient des tenants « modérés » de l'ancien régime et des militants des droits de l'homme, mais surtout le RDR (Rassemblement pour le retour des réfugiés). Le RDR, dont le président est l'ancien ministre du Commerce et responsable des Banques populaires François Nsabahimana, est dirigé par quelques personnalités politiques proches du *Hutu Power*, la tendance intégriste hutue. Nombre de ses adhérents sont des militaires de l'ancienne armée. L'ancien chef d'état-major, le général Bizimungu, et le général Kabiligi figurent parmi les premiers signataires de son manifeste.

Grâce au RDR, l'ancienne armée rwandaise, qui a intégré dans ses rangs des milliers d'anciens miliciens et qui recrute parmi la jeunesse des camps, tente de garder deux fers au feu : la négociation politique et la pression militaire sur Kigali. Son slogan semble être « Retenez-moi ou je fais un malheur ». Tous les leaders qui contrôlent les réfugiés se retrouvent au sein de cette organisation, soutenue financièrement et politiquement par divers milieux sociaux-chrétiens d'Europe, mais aussi à Gbadolite, où Mobutu encourage ses dirigeants. En Tanzanie et au Burundi en revanche, le RDR, accusé d'empêcher les réfugiés de rentrer, s'est vu interdire l'accès aux camps et doit diffuser sa propagande depuis Nairobi.

La souffrance du plus grand nombre est ainsi mise au service de l'ambition politique de quelques-uns, qui souhaitent récupérer tout ou partie du pouvoir à Kigali et n'hésitent pas à cette fin à faire vibrer la corde ethnique.

L'essoufflement du RDR, ses liens avec l'ancien régime, ont éveillé l'appétit d'autres personnalités qui considèrent que, dans une logique purement ethnique et dans la perspective d'éventuelles élections, la place de chef de file des Hutus reste à prendre. Une nouvelle offensive s'est donc dessinée, visant à rassembler dans une nouvelle formation un certain nombre de dirigeants hutus qui ont collaboré avec le FPR dans le passé et ne peuvent donc être soupçonnés d'avoir été impliqués dans le génocide.

Tel est le cas de l'ancien Premier ministre Twagiramungu et de l'ancien ministre de l'Intérieur Seth Sendashonga, membres hutus du FPR, qui ont lancé à Bruxelles les Forces de résistance pour la démocratie (FRD). Pour expliquer leur rupture ou leur démission, les deux hommes avancent, on l'a dit, le fait qu'ils se sont opposés violemment au vice-président Kagame à propos des exactions commises par les forces armées.

La réalité est peut-être moins simple. M. Twagiramungu, quoique leader de l'opposition démocratique, président du parti MDR (Mouvement démocratique républicain), fut longtemps une personnalité contestée. Ses ambitions personnelles lui étaient reprochées ainsi qu'un passé un peu opaque alors qu'il se trouvait à la tête d'une société privée. Ses collègues au sein du gouvernement estimaient pour leur part qu'il ne se rendait pas suffisamment sur le terrain. En fait, gendre de l'ancien président Grégoire Kayibanda, M. Twagiramungu s'était placé dans une perspective électoraliste, comme s'il voulait rassembler autour de lui le vote des Hutus du Sud, longtemps marginalisés par le régime Habyarimana, mais également hostiles au FPR. Ses élucubrations morbides à propos du nombre de morts imputables au FPR (200 000, puis 300 000, puis 800 000, sans qu'il présentât jamais de preuves convaincantes) eurent tôt fait d'éroder sa crédibilité.

Le cas de Seth Sendashonga est plus troublant. Hutu, brillant fonctionnaire international, Sendashonga était l'une des meilleures recrues du FPR. Tout le désignait pour être candidat à la présidence de la République, et il ne fut évincé que de justesse par l'actuel président, Pasteur Bizimungu. Son drame est avant tout personnel et fait songer à la phrase célèbre de Camus : « Entre la justice et ma mère, je choisis ma mère. » Sendashonga, lui, a dû choisir son frère. Ce dernier, qui résidait à Kibuye, fut l'un des principaux organisateurs du génocide. Recherché, il se cacha chez son frère, ministre de l'Intérieur, où il fut finalement capturé par des soldats de l'APR...

Les défections au sein du gouvernement rwandais — qui provoquèrent plus de remous à l'extérieur que dans le pays — ne peuvent s'expliquer uniquement par un passé douteux ou par des ambitions politiques : même s'il n'occupe pas tous les postes en vue, le Front patriotique est le moteur de l'équipe gouvernementale. Ses membres, quelle que soit la fonction qu'ils occupent — ministre, chef de cabinet ou fonctionnaire subalterne —, partagent le souvenir des années de lutte. Ceux qui n'appartiennent pas à ce « premier cercle » dénoncent l'existence d'un réseau occulte qui détiendrait le pouvoir effectif.

Même si les candidatures aux postes à pourvoir dans l'enseignement ou l'administration sont désormais — en principe tout au moins — retenues en fonction de critères « aveugles », indifférents à la région ou à l'ethnie, comment faire admettre à ceux des Hutus qui ont été évincés que seul le critère de compétence a pu jouer et non le favoritisme des vainqueurs ? Les déçus du nouveau régime, qui dénoncent son durcissement, son caractère arbitraire, trouvent évidemment des caisses de résonance à l'étranger, en France, en Belgique, parmi tous ceux qui ont parié sur l'échec de l'expérience rwandaise.

Et, aussi longtemps que l'idéologie ethniste n'aura pas été officiellement condamnée, mise hors la loi, tous peuvent espérer revenir au pouvoir.

Le pouvoir de nuisance de la France

Dès la fin de la guerre, les nouvelles autorités de Kigali furent obligées de compter avec l'hostilité de la France. Non qu'elle ait toléré le génocide, malgré la poursuite des livraisons d'armes, ou qu'elle ait entériné les principes racistes du régime Habyarimana. Plus simplement, elle n'avait pas accepté d'être évincée de l'un de ses bastions africains et demeura fidèle à ses anciens alliés en tentant de punir les rebelles de Kigali comme naguère le général de Gaulle avait décidé de châtier Sékou Touré, qui, à la tête de la Guinée, avait osé dire non à la France.

Obnubilée par des questions d'ordre stratégique ou géopolitique, la France appuya paradoxalement au Rwanda des individus qui défendaient des idées radicalement opposées aux principes de citoyenneté qui fondent la République. En terre africaine, elle se rallia ainsi à la conception d'une « démocratie » fondée sur le poids démographique des ethnies, sur la légitimité des « origines », et elle se retrouva curieusement aux côtés du dernier carré des catholiques belges, ultimes défenseurs de l'intégrisme hutu.

Désireuse de saboter le nouveau régime rwandais, la France tenta alors d'user de son influence sur la scène internationale, et la francophonie fut un terrain d'action privilégié. Paris essaya de liguer contre le Rwanda « anglophone » les autres pays de la « famille ». Et aucun représentant de Kigali ne fut invité au sommet franco-africain de Biarritz, en novembre 1994, qui vit la rentrée en grâce du président Mobutu. Dans son discours inaugural, évoquant le Rwanda, le président Mitterrand devait déclarer sans honte ce jour-là : « Que peut faire la France, lorsque des chefs locaux décident de régler leurs querelles à la machette [...] ? Après tout, c'est leur pays. » A la fin du sommet, il devait ajouter à l'intention des journalistes : « Un génocide ou des génocides ? Vous croyez vraiment, vous, que le génocide s'est terminé après que les Tutsis ont pris le pouvoir ? »

Un an plus tard, lors du sommet de la francophonie, à Cotonou, la diplomatie française devait s'activer pour tenter de faire adopter une résolution demandant aux Nations unies de convoquer une conférence internationale sur le Rwanda, dans l'intention à peine dissimulée de mettre le pays sous tutelle. La France tenta aussi de bloquer la plupart des programmes de l'Agence pour la coopération culturelle et technique, qui gère la coopération de la francophonie, comme elle avait déjà tenté de bloquer l'aide de l'Union européenne.

Mais que veut vraiment la France au Rwanda ? L'affaire Okumu, moins burlesque qu'il n'y paraît, apporte sans doute sur ce point un début de réponse.

Washington Okumu, de nationalité kényane, est un négociateur politique travaillant pour le compte de la fondation britannique Newick, un organisme privé qui allie diplomatie et bonnes œuvres. Fort de succès remportés en Afrique du Sud, alors qu'il servait d'intermédiaire entre l'ANC et l'Inkhata, Washington Okumu proposa ses bons offices à Paris et développa une diplomatie parallèle. Malgré les démentis officiels, il semblerait qu'il ait été reçu à l'Élysée — et peut-être au Quai d'Orsay. Par la suite, il se crut autorisé à communiquer aux autorités rwandaises les conditions que, d'après lui, la France posait à une normalisation de ses relations avec le nouveau régime : Kigali devait cesser d'incriminer la France pour son soutien au régime Habyarimana, d'autant plus que la nouvelle équipe ne se reconnaissait aucune responsabilité dans la politique strictement personnelle du président Mitterrand. Kigali était également invité à décréter une amnistie générale, à l'exception d'une dizaine de personnes, et à former un gouvernement dit de la « troisième voie ». Quant à l'armée, elle devrait être à l'avenir composée à parité de Hutus et de Tutsis, avec un commandement tournant. A propos des réfugiés, les propositions étaient plus expéditives encore : les « anciens réfugiés » devraient quitter le Rwanda et regagner leur pays d'exil, les « nouveaux réfugiés » devraient retrouver leurs biens. En outre, le français devrait redevenir la langue officielle du Rwanda. Le dernier point des propositions Okumu est le plus époustouflant : il suggère, « Mobutu devenant vieux », que le général Kagame devienne le « roi » de la région. Tout porte donc à penser que M. Okumu est un fumiste complet. Tel n'est cependant pas le cas : à Kigali, il a été reçu par le président Pasteur Bizimungu (qui a révélé le contenu de cette diplomatie parallèle), à Paris il a eu effectivement des contacts au plus haut niveau, et à Londres le personnage est honorablement connu. C'est la révélation de sa tentative dans la presse qui devait faire échouer sa mission...

Quel que soit le degré de sérieux de cette affaire, elle reflète les axes permanents de la politique française à l'égard du Rwanda : attachement à la francophonie, volonté de réintégrer les tenants de l'ancien régime, analyse de la situation en termes purement ethniques.

La démarche du Kényan conforta les dirigeants de Kigali dans leur méfiance à l'égard de Paris. Même si certains membres du gouvernement estimaient plus raisonnable d'adopter un profil bas, d'autres, comme le président Bizimungu, étaient décidés à ne rien laisser passer. Le président rappela à tout moment les ambiguïtés de l'opération Turquoise, tandis que dans toutes les enceintes internationales

les représentants du Rwanda stigmatisaient l'action de la France. Seul le général Kagame, interrogé à propos des prisonniers français capturés au début de l'opération Turquoise, des champs de cannabis découverts dans la forêt de Nyungwe ou d'autres dossiers, refusa prudemment de répondre.

Campagne médiatique

S'il a des adversaires, nombreux et bien organisés, le Rwanda peut également compter sur de puissants alliés. Au premier rang d'entre eux se trouvent les États-Unis, qui soutiennent discrètement l'armée rwandaise et son chef le général Kagame. Il est vrai que ce dernier a passé quelques mois à l'académie militaire de Fort Leavensworh.

En 1994, les Américains détaillaient avec admiration la tactique mise en œuvre par le FPR dans sa conquête du pays : « Il a appliqué, lisait-on dans un rapport, un mouvement en tenaille, exactement comme nous l'enseignons dans nos écoles... » Misant manifestement sur le nouveau régime, les États-Unis espèrent aujourd'hui qu'il sera un gage de stabilité dans la région, à l'instar de l'Ouganda et de l'Éthiopie, qui ont également leurs faveurs, et, lors de la table ronde des pays donateurs qui s'est tenue à Genève en juin 1990, le représentant américain fit un discours dont l'enthousiasme impressionna l'auditoire.

Israël, qui a découvert sur le tard la réalité du génocide rwandais, semble également décidé à soutenir Kigali et a invité des militaires rwandais à effectuer un stage dans les rangs de Tsahal.

D'autres pays — l'Irlande, les Pays-Bas et le Canada — semblent décidés, en dépit des critiques de leurs alliés, à accorder le bénéfice du doute et à maintenir leur assistance bilatérale.

En Afrique, le Rwanda est moins isolé qu'il n'y paraît, et ses relations sont excellentes avec l'Ouganda (où naquit le

FPR), avec la Tanzanie, le Burundi, l'Éthiopie, l'Érythrée, l'Afrique du Sud. Autrement dit, il glisse de plus en plus dans l'aire d'influence est-africaine, s'éloignant ainsi de l'Afrique centrale « bantoue » et francophone, qui bouda longuement le nouveau régime. En septembre 1996, cependant, un rééquilibrage semblait se dessiner, le Rwanda ayant proclamé sa volonté de relancer la Communauté économique des pays des Grands Lacs, là où il se retrouve aux côtés du Burundi et du Zaïre.

Le soutien américain sans faille interdit de comparer le Rwanda à d'autres pays qui, en leur temps, furent soumis à une « guerre de basse intensité » parce qu'ils avaient rompu avec l'ordre établi, qu'il s'agisse du Nicaragua des sandinistes ou du Cambodge après que l'armée vietnamienne eut chassé les Khmers rouges. Les tactiques de déstabilisation se ressemblent beaucoup : camps de réfugiés transformés en sanctuaires humanitaires, mise en avant des violations des droits de l'homme réelles ou supposées (qui ne se souvient des Indiens Miskitos du Nicaragua, dont le triste sort fut largement utilisé pour discréditer les sandinistes ?), campagnes médiatiques. La presse, française en tout cas, est largement mise à contribution dans cette guerre de basse intensité, comme une bonne partie de la presse américaine l'avait été naguère lorsqu'il s'agissait, du temps de l'administration Reagan, de dénigrer à tout prix le Nicaragua sandiniste. Durant le génocide déjà, une grande partie de la presse francophone, analysant tardivement la réalité de l'extermination, s'était obstinée à décrire le FPR comme un « mouvement rebelle », composé de « Khmers noirs » (expression favorite des services de renseignements français), et à mettre l'accent sur la fatalité des « luttes tribales[1] ».

Par la suite, les mêmes thèmes allaient invariablement revenir sous les plumes les plus inspirées : les réfugiés, les

---

1. Voir à ce sujet la contibution d'Astrid Shurke dans le rapport de l'OCDE, *op. cit.*, et l'article de Marc Le Pape, « Dossier Rwanda et Burundi », *Les Temps modernes*, juillet-août 1995.

prisons, les violations des droits de l'homme, encourageant ainsi la diffusion de la thèse du double génocide. Certes, il faut le redire, les règlements de comptes et les vengeances, les violences, le bain de sang de Kibeho, les actes d'indiscipline des militaires, les occupations de propriétés par d'anciens réfugiés, les difficultés de la cohabitation au sein du gouvernement, sont une réalité. Quant à la faiblesse de l'assise populaire du nouveau gouvernement, elle fut indéniable dans un premier temps, et nombreux furent les journalistes qui ont relaté les innombrables difficultés du nouveau régime en les replaçant dans le contexte de l'« après-génocide ». Mais il y eut aussi de troublantes coïncidences entre la date de parution de certains scoops et d'autres agendas, éminemment politiques. La divulgation du fameux rapport Gersony, qui fit la manchette du quotidien *Libération* le 23 septembre 1994, en est un remarquable exemple.

Robert Gersony est un consultant américain qui, après avoir publié une étude très controversée sur les exactions de la Renamo au Mozambique, commanditée par le département d'État, fut engagé au Rwanda par le HCR. Durant l'été 1994, il réalisa un certain nombre d'interviews dans l'est du pays et dans les camps de réfugiés de Tanzanie. Il en conclut que le FPR, après la fin de la guerre, aurait massacré plus de 30 000 civils dans la région de Byumba et dans la commune de Nyarubuye, dans l'est du pays. (Ayant personnellement « découvert » le charnier de Nyarubuye quelques heures après que le FPR y eut pénétré, je me souviendrai toujours de l'effroi des jeunes soldats découvrant les milliers de cadavres entassés dans l'église et les salles de classe. Au vu de l'état des cadavres, il était évident que le massacre avait eu lieu avant que le FPR ne pénètre dans la zone.) Par la suite, le ministre rwandais de l'Industrie, Prosper Higiro, tutsi, devait préciser que sa propre mère se trouvait parmi les victimes, abattues par les miliciens qui avaient ensuite pris la fuite en Tanzanie.

La teneur du rapport suscita un tollé général et confirma à certains ce qu'ils cherchaient depuis longtemps à démontrer, à savoir la réalité des exactions du FPR et la thèse du « double génocide ». Le secrétaire général de l'ONU Boutros Boutros-Ghali mit immédiatement sous le boisseau ce « rapport Gersony » qui semblait en réalité s'être limité à réunir des informations données oralement au siège du HCR à Genève.

La méthode appliquée par Gersony suscita en tout cas une polémique immédiate. Il fut accusé d'avoir cru sur parole des réfugiés hutus interrogés dans les camps de Tanzanie qui racontaient avec force détails des massacres... auxquels ils avaient eux-mêmes participé, et la Minuar, qui se rendit sur les lieux, affirma n'avoir recueilli aucune information confirmant les accusations contenues dans le rapport[1].

Mais le contenu de la polémique est moins important que la date de divulgation du document : ce dernier fut publié au moment où le HCR envisageait une opération de rapatriement massif des réfugiés, qui fut immédiatement reportée *sine die*...

En mars 1996, à la veille du retrait de la Minuar — exigé par Kigali — et d'une nouvelle opération de rapatriement, une autre enquête de *Libération* fournit, toujours en manchette, des chiffres plus alarmants encore. Cette fois, faisant état d'une « fourchette » prudente, d'une « extrapolation raisonnable », le quotidien avançait le chiffre de 100 000 morts imputables au FPR. Cette information, qui suscita la surprise dans tous les milieux diplomatiques et onusiens de Kigali, fut largement relayée par l'ensemble de la presse francophone en Europe et en Afrique.

L'escalade macabre ne devait pas s'arrêter là. L'ancien Premier ministre Twagiramungu, réfugié à Bruxelles, courtisé par Paris et devenu un hôte régulier de Mobutu à Gba-

---

1. Alain Frilet, « Polémique sur les représailles rwandaises », *Libération*, 24 octobre 1994, et « Reportages en situation de guerre », *Les Temps modernes*, juillet-août 1995.

dolite, devait avancer les chiffres que l'on sait, sans expliquer pourquoi, durant les seize mois où il avait été en fonctions à Kigali, il n'avait pas jugé utile de protester devant des tueries aussi massives. Cette guerre des chiffres, relancée une fois encore à la veille d'une réunion des bailleurs de fonds à Genève en juin 1996, devait avoir pour résultat de confirmer plus encore les réfugiés dans leur refus de rentrer au pays.

A l'époque des « révélations » de *Libération*, la mission d'observation des Nations unies à Kigali, dans un communiqué officiel, refusait de confirmer ou d'infirmer les résultats de l'enquête. Cependant, les chiffres des victimes civiles enregistrées par les observateurs des Nations unies et par les ONG présentes au Rwanda étaient bien en deçà des extrapolations médiatiques : durant les premiers mois de 1996, le nombre de morts avait sans doute été de 50 à 100 par mois, y compris une proportion toujours croissante de « témoins du génocide » éliminés par des assaillants venus du Zaïre. Pour sa part, le régime lui-même laissa subsister des zones d'ombre, en interdisant par exemple aux observateurs étrangers de se rendre dans certaines portions du parc de l'Akagera devenu zone militaire. En exigeant le départ des troupes de la Minuar, il se priva aussi de la présence d'observateurs neutres susceptibles de démentir les campagnes de diffamation. Peu soucieux d'assurer ses relations publiques, Kigali perdit ainsi la bataille médiatique, dans la presse francophone en tout cas.

La justice contre l'impunité

Éradiquer l'impunité ; châtier les criminels et mettre le crime hors la loi afin que plus jamais on ne puisse tuer avec le sentiment du devoir accompli ; dévoiler la trame du génocide, son organisation, ses exécutants, et dénoncer les idées qui l'ont rendu possible ; faire de la justice le socle de la reconstruction... Telle fut, dès la fin de la guerre, l'ambition des nouvelles autorités et de la communauté internationale. Et c'est pourquoi, depuis deux ans, le peuple rwandais est si frustré. Les prisonniers n'ont pas encore été jugés, les principaux responsables sont encore en liberté.

Il est vrai que les coupables sont trop nombreux, puisque toute une population a été, à des degrés divers, impliquée dans un crime conçu par quelques-uns. Comment la moitié d'un peuple, défendue par des vainqueurs venus d'ailleurs, pourrait-elle juger l'autre moitié, sur les lieux mêmes des forfaits, sans apparaître comme partisane, inspirée par la revanche ethniste ? Et surtout, avec quels moyens le faire ? Au Rwanda, en effet, les instruments d'une justice saine n'ont jamais existé.

Il n'y a jamais eu de barreau à Kigali, la profession d'avocat n'a jamais été protégée, et seule la mise à jour du premier volume des codes et lois du Rwanda a été éditée. Les autres volumes remontent à plus de dix ans, aucune traduction n'existant en kinyarwanda. En outre, en juillet 1994, 90 % des policiers et enquêteurs étaient morts ou en exil ; sur les 719 magistrats recensés, le pays n'en comptait plus que 250. Tous les tribunaux avaient été pillés, brûlés, détruits, les rares volumes juridiques, les dossiers des détenus avaient servi à allumer des feux, à rouler des cigarettes...

En dépit de ceux qui leur conseillaient discrètement de tourner la page, de décréter une amnistie générale une fois qu'auraient été condamnés symboliquement les principaux responsables, les autorités se montrèrent intraitables. Elles répétaient que justice devait être faite, que les coupables devaient être châtiés et la vérité connue, cet exercice ayant aussi pour objet d'endiguer la tentation des vengeances individuelles.

Le nouveau pouvoir refusa également de pratiquer une justice expéditive, qui aurait immédiatement été dénoncée comme arbitraire et aurait freiné plus encore le retour des réfugiés. (Il ne prit pas exemple sur la justice belge, qui, au lendemain de la Seconde Guerre mondiale, avait décidé d'inverser la charge de la preuve et de considérer tous les

suspects comme coupables a priori, en leur laissant le soin
de prouver leur innocence. Cette procédure permit de mener
tambour battant les procès pour faits de collaboration, mais,
cinquante ans après, l'amnistie demeure encore un sujet brûlant en Belgique !)

Malgré les promesses, il fallut des mois pour que la justice
se mette en place. En septembre 1994, cependant, une ONG
belge, Réseau de citoyens, empruntant des fonds à Médecins
sans frontières et à Amnesty International, tenta de répondre
à la première urgence et se lança dans la formation d'officiers et d'instructeurs de police judiciaire. 300 jeunes gens
au niveau d'études très variable — des étudiants ayant à
peine terminé le cycle secondaire, des instituteurs — furent
formés en trois mois, puis envoyés sur les collines pour y
constituer des dossiers. En avril 1995, ils commencèrent à
travailler, malgré les menaces qui pesaient sur eux.

Entre-temps, les prisons s'étaient remplies et les détenus
criaient à l'arbitraire. Dans les premiers mois, en effet,
l'armée seule procédait à l'arrestation de suspects, à la suite
de dénonciations, et n'avait évidemment pas les moyens de
constituer des dossiers, de vérifier par une enquête le bien-
fondé des plaintes. Les soldats se contentaient de monter la
garde devant les prisons surpeuplées, à l'intérieur desquelles
ils n'osaient même pas pénétrer.

Au fil du temps, cependant, la pyramide de la justice s'est
édifiée. Plusieurs centaines d'officiers et d'instructeurs de
police judiciaire ont été formés, les prisons ont été agrandies
(à Gitarama notamment, grâce à l'aide de Caritas), de nouveaux centres de détention ont été ouverts, les femmes et les
enfants mineurs ont été séparés des hommes. Sur le plan
institutionnel, une Cour suprême a été mise en place, un
Conseil supérieur de la magistrature a nommé 90 procureurs
et 300 magistrats. Dans les communes, les dossiers des prévenus ont été constitués. Mais avec quelles difficultés ! En
principe, pour qu'un suspect soit arrêté, il faut recueillir
contre lui cinq témoignages émanant de personnes différentes. Mais comment éviter la constitution de « syndicats

de dénonciateurs » qui se forment pour accaparer les biens d'un voisin ? Comment éviter d'exacerber l'ethnisme, les « dénonciateurs » étant généralement tutsis, les suspects hutus ? Comment prôner la vérité et prétendre ressouder l'union des deux communautés ?

Et puis, comment recueillir des preuves convaincantes ? Les crimes ont été commis au vu et au su de tous, mais rares sont les indices matériels qui permettent d'établir avec certitude la responsabilité de personnes individuelles. L'avocat Frédéric Mutagwera, lui-même rescapé, relève qu'au lendemain de la victoire du FPR certains des criminels arrêtés dans le pays étaient prêts à avouer leur faute, à donner tous les détails sur les exécutions. Mais, à l'époque, seuls des militaires inexpérimentés étaient en position de recueillir leurs aveux, et le plus souvent aucun procès-verbal ne fut rédigé. A propos des témoignages, Frédéric Mutagwera souligne que, dans certaines régions (Gikongoro, Kibuye, Cyangugu), le génocide avait été tellement bien exécuté que l'on ne trouvait plus de témoins, ou que les récits des survivants étaient contradictoires[1].

Quant aux enquêteurs des droits de l'homme de l'ONU, lorsqu'ils menèrent des investigations sur le terrain, dans les premiers mois suivant la fin du génocide, ils ne communiquèrent aucun des documents à la justice rwandaise. Pis encore, des soldats de la Minuar furent accusés d'avoir emporté des crânes et des ossements sur des charniers, comme souvenir, ou pour en faire le commerce en Afrique de l'Ouest...

Afin de tenter de vider prisons et cachots communaux, des commissions de triage furent chargées de statuer sur la libération de détenus contre lesquels ne pesait aucune charge précise (il est admis que les prisons abritent au moins 20 % d'innocents). L'exercice se révéla difficile. Si leurs membres décidaient des libérations à la hâte, ils prenaient le risque

---

1. Frédéric Mutagwera, *La Justice face au drame rwandais*, Paris, Karthala, 1996, p. 30.

d'être eux-mêmes suspectés de complicité. Il arriva aussi que certains détenus, après avoir été élargis, réintégrèrent la prison de leur propre chef, n'osant pas risquer une éventuelle vengeance de leurs voisins... A Kigali, en 1995, une commission spéciale, composée de représentants de différents ministères — dont la Défense, l'Intérieur, les Affaires étrangères —, statua sur les cas de 56 magistrats, bourgmestres, sous-préfets et préfets, et proposa 32 libérations provisoires. Certains prévenus furent assassinés à leur sortie de prison, d'autres furent à nouveau arrêtés, d'autres enfin choisirent de regagner... leur cellule.

Presque insurmontable sur le plan pratique, l'exercice de la justice présente donc de nombreux risques politiques, et c'est aussi pour cela qu'il a tant tardé.

Une conférence sur le génocide à Kigali

En Afrique en général, et au Rwanda en particulier, des crimes de sang sont habituellement sanctionnés par la peine de mort. Mais est-il imaginable d'appliquer une telle peine à des dizaines de milliers de personnes (des Hutus) et de prétendre simultanément abolir les ressentiments fondés sur l'appartenance ethnique ? Comment, à la fois, châtier les coupables, dire le droit et faire progresser la réconciliation ? Comment, du point de vue politique, concilier les vues plutôt libérales du président Bizimungu, du général Paul Kagame (qui déclare : « Nous avons des obligations à l'égard des victimes, mais nous devons également guérir cette société »), et celles d'autres responsables qui sont soupçonnés de vouloir laisser les détenus croupir en prison afin que la mort fasse l'œuvre de la justice ?

Pour tenter de résoudre cette équation, et avant de légiférer, le Rwanda a souhaité qu'on l'aide à réfléchir. Et c'est ainsi qu'une conférence internationale sur le génocide, l'impunité, la responsabilité, a été organisée à Kigali en novembre 1995. Cette initiative portait la marque du FPR.

Durant les années de lutte, à chaque fois qu'un problème se posait, une « grande palabre » était organisée, chacun étant invité à présenter son point de vue, à défendre ses arguments. Après quoi, lorsqu'un consensus s'était dégagé, qu'une décision avait été prise, tous étaient priés de s'y conformer.

Ministres, membres de l'Assemblée nationale, préfets, militaires, magistrats, policiers communaux, associations de rescapés, de femmes, la presque totalité des cadres du Front patriotique et des autres partis politiques : toutes les couches de la population étaient représentées à cette conférence où, pour la première fois, l'isolement du Rwanda fut brisé. Assez curieusement, les Nations unies avaient choisi de s'abstenir. Dans l'enceinte de l'Assemblée nationale, dont les murs éventrés portaient encore la marque des bombardements, les Rwandais rencontrèrent des délégations venues d'Afrique du Sud, d'Ouganda, d'Éthiopie, d'Argentine, du Chili, tous pays qui ont dû relever le défi de la justice après des tueries de masse ou une répression politique extrême. Au cours de longues séances de travail, les intervenants soulignèrent combien était essentiel le travail de la mémoire, de la vérité.

A cette occasion, Éphraïm Züroff, directeur du Centre Wiesenthal de Tel-Aviv, et qui se présente lui-même comme un « chasseur de nazis », découvrit les crânes empilés dans l'église de Ntarama, entendit une femme raconter comment elle avait survécu en se cachant sous les cadavres des autres membres de sa famille. Il devait en trembler d'émotion. « Cette femme, dit-il, aurait pu être une Juive de Pologne, elle aurait pu être ma mère, ma sœur. » Züroff, le « tombeur de Mengele », devait découvrir à Kigali le reflet d'autres visages familiers. Pour lui, les concepteurs du génocide rwandais sont les homologues africains des nazis : même efficacité de l'appareil d'État, même propagande, même volonté d'exterminer jusqu'au souvenir d'un peuple maudit... Stupéfait, Züroff devait constater que la haine à l'encontre des Tutsis puisait aux mêmes racines que l'antisémitisme. Depuis lors, cet homme, qui croyait qu'après un demi-siècle sa quête touchait à sa fin, est reparti en croisade : il a décidé de débusquer les nouveaux nazis qui ont tué au Rwanda et qui ont essaimé dans toute l'Afrique.

Plusieurs pistes de réflexion se dégageront des travaux de la conférence. Il fut suggéré, et retenu, de diviser les inculpés en quatre catégories. D'abord les concepteurs du génocide, qui, se trouvant presque tous à l'étranger, devront être jugés par le Tribunal international d'Arusha. Ensuite ceux qui étaient aux commandes de la machine à tuer et qui, se trouvant au Rwanda, risquent la peine de mort. Les deux autres groupes rassemblent ceux qui, tout en ayant commis des crimes de sang, n'ont pas agi de leur propre initiative et pourraient être condamnés à des peines de prison à vie (n'excédant pas vingt ans). Quant aux voleurs, aux pilleurs, tous ceux qui n'ont pas tué, ils ne se verraient infliger que des sanctions très mineures.

Des juristes américains convainquirent les Rwandais de tenter d'appliquer le *plea bargaining*, le marchandage de peine. Cette pratique, courante aux États-Unis, permet des réductions de peine pour les détenus qui passent volontairement aux aveux, ce qui permet de réduire le temps et les formalités de l'enquête. Il n'est cependant pas sûr qu'une telle disposition puisse s'appliquer aisément. Alors que dans les premiers temps certains coupables acceptaient de reconnaître leurs crimes, il ne fallut que quelques semaines pour qu'une même ligne de défense soit adoptée, tous les suspects criant désormais leur innocence et mettant leurs accusateurs au défi de fournir des preuves, de citer des témoins crédibles. Ils avancent que le FPR, lui aussi, a commis des crimes, et, récusant d'avance les procédures et les sentences, ils dénoncent une « justice d'ethnie ».

Alors que des avocats étrangers seront autorisés à assister les prévenus, le fait que les autorités aient refusé que siègent des magistrats étrangers recrutés en Afrique francophone fut vivement critiqué. Mais Kigali considère que c'est aux seuls citoyens rwandais qu'il appartient de prendre la responsabilité des condamnations.

La tâche des magistrats s'annonce pratiquement insurmontable. Les juges tutsis seront récusés comme partisans par définition, et, pour les juges hutus, la situation sera intenable : soit ils se montreront fermes face aux coupables et seront considérés comme traîtres à leur groupe, prenant même le risque d'être abattus, soit ils se montreront cléments, prononçant des non-lieux pour des raisons objectives, et ils risqueront alors d'être considérés comme complices ou sympathisants de l'ancien régime, soit encore ils voudront examiner également les exactions et les crimes commis par le FPR ou l'armée, et risqueront alors d'être soumis à des manœuvres d'intimidation... La suspicion s'élève déjà, avant même que ne s'ouvrent les procès. Le professeur belge Filip Reyntjens a déjà relevé que quatre des six nouveaux membres de la Cour suprême sont des Tutsis, comme la plupart des juges, des magistrats et bon nombre de greffiers et d'officiers de police judiciaire. En conséquence, il a demandé aux pays soutenant la construction du système judiciaire rwandais de réexaminer leur assistance[1].

Par ailleurs, le personnel judiciaire du Rwanda, fraîchement formé et mis en place, est victime d'attaques et d'intimidations. L'organisation Human Rights Watch a relevé en mai 1996 l'arrestation ou le passage à tabac de deux procureurs, l'arrestation de plusieurs officiers de police judiciaire ou juges de canton, accusés d'avoir fait disparaître des dossiers ou de s'être laissé corrompre. Les interventions de l'armée auprès des magistrats sont également fréquemment dénoncées, et les militaires n'hésitent pas à remettre des « suspects » en prison après leur libération « faute de charges suffisantes ».

Pour les rescapés aussi, la nouvelle loi pose problème. Même s'ils comprennent la nécessité de distinguer les degrés de responsabilité et de moduler les peines, ceux qui ont perdu toute leur famille de la main d'un voisin acceptent mal l'idée que cet « exécutant » puisse s'en sortir avec quelques

---

1. *De Standaard,* 7 mai 1996.

années de prison, récupérer ses biens comme si de rien n'était.

Les difficultés que rencontrera inévitablement la justice moderne, rendue sur une base individuelle, expliquent pourquoi une autre pratique est en passe d'être remise en activité au Rwanda, la *gacaça*. Des chercheurs ont parcouru les collines pour demander aux anciens, aux sages, les *bashingantahe*, de leur rappeler comment fonctionnait la justice de leurs pères, et, à leur grande surprise, ils ont constaté que, sans attendre, des paysans avaient eu recours aux pratiques traditionnelles.

La *gacaça* fait appel aux sages d'une colline pour régler un litige : toute la population assiste à l'exposé des faits, à la proclamation de la sentence et des sanctions. Ces dernières ont pour but non seulement de punir, mais de réparer le dommage subi, et elles ont pour objectif ultime de réconcilier les familles, de reconstituer l'unité du corps social. Les témoins de la faute deviennent aussi témoins, sinon garants, de la réparation. Dans certaines régions, les paysans pratiquent déjà la *gacaça* : ils réparent ou reconstruisent les maisons des veuves, cèdent un peu de bétail aux enfants de leurs victimes. La *gacaça* devra cependant être élargie aux crimes de sang, car, dans la tradition, elle ne concernait que les litiges matériels, portant sur du bétail, du terrain...

Les lenteurs de la justice

La justice rwandaise, qui, en 1996, avait reçu 30 millions de dollars au titre de l'aide internationale, commencera sans doute plus rapidement ses travaux que le Tribunal pénal international (TPI). Ce dernier a été instauré par la résolution 955 du 8 novembre 1994 du Conseil de sécurité des Nations unies, les juges et le procureur étant les mêmes que pour juger des crimes en ex-Yougoslavie. Il doit siéger à Arusha.

Auparavant, José Ayala Lasso, le commissaire des Nations unies chargé des droits de l'homme, avait demandé l'envoi

au Rwanda de 147 observateurs. En septembre 1994, il ne
s'en trouvait qu'une seule, Karen Kenny : une jeune Irlandaise dépourvue de véhicule, de téléphone, qui n'avait même
pas les moyens de dupliquer une cassette. Deux mois plus
tard, elle devait démissionner pour protester publiquement
contre l'imposture.

Lorsque arrivèrent finalement les observateurs onusiens,
bientôt rejoints par des homologues européens (l'envoi de
ces derniers avait été l'une des conditions de la reprise de
l'aide communautaire), ils devaient consacrer l'essentiel de
leur temps et de leur énergie à surveiller les violations des
droits de l'homme commises sous le nouveau régime, sans
se préoccuper de rassembler preuves ou témoignages sur le
génocide. Rakyah Omar[1] a décrit sans ménagements l'activité de cette mission qui finira par être considérée comme
une injure aux victimes, en dépit du rôle positif qu'ont joué
les observateurs européens auprès des Rwandais dans le
domaine des droits de l'homme.

Le Tribunal pénal international, en lequel les nouvelles
autorités plaçaient beaucoup d'espoir, a en fait été source
d'infinies déceptions. Tout d'abord en raison de la définition
de sa mission : il est chargé de juger les personnes présumées
responsables d'actes de génocide commis entre le 1er janvier
et le 1er décembre 1994. Or le gouvernement rwandais a
contesté ces dates, considérant que le génocide avait été planifié bien avant le début de l'année 1994. En outre, les autorités considèrent que le génocide proprement dit a pris fin
en juillet 1994 avec la victoire militaire du FPR. A leurs
yeux, les actes de violence qui ont été commis ensuite (et
qui sont imputés aux troupes du FPR) sont d'une autre
nature : ils découlent certes de la guerre, mais n'ont rien à
voir avec une entreprise d'État visant à l'extermination de
tout un groupe social. A noter cependant que les violences
commises dans les camps de réfugiés en 1994 sont suscep-

1. Rakyah Omar, « A Waste of Hope », *African Rights,* avril 1995.

tibles, elles aussi, d'être jugées par le Tribunal pénal international.

Le Rwanda a également regretté que le Tribunal ne puisse siéger dans le pays, insistant sur les difficultés que rencontreront les témoins pour se déplacer, et expliquant que si les séances s'étaient tenues en présence d'un public rwandais elles auraient eu une valeur éducative.

On en est loin. Le Tribunal, dès sa constitution, a été paralysé — moins d'ailleurs par la bureaucratie onusienne et le manque de moyens que par l'absence de volonté politique. A maintes reprises, le juge sud-africain Goldstone (qui a fini par démissionner) a souligné que « certains États » occidentaux bloquaient délibérément le fonctionnement du tribunal, et il a fini par dénoncer explicitement la France.

La bureaucratie onusienne a fait le reste. Les premières contributions de la Belgique et des Pays-Bas sont restées bloquées plus d'un an sur les comptes new-yorkais de l'organisation. Il fallut des mois pour entamer les travaux de réfection du centre international d'Arusha censé abriter le Tribunal, préparer des cellules, réparer le toit, des mois pour dépêcher au Rwanda des enquêteurs qui, à plusieurs reprises, ont dû reprendre à partir de zéro les travaux mollement entamés par leurs prédécesseurs, tandis que, du côté de Kibuye, une équipe américaine exhumait et examinait soigneusement des milliers de dépouilles.

La grande majorité des auteurs du génocide, concepteurs comme exécutants, coulent en attendant des jours tranquilles à Nairobi, à Mombasa, au Cameroun, en République centrafricaine, en France, en Belgique, au Canada : leur dossier est loin d'être instruit, et ils demeurent protégés.

En Belgique, les pressions politiques se sont multipliées à l'encontre des magistrats chargés de l'instruction des dossiers, et quatre prévenus ont été mis à la disposition du Tribunal d'Arusha.

En France, le juge chargé d'instruire le cas de ce prêtre soupçonné d'avoir participé au génocide s'est déclaré incompétent. La Suisse a laissé repartir Félicien Kabuga, l'un des financiers de la radio des Mille Collines, avant de capturer Alfred Musema, l'un des tueurs de Kibuye...

Au Canada, Léon Mugesera a finalement été expulsé.

Protégés, conseillés, les auteurs du génocide savent que le temps joue pour eux, que quelques-uns seulement comparaîtront devant les juges d'Arusha. Ils savent que la procédure, inspirée du droit anglo-saxon, sera compliquée, fastidieuse, et qu'aucun d'entre eux ne sera condamné à mort.

Il a fallu attendre l'automne 1996 pour que comparaissent les premiers prévenus, dont les avocats se lancèrent immédiatement dans une bataille de procédure.

S'il était entré en fonction rapidement et de manière satisfaisante, le Tribunal international aurait pourtant pu jouer un rôle essentiel dans la reconstruction du nouveau Rwanda. Le jugement, au cours d'un procès public, de quelques-uns des plus importants responsables ainsi que leur châtiment exemplaire n'auraient pas seulement calmé la terrible douleur des victimes. Ils auraient aussi permis aux autorités rwandaises de lâcher un peu de lest dans les prisons, de remettre en liberté un certain nombre de détenus de moindre calibre, de faire preuve de magnanimité.

L'enfer des prisons

A Kigali, Butare, Gitarama, elles ressemblent au dernier cercle de l'enfer. Les militaires n'y pénètrent pas, et les détenus eux-mêmes s'organisent ; des « capitas » (contremaîtres) assurent un minimum d'ordre et respectent une certaine hiérarchie sociale : les « intellectuels », les notables, sont rassemblés dans une pièce séparée et se partagent un châlit. Comme dans les camps de réfugiés, ce sont eux, les anciens bourgmestres, instituteurs, curés, qui parlent au nom des autres. Ceux-ci, les obscurs, sont entassés dans la cour de la prison, dans les couloirs, les escaliers. Les plus débrouillards ont suspendu des hamacs de fortune aux plafonds, s'accrochent aux barreaux des fenêtres pour capter un peu d'air frais. Ces hommes-là ne se couchent jamais : ils restent debout, jour et nuit, serrés les uns contre les autres, et s'écroulent la nuit en un informe magma. Aux visiteurs, ceux qui viennent d'être arrêtés montrent sur leurs bras les entailles faites par les liens et expliquent que, bien souvent, lorsque les bras ont été tirés en arrière jusqu'à l'extrême, la poitrine a éclaté. Il s'agit là, disent-ils, « de l'un des supplices favoris des militaires »... Ils sont bien nourris, reconnaissent-ils, ne subissent plus de mauvais traitements depuis qu'ils sont en prison, mais affirment que dans les cachots communaux les tortures sont fréquentes. Et si le calme y règne, c'est parce que tous attendent que « les autres », ceux du Zaïre, de Tanzanie, viennent les délivrer...

La communauté internationale, à l'unanimité, a condamné la situation dans les prisons rwandaises. Pour les journalistes, elles sont devenues une étape obligée et éprouvante de tout séjour dans le pays, bien plus visitées que les culs-de-basse-fosse du Zaïre ou les geôles du Kenya. Pourtant, mis à part les Pays-Bas, aucun bailleur de fonds n'a accepté de financer la réfection ou l'extension des prisons, craignant que leur agrandissement n'encourage la répression.

En fait, il existe un lien entre la clémence à l'intérieur du pays et l'exercice de la justice hors des frontières.

Il est certain que des extraditions vers Kigali, suivies de jugements exemplaires à Arusha — des condamnations à mort, donc — pourraient non seulement calmer le chagrin des victimes mais aussi atténuer les tensions sociales et psychologiques, démontrer que le temps de l'impunité est révolu. Et permettre donc de rendre une justice plus douce à l'intérieur. Gérard Prunier le dit crûment : « L'immensité du crime ne peut pas être traitée avec les versions modérées des lois criminelles européennes, conçues pour des sociétés très différentes. [...] Pour rassurer les "petits" qui ont fait usage de la machette et assumer l'immense chagrin des proches des victimes, seule la mort des réels perpétrateurs du génocide aura suffisamment de poids symbolique pour contrebalancer l'héritage de douleur et de haine qui mènera à de nouvelles tueries si l'abcès n'est pas débridé[1]. »

Sans compter que, comme on l'a dit, l'exercice serein de la justice, à Kigali ou à Arusha, permettrait de mettre hors la loi non seulement des hommes mais aussi l'idéologie ethniste ; il démontrerait aux simples citoyens rwandais à quel point ils ont été trompés, signifierait aux réfugiés dans les camps que ceux qui sont aujourd'hui condamnés sont les mêmes que ceux qui les ont encadrés dans l'exil et qui sont à la source de leur malheur.

Au lieu de cela, les prisonniers actuellement détenus dans des conditions abjectes, les réfugiés qui redoutent d'être arrêtés s'ils rentrent au pays, ont l'obscur sentiment de payer pour d'autres, qui les ont manipulés tout en veillant à se mettre à l'abri. Une justice équitable fondée sur des jugements individuels calmerait la rancœur des Tutsis et libérerait également les Hutus de ce sentiment de culpabilité qui ne les quitte pas. Elle rendrait sa part de vérité à chacun, apaiserait tous les Rwandais, et dissuaderait les nouveaux venus de s'engager à leur tour dans la violence. La fin de l'impunité au Rwanda, sanctionnée par la communauté internationale, serait également un signal adressé au Burundi et au Zaïre.

Plus de deux ans après la fin du génocide, le blocage de la justice internationale, générateur de tensions sociales et politiques, est donc un élément déstabilisateur : tôt ou tard de nouvelles violences, nées des frustrations du présent, ou suscitées par des agressions extérieures, viendront à nouveau brouiller les pistes et les esprits. A ce moment, les tenants de la théorie du « double génocide » l'auront emporté, les violences du présent oblitérant celles d'hier, les coupables et leur complices s'évanouissant dans la nature à la faveur d'un

---

1. Gérard Prunier, *History of a Genocide...*, *op. cit.*, p. 355.

épais brouillard, et l'ethnisme étant à nouveau considéré comme une fatalité.

A cet égard, les succès du nouveau régime en matière de gestion, la relance de l'économie, la réinstallation d'un grand nombre de réfugiés et déplacés, ne doivent pas faire illusion : l'ethnisme, lui, n'a pas encore été vaincu. La menace d'un retour offensif des réfugiés, la multiplication des infiltrations, avec la répression qui en découle, créent un climat de tensions, de suspicion, qui affecte fatalement les relations interethniques. La paix n'est pas encore gagnée, et chacun se prépare à un déplacement de la guerre de basse intensité, qui pourrait à terme déboucher sur un conflit régional.

A Kigali, les militaires estiment que tôt ou tard ils devront exercer un droit de poursuite de l'autre côté de la frontière zaïroise afin de mettre fin aux infiltrations, de mettre hors d'état de nuire une armée qui, en 1994, n'a pas été défaite. Ils estiment avoir le droit d'empêcher la création d'un Hutu-land, sorte de bastion hostile dans la région du Masisi, le droit d'empêcher une nouvelle épuration ethnique des Tutsis vivant dans le Sud-Kivu. Mais, si elle se décide à franchir la frontière zaïroise, l'armée de Kagame prendra le risque d'une guerre régionale, qui impliquera nécessairement le Burundi et l'Ouganda et pourrait entraîner la déstabilisation du Kivu, sinon du Zaïre tout entier.

ÉPILOGUE

Les métastases du génocide

Le tribunal de Nuremberg ne s'est pas contenté de juger les nazis, il a également mis hors la loi l'idéologie dont ils se réclamaient. Et, aussi longtemps qu'il n'aura pas été dit explicitement en Afrique centrale que les minorités ont le droit d'être protégées et que tous les citoyens méritent un accès égal au pouvoir et au savoir, les métastases du génocide se répandront, non seulement dans la région, mais dans tout le continent africain. Les manipulations de l'ethnicité ne pourront être déjouées que si chacun s'emploie à déconsidérer cette idéologie qui tue : la communauté internationale, les autorités politiques, mais aussi les autorités morales, les Églises, les organisations de défense des droits de l'homme, la société civile.

Si l'Afrique demeure le continent de l'impunité, de l'irresponsabilité, le seul où l'on puisse tuer, mentir, corrompre, sans encourir de sanction, quel avenir peut-on lui prédire ? En Europe, le Tribunal international consacré aux crimes dans l'ex-Yougoslavie a désigné comme coupables les Mladic et autres Karadjic, mais il a aussi condamné le système de purification ethnique qu'ils avaient tenté de mettre en place. Il faut qu'il soit procédé aux mêmes condamnations en Afrique, car la vérité du Rwanda sera celle du Burundi, du Zaïre et demain du Cameroun, du Kenya et de tant d'autres pays où est forte la tentation de jouer sur la fibre ethnique pour conquérir ou garder le pouvoir.

Si la justice s'exerce un jour en Afrique, les manipulateurs seront désignés : les élites qui ont poussé leurs compatriotes au crime, à l'intolérance, ainsi que les chefs d'État qui ont joué cette carte avec l'appui de leurs amis étrangers.

Les peuples d'Afrique centrale ont été pris en otages dans un jeu qui les dépasse, et qui va même au-delà de l'entendement de leurs dirigeants. Ils sont, aujourd'hui encore, utilisés comme des pions dans une vaste partie où des pays européens, d'anciennes puissances coloniales, tentent de régler sur le continent noir leurs propres problèmes identitaires. Car enfin, en cette fin de XXᵉ siècle, à quoi rime cette absurde rivalité entre l'influence de la francophonie et celle des Anglo-Saxons ? Pour leur malheur, le Rwanda et le Burundi se sont trouvés à l'intersection de ces deux zones d'influence, sur la ligne que Cecil Rhodes voulait tracer du Cap au Caire. Le Rwanda ayant prétendument basculé du côté anglophone, tout a été tenté, y compris la déstabilisation depuis le Zaïre, pour s'assurer d'un Burundi solidement arrimé à l'Afrique centrale francophone. Quant au Zaïre, la francophonie vaut-elle vraiment que l'on maintienne au pouvoir, quitte à truquer les élections, un chef d'État qui, s'il s'exprime en français, fut naguère un agent de la CIA et qui est la caricature même du dictateur ?

Mais il y a en réalité d'autres enjeux plus économiques, des calculs qui ne porteront leurs fruits qu'après l'an 2000 : le contrôle des zones minières du Kivu et du Maniéma, par exemple, sur lequel les hommes politiques observent un prudent silence. Le Kivu, en effet, est une zone minière non exploitée encore, où l'on trouve de l'or, de la cassitérite, du tungstène, du tantale, de la colombo tantalite, du niobium. D'anciennes cartes l'attestent, réalisées du temps de la colonisation et mises actuellement sous le boisseau. Sans compter que des gisements pétroliers se trouvent dans la bordure ouest du Kivu et dans le Nord-Est, et que l'énergie hydraulique y est abondante. Dès avant l'indépendance, on savait que, du point de vue des richesses minérales, le Kivu était aussi bien doté que la province voisine du Katanga. Ces pays prétendument pauvres sont en réalité des coffre-forts à peine ouverts, et il n'est donc pas étonnant qu'ils éveillent tant de convoitises, l'intérêt constant de la France, la soudaine sollicitude américaine. C'est ainsi que l'appui tacite de la France à l'idée d'établir dans cette région un Hutuland qui lui serait acquis (dans le Masisi ou dans un Burundi où aurait été réduit le pouvoir des Tutsis) rivalise avec une autre ambition, à peine cachée à Kigali, celle d'un « grand Rwanda » taillé dans cette portion du territoire zaïrois qui entretenait des liens avec l'ancien royaume... Un tel projet, qui s'étendrait lui aussi sur des zones minières, aurait-il l'approbation des Américains ?

Ces régions enclavées sont aussi des lieux stratégiques où se nouent les grands axes de l'Afrique. C'est pour cela que les manipulations s'entrecroisent, que les passions sont aussi acharnées... Sous prétexte d'ethnicité, d'ethno-démocratie, soyons assurés du fait que les liens qui se sont noués entre Nyangoma et les miliciens hutus encadrés par les anciennes Forces armées rwandaises ne sont pas seulement conjoncturels : les forces occultes qui les soutiennent sont à rechercher du côté de l'extrême droite et des milieux d'affaires qui jouent à la marge, réalisant infiniment plus de profits en trafiquant qu'au travers des circuits économiques classiques.

Face à ces enjeux régionaux, la dictature mobutiste joue les prolongations, misant sur le chaos, créant au cœur du continent une immense zone échappant à tout contrôle, où évoluent des pirates, des prédateurs qui recyclent l'argent de la drogue, s'enrichissent dans le trafic d'armes, du diamant, de l'or, des métaux précieux, et qui trouvent, au-delà des mers, des correspondants empressés. Cette zone des tempêtes délibérément entretenue au cœur du continent africain a curieusement bénéficié des faveurs de la France. Cette dernière a permis aux exécutants du génocide de se replier en bon ordre sur le Zaïre, et elle observe aujourd'hui un lourd silence sur les méfaits de ses protégés qui poursuivent sur leur lancée à l'encontre des Tutsis zaïrois mais aussi des populations autochtones. Le ministre français de la Coopération n'a même pas craint de se rendre à Kinshasa en promettant de remplir à nouveau le tonneau des Danaïdes, et l'ambassadeur de France a déclaré, sur les lieux mêmes où fut tué son prédécesseur, que les violations des droits de l'homme ne sont pas pires au Zaïre qu'ailleurs...

Malgré les périls, cette région du monde jouit cependant d'un atout majeur. Car la haine n'est pas une fatalité, des forces de résistance existent, qui rejettent catégoriquement les séquelles de la colonisation et les manipulations ethniques dont elles sont l'objet.

Ce sont ces forces qui, au Zaïre, résistent aux semeurs de haine et qui, au niveau de la société civile, tentent malgré tout de préparer la démocratie. Ce sont ces forces qui, au Rwanda, essaient de retrouver la vérité historique de leur vieux pays, et qui, sans attendre une justice hypothétique ou imparfaite, essaient de construire malgré tout une patrie commune, aidant les veuves, reconstruisant les maisons, organisant des réunions où, enfin, chacun accepte de dire ses torts, ses souffrances, ses espoirs.

Au Burundi également il existe des paysans hutus qui refusent de rejoindre la guérilla, qui protègent s'il le faut leurs voisins tutsis, il y a des militaires qui veulent que justice soit rendue à propos du putsch de 1993 et qui se reconnaissent dans les efforts de Pierre Buyoya. Dans cette région meurtrie, que l'on croirait recrue de haines et de souffrances, il existe des journalistes, des prêtres, des intellectuels, des militants des droits de l'homme qui, refusant d'avaliser la politique du pire, multiplient les réunions de conciliation, les actions sociales, la recherche de la vérité.

C'est peut-être pour cela que les temps sont si durs, que les peuples paient le prix fort : en Afrique centrale, plus de trente ans après l'indépendance, l'heure de la véritable décolonisation approche.

Même les principes venus d'Europe ont été confrontés à d'autres réalités : les catholiques du Rwanda ne seront plus jamais les mêmes, le Burundi a mené l'expérience démocratique jusqu'au bord du précipice, et le Zaïre lui-même, avec son interminable transition, accouche d'une autre société...

Vient le temps où les pyromanes seront mis hors jeu, où les peuples, cessant d'être manipulés, auront le dernier mot.

Burundi

Population : 5 900 000 habitants, dont 85 % de Hutus, 14 % de Tutsis, 1 % de Twas (pygmées).

Religion : Catholiques (62 %), animistes (32 %), protestants, musulmans.

1852-1908 : Règne du roi Mwezi Gisabo.

1890 : Colonisation allemande.

1919 : Une partie du Rwanda-Urundi est administrée par la Belgique.

1961 : Les élections sont remportées par l'Uprona (Unité pour le progrès national), avec 80 % des suffrages exprimés. Le 13 octobre 1961, le Premier ministre Rwagasore est assassiné.

1962 : Proclamation de l'indépendance.

1965 : Assassinat du Premier ministre (hutu) Pierre Ngendandumwe.

1966 : Mwami Mwambutsa VI est déposé par son fils, Ntare V, qui est lui-même déposé le 28 novembre.

1968 : Proclamation de la République par le capitaine Micombero.

1972 : Insurrection hutue à Bujumbura et dans le Sud, suivie de massacres de Tutsis. La répression militaire contre les Hutus fera plus de 100 000 tués.

1976 : Coup d'État. Jean-Baptiste Bagaza prend le pouvoir.

1986-1987 : Expulsion de missionnaires.

1987 : Coup d'État. Pierre Buyoya prend le pouvoir, Jean-Baptiste Bagaza doit s'exiler. Libéralisation religieuse.

1988 : Massacres de Tutsis dans le Nord, répression des Hutus par l'armée, exode de réfugiés vers le Rwanda.

1989 : Retour des réfugiés hutus du Rwanda.

1991 : Charte de l'union nationale.

1993 : Élections générales ; Melchior Ndadaye est élu à la présidence avec 64,79 % des suffrages exprimés.

(21 octobre) : Assassinat de Ndadaye, massacres de Tutsis, répression militaire, exode de 700 000 réfugiés.

1994 : Élection de Cyprien Ntaryiamira par l'Assemblée nationale.

(6 avril) : Mort de Ntaryiamira en même temps que celle du président du Rwanda.

(octobre) : Signature de la convention de gouvernement, Sylvestre Ntibantunganya est nommé à la présidence.

1994-1996 : Développement de la guérilla hutue, répression militaire, purification ethnique de Bujumbura.

1996 (juillet) : Prise de pouvoir de Pierre Buyoya. Embargo décidé par les pays voisins sous l'influence de Julius Nyerere.

Rwanda

Population : 7 000 000 d'habitants, dont 85 % de Hutus, 14 % de Tutsis, 1 % de Twas (pygmées).

Religion : Catholiques 62 %, protestants 17 %, adventistes 8 % et musulmans 1 %.

Personnes déplacées depuis 1994 : 1 500 000 (Zaïre, Tanzanie, Burundi).

1890 : Arrivée des explorateurs allemands.

1922 : Mandat de tutelle confié à la Belgique.

1959 : Soulèvement des Hutus.

1961 : Renversement du Roi, le Mwami.

1962 : Proclamation de l'indépendance. Grégoire Kayibanda (hutu) devient président. Des milliers de Tutsis sont massacrés ou s'enfuient.

1963 : Incursions de réfugiés tutsis, refoulements, massacres.

1964 : Massacre de 10 000 à 20 000 Tutsis.

1973 : Tensions ethniques, coup d'État militaire, prise du pouvoir par Juvénal Habyarimana.

1983 : Réélection de Habyarimana à la présidence.

1988 : Afflux de réfugiés burundais.

1990 : Visite du pape Jean-Paul II.

(30 septembre) : le Front patriotique rwandais (FPR) attaque depuis l'Ouganda avec 2 000 à 3 000 hommes.

1991-1993 : Combats entre le FPR et l'armée, soutenue par la France.

1992 : Formation d'un gouvernement de coalition.

1993 : Cessez-le-feu, signature d'un accord de paix à Arusha, retrait français, mise en place d'une force neutre, la Mission des Nations unies pour le Rwanda (Minuar), comprenant 450 Casques bleus belges.

1994 (6 avril) : Attentat et décès du président Habyarimana et de son homologue du Burundi.

(7 avril) : Assassinat du Premier ministre Agathe Uwilingyimana et de 10 Casques bleus belges. Début du génocide des Tutsis et du massacre des Hutus de l'opposition. (Bilan du génocide et des massacres : de 1 à 1,5 million, en majorité des Tutsis.)

(21 avril) : Départ d'une partie des troupes de l'ONU.

(23 juin) : Intervention militaire française Turquoise, création d'une « zone militaire sûre » dans le sud-ouest du pays. Exode de réfugiés hutus vers la Tanzanie et le Zaïre.

(4 juillet) : Entrée du FPR dans Kigali.

(10 juillet) : Proclamation du gouvernement de coalition.

1995 (25 août) : Première crise gouvernementale, démission du Premier ministre Twagiramuntu et du ministre de l'Intérieur Seth Sendashonga.

1996 (9 août) : Adoption par l'Assemblée nationale de la loi sur les crimes de génocide.

Zaïre

Population : estimée à 40 millions d'habitants.

Superficie : 2 344 885 km².

Régions : Kivu, Haut-Zaïre, Shaba, Bandundu et Kinshasa, Équateur, Kasaï oriental et occidental, Bas-Zaïre.

Langues : Français (langue officielle), lingala, swahili, kikongo, tshiluba.

Religion : Chrétiens (70 % de la population : catholiques, protestants, kimbanguistes), animistes, musulmans.

1482 : Diogo Cam, navigateur portugais, découvre l'embouchure du Zaïre.

1874-1878 : Exploration d'Henry Morton Stanley.

1876 : Conférence géographique internationale au cours de laquelle est créée l'Association internationale africaine, qui deviendra l'Association internationale du Congo.

1884 : Au congrès de Berlin, création de l'État indépendant du Congo, dont Léopold II de Belgique est le souverain.

1904 : Commission d'enquête internationale sur le scandale de l'exploitation du caoutchouc.

1906 : Le Congo est annexé à l'État belge.

1959 : Émeutes à Léopoldville.

1960 : Table ronde politique, table ronde économique.

(30 juin) : Proclamation de l'indépendance. Mutinerie de la Force publique.

(11 juillet) : Le Katanga se proclame indépendant, le premier ministre Patrice Lumumba fait appel à l'ONU.

(1er décembre) : Coup d'État militaire du colonel Mobutu.

1961 (17 janvier) : Assassinat de Patrice Lumumba.

1965 : Prise de pouvoir par le général Mobutu.

1971 : Le Congo devient Zaïre. Nouveau drapeau, nouvel hymne national.

1973 : Nationalisation des grandes entreprises.

1977 : Invasion du Shaba depuis l'Angola.

1978 : Des rebelles venus d'Angola attaquent Kolwezi. Intervention française, massacre d'Européens.

1989 : Crise belgo-zaïroise portant sur le « contentieux » économique et la remise des dettes zaïroises.

1990 (24 avril) : Fin du système de parti unique.

(11 mai) : Massacre des étudiants à l'université de Lubumbashi, suivi de la suspension des coopérations étrangères.

1991 (7 août) : Ouverture de la Conférence nationale souveraine.

(septembre) : Émeutes et pillages à Kinshasa, intervention des troupes françaises.

(1ᵉʳ octobre) : Nomination d'Étienne Tshisekedi au poste de Premier ministre.

(21 octobre) : Limogeage de Tshisekedi, nomination de Mungul Diaka au poste de Premier ministre.

(25 novembre) : Nomination de Nguz Karl I Bond au poste de Premier ministre.

1992 (janvier) : Réouverture de la Conférence nationale souveraine. Tentative de putsch, suspension de la Conférence.

(16 février) : Manifestation des chrétiens à Kinshasa ; l'armée tire dans la foule.

(avril) : Reprise des travaux de la Conférence nationale. Mgr Monsengwo en prend la direction.

(14 août) : La Conférence nationale élit Étienne Tshisekedi comme Premier ministre.

(août-septembre) : Début des troubles et de la purification ethnique au Shaba, exode vers le Kasaï.

(décembre) : Mise en place du Haut-Conseil de la République.

1993 (janvier) : Émeutes et pillages à Kinshasa, mort de l'ambassadeur de France, Philippe Bernard.

(février) : Limogeage d'Étienne Tshisekedi par Mobutu, troubles au Shaba, dédoublement des institutions (le gouvernement de Tshisekedi d'un côté, le gouvernement mis en place par Mobutu et dirigé par Birindua de l'autre). Sanctions occidentales.

(juillet-août) : Affrontements ethniques au Kivu.

1994 : Afflux de plus de 1 million de réfugiés rwandais, épidémie de choléra à Goma.

(14 juillet) : Nomination de Joseph Kengo wa Dondo au poste de Premier ministre.

1995 (janvier) : Épidémie de fièvre hémorragique (virus Ebola) dans la région de Kikwit.

1996 (février) : Crash d'un avion Antonov sur le marché de Ndjili, plus de 500 morts.

(juin) : Épuration ethnique dans le Nord-Kivu.

(août) : Opération du président Mobutu à Lausanne.

(septembre) : Épuration ethnique dans le Sud-Kivu.

Table des matières

www.ingramcontent.com/pod-product-compliance
Lightning Source LLC
Chambersburg PA
CBHW071834270326
41929CB00013B/1994